·科学人文读本·

清澈的理性

Clear Reasoning

方鸿辉 编

清澈的理性

（代　序）

人类近代史上曾发生过两次具有里程碑性质的科学革命：一次是17世纪以牛顿力学体系的建立为标志的科学革命；一次是20世纪初以爱因斯坦和普朗克为代表的相对论和量子论为标志的科学革命。

这两次革命的科学大师都站到了巨人的肩上。牛顿不仅站在伽利略、哥白尼的肩上，也站在阿基米德和托勒玫的肩上，用微积分的数学工具，初步地、闭合地、确定性地回答了人类曾苦苦思索了两千年的问题：物体是怎么运动的？爱因斯坦和普朗克则站到了牛顿等大师的肩上，他们的视野更开阔，看到了以经典力学为代表的科学革命的局限性，用近世数学的工具，描绘了一个更接近“真实”的、开放的、动态的世界，并无情地击碎了第一次科学革命给人们带来的基于经典时空观的“确定性”理念。相对论摧毁了经典的时空观；量子论推翻了经典的确定论。人们不由得开始追问理性思考的合理性在哪里。伴随着自然科学各分支领域不断深入地探索和进展，拨开了层层迷雾，给迷惑、沮丧和彷徨中的人们打开了一扇扇窥视未知世界的窗口。

应该说,这两次标志性科学革命最深刻的意义在于对神权的冲击和极大地推动了人类文明的进程,并引起了一系列技术的迅猛发展。无论是核能的利用,还是激光技术的进展;无论是微电子技术的突飞猛进,还是通信手段的日益提高;无论是信息网络的联通,还是人工智能的开发;无论是“人类基因组”揭秘,还是对“意识是什么”的探索……这一切都给人类社会的现代文明带来巨大的发展契机。但是,这两次标志性科学革命以及以后一系列技术的进步,在给人类带来恩惠的同时也给善于思考的人类提出一系列考问,即非得引起重视,也非得给出回答的有关技术之价值判断的人文考问。尤其是在爆发了采用现代科学与技术手段的两次残酷的世界大战和一系列地区冲突的血淋淋事实前,在广岛笼罩的蘑菇云和切尔诺贝利核冬天的凄怆前,在生物工程与生化武器一旦失控可以毁灭地球文明的发聋振聩的警示前……技术的利刃在斩妖劈魔的同时也实实在在地高悬在文明人类的头上,人们方才理智地认识到:技术行善可以造福人类,作恶将使人类遭受灭顶之灾。然而,技术的进步使人在自然面前又似乎日益显示其“主人”的地位和“主导”的才能。直面霸权的失控、战争的残酷、环境的恶化、生态的破坏、资源的枯竭、人口的爆炸、生存的困难……人们从心底里本能地呼唤:我们需要“科学的春天”,绝不该陷入“寂静的春天”。

看来,反对或节制技术作恶的不可或缺的武器乃是人文。科学技术与人文应该是人类不可分离的双生子;科技“以人为本”也寻找到了自身发展的“本源”。这种警醒本身也标示着人类文明的一大进步。

自文艺复兴以来,人类似乎一直固执地坚持着一种错误:让人文、艺术与科学分道扬镳;形成了科学与人文“鸡犬之声相闻,老死不相往来”的局面。诚如薛定谔发表于1944年的《生命是什么》序言中所说的：

> 我们从先辈那里继承了对于统一的、无所不包的知识的强烈渴望。最高学府——大学(“大学”一词在英文中与“普遍性”同字根)这个名称使我们想起了从古到今多少世纪以来,只有“普遍性”才是唯一可打满分的。可是近一百多年来,知识的各种分支在广度和深度上的扩展使我们陷入了一种奇异的两难境地。我们清楚地感到,一方面我们现在还只是刚刚开始获得某些可靠的资料,试图把所有已知的知识综合成为一个统一的整体;可是另一方面,一个人想要驾驭比一个狭小的专门领域再多一点的知识,几乎已经是不可能了。

1959年英国学者斯诺在剑桥大学作里德演讲时,曾指出在我们的社会中存在着“两种文化”:一种是人文知识分子代表的人文文化,另一种是自然科学家所代表的科学文化。两者间存在着互不理解的鸿沟。

> 30年前,两种文化之间早已停止了对话,但至少在鸿沟两侧还能勉强保持一副冷淡的笑脸。而今礼貌不讲了,相互只做鬼脸。

斯诺所揭开的人类社会这块“文明疮疤”终于引起整个世界的震动,并引发了一场极其广泛、深刻而持久的争论,这在近代人类文化史上是异乎寻常的。斯诺旗帜鲜明地反对文化精英对科学的傲慢与偏见，提倡科学文化应有人文关怀的精神。人类通过反省重大历史事件，逐渐主动地融合起“两种文化”，而从事“两种文化”职业的人们也日益互重起来。纵观近代文明史，人类社会确实走过了一段由“轻视科学”转而“重理轻文”的道路，眼下正朝着“文理并重”做着交融性努力。

剖析文化的演进历程，我们还可以看到，其实早先人类并没有将学问分为自然与社会，或者科学、人文与艺术诸学科。中国古代学圣——孔子传授的六艺（礼、乐、射、御、书、数），不但包括今人所说的数、理、化、天、地、生，还包括音、体、美，甚至打仗和马术。而西方文艺复兴时期造就的杰出人才达·芬奇，用现在学科划分的眼光看，他既是画家、艺术理论家，又是力学家、工程师、发明家和解剖学家。那个时代由于艺术和科学的密合交融，携手共进，曾造就了不少文理兼通的大师级人才。然而，随着文化的演进，知识的积累，为了应对知识的增殖并方便学问的研究，也为了传道、授业、解惑的需要，人们逐渐将学问细分为文学、音乐、物理学、数学、天文学、哲学、军事学、经济学……应该说，在人类文化演进的漫长岁月中，这种文化的分科现象只是文化发展史的必经阶段，随着学科交叉、融合，以及人类对世界认识的逐渐深化，人类文化的“大统一”已成为一种必然趋势。因此，科学与人文的融合也顺应了人类文化发展的“大趋势”。还是福楼拜说得好：

> 越往前走，艺术越是要科学化，同时科学也要艺术化。两人从山麓分手，又在山顶会合。

学术界常将语言学、文学、历史学、哲学、考古学、社会学、经济学、法律学、艺术史、艺术批评等视作人文学科。人文是研究人本身的，诸如语言学是人类思维的工具，文学是人类幻想的结晶，历史学是人类记忆的写实，哲学则是人类思维的火花……因此，人文学科也是最贴近人、最关怀人的。自然科学包括数学、物理学、化学、天文学、地理学、生物学等，则是研究物质世界组成、运动、发展和演变规律的学科，是有助于提高人类生活质量的。

自然科学与人文学科从表层看似乎是风马牛不相及的，但是学科背后的“理”与“道”是相同或相通的。其相同或相通的根源，就在于对真、善、美的追求：科学求真，真中含美；文艺崇美，美不离真；人文尚善，真善美一。

从治学角度看，时代要求培养通识之才，修炼通人之学，即横跨学科，博学多艺；对于学问不仅明其学，且能通其道；为学求通是关键，将“理”与“道”贯通，将不同学术领域打通。现代学术将学科细密分类，虽有助于研究，但也给通识通学带来屏障。不过，学科间的相关性和互渗性又给善于思考、乐于求知的人类带来打通的“金钥匙”。

经济发展不光要有科技的力量，还要有精神的力量。人文是解决价值观、人生观、世界观问题的，它提供方法论和对人生的终极关怀。没有正确的人文精神，进展着的科技非但不能为人类造福，甚至会走向反面——危害人类。有人说：科学好比是一艘在雾海中夜航的巨轮，需要人文来导航。科学越发达，航船越大，速度也越快，如果缺乏正确的航向，就更容易触礁。问题在于该寻找怎样的人文来导航，如果是“以人为本”的人文，那么就可以与科学相辅相成，造福人类，让科学之舟驶向金色的彼岸；如果是“以物为本”的人文，那么，只有触礁沉舟的厄运。

目前我们面临的是：一方面科学思想匮乏，另一方面是人文精神缺失。为改变这种现状，必须理智地意识到：科学技术应该与自然、与人、与社会更加协调地发展。任继愈教授曾指出：我国历史性的任务是要脱贫，同时还要脱愚。贫而愚，会落后挨打，倒行逆施；富而愚，也许其危险性不低于贫而愚。所有这些很有见地的意识的养成从教育着手无疑是一种明智的选择，让我们的莘莘学子能有清澈的理性和蔚蓝的思维。为此，应该让他们了解科学家（尤其是科学大师）对人文想了些什么，说了些什么，做了些什么，这将有利于开拓他们的视野，知道人类文化整合的必要性，从而有意无意地为开创科学与人文相互沟通、相互敬重的健康格局去努力。

前不久，读到刘燕敏写的《25年前的预言》一文，深有感慨。

1979年6月，中国曾派了一个访问团去美国考察初级教育，回国后写了一份三万字的报告，在见闻部分有这样一段文字：

美国学生无论品德优劣、能力高低，无不趾高气扬，踌躇满志，大有“我因我之为我而不同凡响”的意味。小学二年级的学生大字不识一斗，加减法还在掰着手指头，就整天奢谈发明创造。在他们眼里，让地球掉个个儿好像都易如反掌。重“音体美”，而轻“数理化”，无论是公立还是私立学校，音体美活动无不如火如荼，而数理化则乏人问津。课堂几乎处于失控状态，学生或挤眉弄眼，或谈天说地……

中国访问团的结论：美国的基础教育已经病入膏肓。可以预言，再过20年，中国的科技和文化必将赶上并超过这个所谓的超级大国。

作为互访，同一年，美国也派了一个考察团来中国。他们在看了北京、上海、西安的几所学校后也写了一份报告，在见闻录部分也有一段文字：

中国的小学生在上课时喜欢把手放在胸前，除非老师发问举起右手,否则轻易不改变;幼儿园的学生则喜欢把胳臂放在身后,室外活动除外。中国的学生喜欢早起,7点前在中国的大街上见到最多的是学生,并且他们喜欢边走边吃早点。中国学生有一种叫“家庭作业”的课余劳作,据一位中国教师的解释,它是“学校作业在家庭中的延续”。中国把考试分数最高的学生称为学习最优秀的学生,他们在学期结束时,一般会得到一张证书,其他人则没有。

美国访问团的结论:中国的学生是世界上最勤奋的,也是世界上起得最早、睡得最晚的人。他们的学习成绩与任何一个国家同年级学生相比都是最好的。可以预测,再用20年时间,中国在科技和文化方面,必将把美国远远甩在后面。

25年过去了。仅仅在1979年至1999年的20年间,“病入膏肓”的美国教育制度共培育了四十多位诺贝尔奖获得者和近二百位知识型亿万富翁。光2003年所产生的11名诺贝尔奖获得者,美国占了近一半。与此同时,美国的创新实力日益明显,中国的经济以一枝独秀的骄人成绩成为世界奇迹。

中、美两个代表团分别作了两份惊人相似的错误预言,其错误根源之一恐怕都全然没有留意教育中人文精神的作用。这两份见闻所描述的学生现状倒是十分真实的,它们客观地道出了中、美教育思想的强烈反差。美国教育重视培育学生的自信、能力;重视创造欲的激发;在课程设置上,视人文(精神)底蕴重于知识驾驭;让学生个性充分张扬。中国教育很重视成绩与分数,唯考试为重;过于沉重的课业,剥夺了对学生的创造性思考和提问能力的培育;视知识驾驭重于人文精神,彻底泯灭了学生的个性。若进一步比较两国在杰出人才培育方面的成败得失,关键的一点还在于对科学与人文交融上的重视程度。这一切都是值得深深回味的。

2004年早春,就在我们选编工作快告段落时,《文汇报》载文《语文教改难觅上乘科普范文》,说的是"二期课改"语文新教材选文时的尴尬。其实,这种尴尬局面正是对传统教育造成"两种文化"隔阂的一种回声。但愿教育界能对文理相融的必要性有更深刻的思考和更实在的举措,能更重视学生科学和人文精神的培育,以造就更多时代呼唤的"通才"。那么,在不远的将来,我们的科学传播领域将会百花齐放,这种尴尬也定会荡然无存。

王蒙先生在《科学人文未来》一文中言辞恳切地说:

> 我希望文学界的同行们同样能以极大的热情学习科学,普及科学,领会科学的庄严、丰富、阔大、缜密;领会用科学的眼光看待,将得到一个怎样美丽、神妙和精微的世界;领会科学已经怎样使人变成了巨人,科学将为人类创造怎样崭新的未来。同时,用科学的实证、理性、计算来取代偏见和唯意志论,取代文学的自恋与自我膨胀,取代那些想当然的咄咄逼人与大言欺世,更不要以文学的手段传播愚昧和迷信。同时我希望全民的人文素质会有所提高,珍视公认的价值体系,而这与科学知识的普及,科学方法的提倡,科学精神与科学态度的认同,不应该是矛盾的。
>
> (自然)科学与人文,只能双赢,不能零和。为了发展中国的人文教育,为了科教兴国,为了国人与全人类的福祉,为了最终地去除我们这块土地上的迷信与愚昧,让科学家与文学家携起手来,互相学习,取长补短,创造一个更加文明、更加有知识有教养的中国吧。

《清澈的理性》分"科学人文""科学艺术"和"科学情怀"三部分,

选文四十余篇,着眼点是人,而不是单纯传播知识。通过名家的散文、随笔、报告文学等不同体裁的思想力作,旨在体现科学家的人文情怀和人格魅力。但愿这本学生的拓展读本,能起到从对知识的传承转化为对人的素养熏陶的作用。

以上文字是2004年为本书初版时写的代序。令编者没料到的是首印的5000册很快就售罄,当年就重印了。2007年作了部分选文的调整,出了第二版。2012年又出了第三版。更令人欣慰的是本书与《蔚蓝的思维》还取得了不俗的社会效益,相继荣获2004年度华东地区优秀教育图书奖,2005年上海市振兴中华读书活动推荐书目,2006年第14届上海市中小学优秀图书奖一等奖,2014年被上海市委宣传部、市科委、市教委、市科协、市新闻出版局及上海市网民评为"上海市民喜爱的10部科普图书"之一等。

编者相信,科学精神就是求真的人文精神,而人文精神也是求善的科学精神。因此,读一些将科学与人文相融合的选本,对读者(尤其是学生)的精神滋养无疑是很有益的,至少能促进他们激发一点思辨力、想象力、大跨度的学科综合与贯通的能力。毕竟具体的某一门学科的知识常会将人的思想局限起来。眼下,无论是科学家抑或人文学者,在他们的授课或著述中往往专注于讲明白自然界或人文社会中自己所研究领域是怎么一回事,以致忽略甚至没有精力去刻意过问一些刨根问底的"为什么"。再说,"两种文化"的长期对峙所形成的隔岸对话的局面也没有获得根本改变。科学发现脚步越大,技术发明成果越多,那么旨在"以人为本"的人文精神的引领作用,也越益凸显。诸如2020年初为对付新冠病毒肆虐的突发公共卫生事件,就需要科学精神与方法,更不可缺少人文关怀,还要有全球共同攻坚克难的理念和行动。科学与人文的共存与相融,也成了全球共识。

在尊重科学的基础之上,弘扬“以人为本”的人文精神,应该成为每一个人的基本素养。对学生读者来说,培育这种理念尤其重要。必须清醒地认识到自己肩头的社会责任,在充分尊重自己与他人创造的同时,时时思考怎样将自己的知识与才能回报于滋养着自己的社会,让整个社会因为有了自己的一份“利他”的绵薄奉献而变得更美好。

编者明白,求知欲是人的本性,欲获得真知,得靠理性的沉思与逻辑的思辨。德国诗人莱辛认为:对真理的追求比对真理的占有更为可贵。无论是科学家还是人文学者,他们的最高使命是期望对世界的基本规律哪怕有一丁点的发现或揭示,渴望看到这种先定的和谐,便是锲而不舍的力量源泉。为此,必须不断有所创新。从这点看,学科确实也是相通与协和的。

选编这套“科学人文读本”的着眼点在于让读者能一睹科学家与人文学者各自对整个世界的看法,读一读他们所阐述的对“邻家花园”的感悟与思考,更能体会让“两种文化”沟通与融合的必要性与可能性。有了准确的价值观判断之引领,无疑对科学技术的健康发展是有益的;而科学精神与方法对人文学科的推进也确实是一门“聪明学”。

这套科学人文读本,不可能将整部经典名著全部收录,只能在有限的阅读范围内,选编一些编者自以为精彩的片段敬献读者。倘能窥一斑而激起想见全豹之欲望,那么本书的“推荐”与“引导”目标也就达到了。今年的大修订对选文做了较大的增与删,实在因为版面有限,许多美文只能忍痛割爱。编者恳切期望热心的读者能推荐更多充满科学人文情怀的美文,以利日后再版时补入。

方鸿辉

2020 年 4 月 1 日

目 录

科学人文

科学艺术

科学情怀

30年前,两种文化之间早已停止了对话,但至少在鸿沟两侧还能勉强保持一副冷淡的笑脸。而今礼貌不讲了,相互只做鬼脸。

·斯 诺·

两种文化

在我们的社会里,已失去了普通文化的伪装。那些受过我们所知的最强化教育的人已不再能就他们主要关心的知识问

本文作者斯诺(**Charles Percy Snow**, 1905—1980)系分子物理学家、作家、英国政府科学顾问。1959年在剑桥大学里德讲座发表了题为《两种文化和科学革命》的演说,引起全世界热烈反响。他认为:在我们的社会中存在两种文化:一种是人文知识分子代表的人文文化;另一种是科学家代表的科学文化。两者间很难沟通,横亘着一条难以跨越的鸿沟,尤其在青年人中间,甚至达到互相敌视和厌恶的地步,相互间荒谬地歪曲对方的形象。这种分裂和对峙的局面,对人类社会是一种悲哀。斯诺从自身体验出发,尖锐地抨击"两种文化"的倾向。本文是1963年斯诺作的《再看两种文化》演讲的节录,摘自上海科技出版社《两种文化》一书,译者为秦小虎。本次选编略有删节。

题互相交流。这对于我们的创造性、知识和最重要的正常生活来说,是很严重的问题。它会使我们走向对过去的错误解释,对现在的错误判断以及对未来的不抱希望,也使我们很难或不可能采取正确的行动。

关于文化交流的缺乏,我以两组人的形式给出了最有针对性的例子,他们代表我早先提出的“两种文化”。其中之一包括科学家,其重要性、成就和影响无需强调。另外一组包括文学知识分子。我不是说文学知识分子作为西方社会的主要决策者,而是意指文学知识分子代表、表达并在某种程度上形成和预见了非科学文化的情绪。他们并不作决定,但是他们的话渗入那些做决定的人的思想中。在这两组人(即科学家和文学知识分子)之间,很少有交流,非但没有好感甚至还有某种敌意。

上述表述本打算作为对我们社交活动现状的一种描述,或者说一种粗略的一级近似。这种状态是我极不喜欢的,我想我已说得相当清楚。不过让人不解的是,有些评注人认为我赞成这种状态。这一点我只好承认我失败了,并只能退而默念席勒的诗句(《上帝饶恕与愚蠢作斗争的人》),以求帮助。

在我们当今的条件下,或者任何我们可以预见的年代,文艺复兴式的人不可能再有了,但我们还是可以做些事。我们首先能做的是教育,主要是小学和中学教育,也包括大学教育。没有理由让下一代普遍无知,或者像我们一样缺乏理解力和同情心。

从一开始“两种文化”这一短语就引起一些抗议。其中“文化”或“各种文化”这个词遭到反对,数字“两”受到理由更为充分的反对。“文化”一词有两层意思。首先,“文化”具有词典定义的“智力的发展,思维的发展”。很多年来,这一定义还附带有其他意思,常常是深奥和模糊的。什么是文化?谁是有文化的?每当问及这些问题,很少有人会避开而不去寻找这一词的精确使用,异常巧合的是,这些问题锋芒直指我们自己。

虽然这是人类弱点的一个可爱的例子,但它并无大碍。要紧的是,从科尔里奇以来任何文化的精确定义,至少同样适用于科学家在他的职业进程中所取得的发展,类似“传统”思维或其某一分支的发展。科尔里奇所说的“教养”——我们就叫作“文化”——被定义为“那些代表人性特点的素质和才能的和谐发展”。然而,这是我们不可能做到的。实际上不管我们的文化是文学的或科学的,它只能配得上亚文化的头衔。“素质和才能刻画了我们人类的特征”。对自然界的好奇和对思维符号系统的使用是所有人类素质中两个最宝贵和最有人性的。思维发展使传统方法受到扼制。同样,科学教育使我们的文字才能枯萎——符号语言得以辉煌地应用,而词汇语言则相反。在这两方面我们都低估了人类天赋的扩展。

但是,如果我们确要使用“文化”一词的精确含义,正是因为缺乏想象力,或许就是无知,从而使科学家无法如愿。没有理由原谅这种无知。文学的整体经过一代人的时间已经建立了起来,它用我们时代的一些最优美的文体写成,表现了科学追求中的内在的知识、美学和道德的价值(对照怀特海德的《科学和现代世界》、哈代的《一个数学家的道歉》和布洛诺夫斯基的《科学和人类的价值》)。过去 10 年美国和英国作品中到处都散落着有价值的见解,例如李约瑟、图尔敏、普莱斯、皮埃尔、纽曼。

在对这一题目的所有贡献中最生动的是布洛诺夫斯基的尚未发表的第三纲领的特写文章。他为了顾全双方,故意避免使用“文化”一词,而是选了“两个世界体系之间的对话”来作为标题。就我而言,相信“文化”一词仍然是合适的,有头脑的人都会领会它的正确含义。但是,尽管坚持使用这一词,我想重复我的主要意图,虽然有些重叠:无论是智力发展的科学体系还是传统体系都不适合于我们的潜力、我们所面对的工作和我们生存的世界。

“文化”一词还有第二个技术方面的意思,被人类学家用来指称生活在同样环境中,由相同的习惯、相同的信仰和相同的生活方式联系起来的一群人。由此人们谈论尼安德特文化、拉泰尼文化和特罗布里安岛文化。这一十分有用的词已被用在我们社会中的各组群体中。对我来说,这是选择此词的另一个有力的动因。

人们并不能经常找到这样一个词,它具有人们明确意指的两层意义。对于科学家一方和文学知识分子另一方来说,事实上都作为文化而确实存在于人类学的范畴之中。正像我以前所说的,他们有相同的态度、相同的行为标准和模式、相同的方法和信仰。这并不是说处于同一种文化中的人就失去了他的个性和自由意志。这确实意味着,如果我们不了解文化,我们将赶不上此时、此地受过教育的儿童。让我举两个通俗和没有争议的例子。绝大多数的科学文化(就是人类学家眼中的科学家)会不假思索想当然地认为研究是一所大学的主要功能。这一态度是自动产生的,是他们文化的一部分,但它不会是文学文化中同样比例的人的态度。同样,绝大多数的文学文化当然地觉得在任何情况下都不允许审查他们出版的文字。这种态度并不是经过个人思考后采取的,这又是文化的一部分。事实上,正是这一毋庸置疑的部分使文学知识分子已随心所欲到了30年前无法想象的程度。

至于数量词“两种”,我不太肯定这是最好的选择。从一开始我就引入了一些合理的怀疑。

我应提及辩论中的两种观点:一种是快乐地走入虚无;另一种,我自己竟然曾经持有,可能有误导作用。第一种说:“不,没有两种文化,有101种,或2002种,或你愿意的任何数。”在某种程度上这是对的,但同时也毫无意义。文字永远比产生模式的残酷现实要简单。如果不是这样,讨论和集体行动都将不可能。当然,比如说,在科学文化中还可以进一步细分。理论物理学家倾向于彼此之间交谈,就像众多的考波特们只和上帝交谈一样。不管在科学政治还是公开政治中,有机化学家往往是保守主义者,而生化学家则正好相反。类似的例子不胜枚举。哈代过去常说,人们可以在皇家学会的会议桌上看到所有这些各式各样的表现。但是,即使像哈代这样对称号和机构都不以为然的人，也不会以此为由说皇家学会什么都代表不了的话。事实上，它的存在是科学文化的最高体现或标志。这种“2002种文化”学派的过度复杂化的尝试，一旦有任何人提出新的、哪怕是很遥远的行动建议时，就会冒出来。它包含一种作为所有保守势力拿手好戏的技巧，也就是巧妙地维持现状，这种技巧被称为“复杂的防守技术”。

辩论的第二种观点是在纯科学和技术（它正变成一个带有贬义的词）之间画一条清晰的界线。这是一条我自己曾试图画的线，尽管我仍可看到这样做的原因，现在我已不会那么做了。我看到的工作中的技术专家越多，就越觉得那种区分站不住脚。如果你真的看到某人在设计一架飞机，你会发现他经历着和科学家同样的经验，美学的、知识的和道德的，好像他正在安排一项粒子物理方面的实验。

科学过程有两个动机：一是为了了解自然界；二是为了适应自然界。这两者中的任何一个都会在任何一位科学家心中占主导地位。科学的不同领域从这两个动机之一获得原创动力。宇宙起源学是第一种动机的颇为纯粹的例子。医学则是第二种的典型代表。不过在所有科学领域中，不管工作是怎样开始的，一个动机将隐含在另一个之中。从传统技术的医学，人们的研究又回到“纯”科学问题，如血红蛋白分子的结构问题。从看起来是所有学科中最不切实际的宇宙起源学中，人们得以了解关于核裂变的知识，不管其将来用于邪恶目的和潜在的正义的目的，无人能称其为不切实际的活动。

纯科学和应用科学之间的复杂辩证法是科学史中的最深刻问题之一。目前还有很多我们不能理解的东西。有时引发一波发明的现实需要十分明显。谁都知道为什么英国、美国和德国科学家在彼此互不知道的情况下突然在1935年至1945年间在电子学上取得了巨大进步。显而易见的是，这一十分强有力的技术武器将很快用在从天文到控制论的纯科学研究上。但是，到底是什么外部刺激或社会关系使鲍耶、高斯和罗巴切夫斯基在开始互不知道的情况下,几乎同时研究非欧几里得几何学,而这显然是所有概念想象的领域中最抽象的领域之一。找到一个令人满意的答案将会是困难的。但是,如果我们一开始就假定在纯科学和应用科学之间有一质的差别,那几乎使寻找答案成为不可能。

所以“两种文化”的说法看起来仍适合我所想达到的目的。现在我想我应该更着重地强调我是作为一名英国人来讲话的,经验主要来自英国社会。我的确说过这些,并且也说过这种文化分裂看起来在英国表现最甚。我现在认识到我对这一点强调得还不够。

例如在美国,文化分裂不像我们这么严重。有少部分文学文化受英国类似文化的影响,极端地反对交流和拒绝交流。但就整个文学文化来说,情况并不是这样,更谈不上全部知识社会都是如此。正是因为分裂得并不深,正是因为情况并不被接受为生活的现实,因此他们正采取更积极的步骤来改进这种状况。这是有关社会改变法律的一个有趣的例子:改变并不是发生在事情最坏的时候,而是在它们好转时。因此,在耶鲁、普林斯顿、密歇根和加州大学,世界级的科学家给非专业班讲课;在麻省理工学院和加州理工大学,理科学生接受最严肃的人文教育。在过去的几年里,访问者会禁不住对美国高等教育的弹性和创新感到震惊,如果他恰好是一个英国人的话,他将悲叹地感到这一点。

我也认为作为一名英国人来写作使我对某些事情变得麻木,这些事情可能会在几年内驱使辩论向另一个方面发展,或许这些事情可能已经发生了。我越来越被大部分的知识观点所打动。它们在这种辩论中自我形成,没有组织,没有任何形式的领导和有意识的指挥。这就是我早先所提到的新特点。这些重要的观点看起来是来自不同领域里的知识人士——来自社会历史学、社会学、人口统计学、政治学、经济学、政府学(美国学术意义上的)、心理学、医学和像建筑学这样的社会艺术学。它如同一个大杂烩的袋子，但有内在的一致性：都关心人类是怎样生活或曾经怎样生活过的，不是关心传奇，而是事实。我并不是暗示他们之间总是意见一致，但是在他们对核心问题的研究方式上，比如说科学革命对人的影响，同时这也是整个事件的焦点，他们至少表现出一种家庭式的相似性。

现在看来，我当初应能预见到这一点。对未能做到这一点我并没有多少借口。我一生的绝大部分时间一直同社会历史学家保持密切的知识联系。他们对我有很大影响，他们最近的研究是我很多论述的基础。不过，我没有很快地观察到有什么正在变成符合我们公式的所谓“第三种文化”。如果我不是英国成长背景的俘虏，不是被培养成对任何现有知识学科以外的东西都表示怀疑的习惯，不是毫不保留地只与“硬”题目打交道的话，那么我可能会更快地观察到新的文化发展。对这一点我感到抱歉。

说第三种文化已经存在可能为时尚早。但是，我现在确信它将到来。当它来的时候，一些交流的困难将最终被软化，因为这一文化为了能发挥作用必须要说科学术语。然后，如我所说，这场争论的焦点将转向对我们所有人更有利的方向。

有迹象表明这正在发生：一些社会历史学家既同科学家保持友好关系，又感到有必要把他们的注意力转向文学知识分子，或者更准确地说，转向文学文化的表现。像“有机共同体”、前工业社会的性质和科学革命这样的概念，在过去10年的知识启发下，正在被人们使用。这些新的研究对我们的智力健全和道德健全具有极其重要的意义。

再提一下我作出判断失误的另一段话。在我叙述两种文化之间缺乏交流时，我并没有夸大，而且可能还低估了这一情况。不过，我已后悔用“你们有谁能够叙述一下热力学第二定律”来作为我考验科学常识的问题。实际上这是一个好问题。很多物理学家同意这大概是最切中核心的问题。这一定律是最有深度和普遍性的定律之一。它有自己含蓄的美,像所有主要的科学定律一样,令人起敬。当然对只是从百科全书知道它的非科学家来说,它没有任何价值。要理解它,如果没有一些物理学知识的话这是做不到的。这种理解应该成为20世纪共同文化的一部分,就像切威尔勋爵在上议院所说的那样。不过,我现在希望我选的是另一个例子。我忘了对大多数人来说,这是一个陌生和好笑的名称,就像是一个剧作家没有考虑观众的理解力一样。说实话,我忘了这种不熟悉是多么可笑。

我引起了笑声,但再次像不称职的剧作家一样,是在错误的地方引起人们的笑声。我将用不同的方式对待此事,并且我应该提出一个应为共同文化所要求的科学分支,当然任何在校学生都知道它。这一科学分支目前的名称叫作分子生物学。它好笑吗?我想它可能已被完全地通俗化了。通过一连串的幸运机会,这一学科理想地符合教育的新模式,相当恰如其分。从晶体结构分析开始,它本身就是一个优美和易懂的课题。然后这些方法应用到分子上,而它们实际是我们自身生存的一个重要部分——蛋白质分子和核酸分子。这些巨大的分子呈现各种奇怪的形状,在生命的本质上似乎喜好洛可可式的,它包括克里克和沃森对 **DNA** 结构的天才般的发现,并教给我们关于基因遗传的基本内容。

不像热力学,分子生物学这一学科并不涉及严肃的概念困难。事实上,说到概念,它不太深奥,不需要太多的数学知识,因而首先打动我们。很少有什么硬科学能够不需要太多的数学训练就可让人理解的。人们最需要的是视觉和三维想象,它是一个画家和雕塑家可能会立即认同的学科。

分子生物学极其简洁地例证了科学文化的整体、它的分支以及科学文化共同体的一些特点。"2002 种文化"学说的倡导者将高兴地听到世界上只有少数人——500?——能理解比如说佩鲁兹和肯德鲁最终解开的血红蛋白结构过程中的每一个细节。不过佩鲁兹断断续续研究血红蛋白达 25 年。但是,任何有耐心去学习的科学家都能在这些过程中理解它，并且任何科学家都知道这一点。绝大多数科学家能获得足够的知识来理解结果的意义。所有科学家毫无例外地接受结果。它是科学文化正在起作用的最好证明。

我说过，在这一科学分支中的思想不像热力学第二定律那么深奥或具有如此广泛的物理学重要性。第二定律是涵盖宇宙的普遍原理，而这一新学科只与宇宙的微观部分打交道，并且它们可能只存在于地球上。但是，由于这些微观部分恰好与生命相关联，对我们每个人都有意义。要写出这种重要意义非常难。我想比较好的是采取排除自我的方法，让后面几十年的研究者把它弄明白。这样的一种说法也许不会有太大争议。这一科学分支比自达尔文以来任何科学进步可能都更加深刻地影响人们思考自身的方式，并且可能比达尔文的进化论影响还要大。

这看来是下一代应学习它的一个充分的理由。教会承认存在不可战胜的无知，但这里无知不是或不必是不可战胜的。这一研究可以纳入我们任何的教育体系，高中或者大学，而无须人为因素和干扰。我敢说像往常一样，这是一个已经在世界上流行的想法，并且就在我写这一段时，一些美国学院已首先开设了这门课程。

重大的科学突破，尤其是那些像分子生物学这样与人体紧密相连的重大突破，或者甚至是今后可能在高级神经系统上的突破，将必然同时激起我们的希望和无奈。那就是，自从人类开始自我反思以来，他们就已经对这些看起来是前世注定的人类本性的各个组成部分进行猜测，有时还具有深刻的洞察力。有可能在一代人的时间内这些猜测的一部分将被实在的知识来验证。没有人能预见这样的一个知识革命将意味着什么，但我相信结果之一将是让我们对我们的同类承担更多的而不是更少的责任。

敬畏自然、顺应自然、理解自然，我们人类方可在大自然中和合万世，颐养天年。

·詹克明·

敬畏自然

大自然既简单又复杂。像一位朴素和蔼而又渊博深沉的学者，它深藏着自己博大精深的内涵，外表却又显得极为平易随和。天真的稚子也能如鱼得水地嬉戏其中；大字不识的山村老汉数着粗硬的手指也能对付。顺应自然的活法真的挺简单。但是，当你试图探究它深层内里之秘密时，它一下子又显现出层层缠裹的错综复杂，你会感到它是那么深不可测，奥秘无穷。不论你钻透多少层，总还有更深一层的谜把你兜住，你仍然不知道造成这更深一层“果”的“因”又是什么。人啊！凭你这点本事休想跳出“未知”罗网的盘丝洞。

大自然似乎更偏袒简单的活法。头脑简单的羚羊也可以优哉游哉地生活在大草原；从不思考的蚯蚓也可以舒缓地纵横地下，繁衍生息。大自然只消交给它们几件“本能”当作看家本领，就够它们吃一辈子的。倘若你看到蚯蚓无端地爬上高出的路面，两天内

本文作者詹克明毕生从事自然科学研究，近年来关注科学技术中的人文关怀，撰写或发表了不少论述人与自然、人文与科学的散文、随笔，如《缚鹰难展——纪念傅鹰教授百年诞辰》《让每一块石头卓立起来》《魂系未名湖》《瓦尔登湖——大地的眼睛》《杞人忧水》等。

必有场暴雨。咱们人类动用了那么多先进技术:宇宙火箭、气象卫星、太空遥感和大型计算机,分析了一张又一张气象云图,进行48小时天气预报,也常有报不准的时候。而这个一条直肠子通到底、简单得不能再简单的小小蚯蚓又凭着哪门子本事作出如此准确的气象预报呢?“地震学”可能是一门最古老又最不成熟的学科。人类目前尚无法准确预报地震。而狗、泥鳅之类的动物却常能事先知道。人类中真该有几个“通狗语”“识鱼性”“知鸟音”的人。它也许是地震学家至关重要的“外语”。人们有“警犬”“军犬”,还应当有“震犬”。简单性与复杂性都是一种活法。庄子观鱼,鱼望庄子,一个活得复杂,一个活得简单,不管选择哪一种,大自然都会给你条活路。顺生、顺时、顺应自然,大自然就会像白昼那样一目了然。活着并不难,不信,你去问牛。

大自然还算公平,它宠爱简单,也奖掖复杂。它总是给复杂者出难题,却从不难为简单者。苦恼总是属于头脑复杂者。大自然创造出会思考的人类,不过是在跟人类玩一场永无休止的“有奖猜谜”游戏。奖品是——你猜中哪一条,就可以使用哪一条科学原理,将它变成技术产品,供人们享用。人类——大自然的天然“谜友”,要是不互相打架,总是斯斯文文地猜谜该有多好!

大自然并不像自家后院那样一览无遗

人类祖先出自于无知对大自然充满着神秘、恐惧与困惑之感;当今一些科学巨匠出自于对大自然的透辟理解,也被它那不可思议的美妙、庄严与精深所震撼。这两类人都对大自然存有一种发自内心的敬畏。唯独那些灌了“半瓶子”粗浅知识的现代人感到无所谓。

我们面对的永远是一个无限的大自然。无限就围拢在我们身边,繁英满地,俯拾皆是。不仅身居未知前沿的科学家要面对无限,我们每个人都避不开它。

人类是先学会了数月亮尔后才学会数手指头的(公元前2600年苏美尔人就创立了以12为基础的进位制和相应的计算方法。公元前1700年,克里特岛才实行10进位制)。大自然也许在嘲弄长了10个手指从而发明了十进制的人类,在一维长度上我们也许还能对付,一到二维平面可就障碍重重了。圆与方是人们最常见的基本几何图形,尽管我们生活中到处充满着圆和方,但是,原则上我们无法用直接度量边长的方式严格地制作一张2平方米的方台面或3平方米的圆台面。你将面对两个无理数——边长$\sqrt{2}$和圆周率π。当然,你也许有能力将其用计算机算到小数点后一百万位,但是第10位就已经是原子尺寸了,你无法切出半个原子。

几世纪前人们就已发现了有趣的斐波那契级数:3,5,8,13,21,34,55,89,144,…此级数最大的特征是:每一项数字都是前两项数字之和。这个级数与大自然植物的关系极为密切。几乎所有花朵的花瓣数都来自这个级数中的一项数字;菠萝表皮方块形鳞苞形成两组旋转方向相反的螺线,它们的条数必然是这个级数中紧邻的两个数字(如左旋8行,右旋13行);所有植物花盘(如向日葵)也都有两组旋转方向相反的螺线,它们的条数也必然是这个级数相邻的两个数字(如,顺时针螺线数/反时针螺线数:34/55,55/89,89/144,…)。真怪!倘若两组螺线条数完全相同,岂不更加严格对称?可大自然偏不!直到最近的1993年,人们才对这个古老而重要的级数给出真正满意的解释:此级数中任何相邻的两个数,次第相除,其比率都接近0.618034…这个值,它的极限就是所谓的“黄金分割数”$\phi=(\sqrt{5}-1)/2$。至于为什么“黄金分割数”成为主宰植物王国的“上帝”,又是一项大谜存焉。数论专家早就下过断言:最无理的数就是黄金分割数!(也许一个民族把业余时间投向何方倒是更加关乎它今后的命运!当众多国人沉溺于搓弄144个方块,做着“黄金梦”时,又有几人知道144与“黄金分割数”的关系?)

虽然我们日常生活中最常接触的是有限,但它们也许是一条无限链条上的几个环节。

在一个刚学过初中物理的少年眼中，也许一滴水再简单不过了。他会侃侃而谈：由于液体表面张力的作用，水滴是球形的；按照牛顿第二定律，$h=\frac{1}{2}gt^2$，只要知道时间就可以准确计算出它在任何时刻下落的位置。这位少年郎的简单头脑中绝不会想到这个公式只是本质上的近似描述，它忽略了无数在真实环境中必然存在的复杂因素。但是，倘若将一切影响因素都考虑进去，这将是无穷无尽的，你永远不会抵达"完全真实"的彼岸。

单说重力常数 g，地球不同纬度就有差别。此外，月球引力既然对潮汐都能产生影响，自然对水滴的下落也会产生影响。如此说来，一年当中不同的日期，每天中不同的时间，不同的地理位置和海拔高度，不同的月球倾角都会对重力常数产生些微的影响。

再考虑液滴蒸发，不同温度、湿度、风速都会影响水汽的蒸发速度，从而影响液滴的重力。降落时，水滴下部的冲击增压与上部的尾流减压，也会造成液滴两端的蒸发产生差异。蒸发时水汽中轻同位素（氢）总是比重同位素（氚）略占优势，因此水滴落地之前与滴落之初其同位素丰度比也会略有差异。树叶上分泌的可溶性物质与灰尘的混入也会影响它的蒸发。

水滴降落时由于空气动力学作用会使液滴产生振荡变形与无规转动，这些都会影响它降落的轨迹。

水分子的极性在降落过程中穿越地球磁场产生的洛伦兹力也会影响液滴内部水分子的运动。

此外，下降过程中失重状态下的微生物行为，减压下液滴内气泡的变化，液滴蒸发时的降温作用……都会伴随发生。

以上只是已知物理现象的一小部分，而且还会有更多尚未被发现的影响因素。就液滴降落而言，要想包容所涉及的全部影响因素，并以数学表达式纳入对自由落体公式的修正，这将是不可能的。可以说,自打地球诞生那天起就没有过两次完全相同的滴水过程。套句哲学家习惯说的话:人不能两次看到同样的水滴!

不要以为未知都在离我们现实生活十分遥远的科学前沿,诸如宇宙起源、生命起源、黑洞、夸克、超弦……也许在我们身边,甚至在我们最为熟知的地方偏偏存在许多“谜洞”和“漏眼”。有时发现之后人们才领悟到它竟是一个激动人心的科学新天地,会令人类思维全部为之改观。

人们早就看惯了自家水龙头的漏水:一滴一滴……开大点,一滴滴一滴滴……再开大点,一滴滴滴滴,一滴滴滴滴……原来这里隐藏着近年来非线性科学中的一项重要发现——“倍周期现象”。

人们都看惯了云影、山形、闪电、树枝、根须……原来这里暗含着一门新兴的学科——分形几何学。静听池边细浪那略有节奏地拍打石岸;俯瞰大河那蜿蜒曲折如舞素练的流畅曲线;留意那颇似洛伦兹水轮的正逆随意翻转的电动玩具……它们勾勒出一个全新的科学新领域——混沌学。

千百年来人们一直习惯于把正在滴下的水滴画成上尖下圆的“泪滴”形状。对它的真实形态似乎只有那位一个世纪前的瑞利勋爵做过一些认真的观察,画出过一张正确的图形。可惜就连这点精细也早就湮没在浩瀚的科学文献故纸堆中了。直到1990年,数学家豪·佩里格林等人才仔细地拍摄了水从水龙头滴落的全过程。发现它们十分复杂有趣,一滴“泪滴”后面还跟着一个小圆柱形的尾巴,它轻微的波动最终变幻成一串越来越小的“珍珠”而紧随大滴脱落。这项研究已被公认是近年来一项“杰出的工作”。可是全世界50亿人,再算上历代的祖先,少说也有上千亿人,谁没看到过水滴呢?又有几个人认真细致地观察过这一生活中最常见的未知现象呢?

刚刚颁发的诺贝尔化学奖奖给了近年来发现C_{60}分子的柯罗托、斯麦利等人。这是继石墨、金刚石之后发现纯碳的第三种独立形态，并紧接着扩展成一个庞大的富勒烯家族。按理说，人们早就该发现 C_{60} 了。它在蜡烛黑烟中，也在烟囱灰里；提取 C_{60} 的溶剂都是最常见的试剂；鉴定其结构所用的质谱仪、核磁共振谱仪几乎每一所大学或综合性研究所都有。尤其令人惊异的是，其分子模型与那个已在绿茵场上滚动了多年，由 12 块黑色五边形与 20 块白色六边形拼合而成的足球竟然毫无二致。C_{60} 发现之初，斯麦利等人打电话给美国数学会主席告之这一消息，这位主席竟惊讶地说："你们发现的是一个足球啊！"柯罗托在英国《自然》杂志发表的第一篇关于 C_{60} 结构论文时，索性就用一张安放在德克萨斯草坪上的足球照片作为 C_{60} 的分子模型（科学与体育居然还有这么一次罕见的合作）。可以说，几乎每一所大学、每一个研究所的化学家都具备发现 C_{60} 的条件，然而几十年来，成千上万的化学家都与它失之交臂。难道结构化学家中竟然没有一个球迷？

静观自然——人类不过是个先天不足的业余研究者

大自然创造了有感知、能思考的人类并不是让它反过来研究自己的。

我们的感官和大脑都是环境的产物，造就出它们，纯粹是为了让人类在地球这个特殊的生态环境中获得最适宜的生存。仅此目的，绝无他意！至于人类利用大自然赐予的感官与大脑，在维持其生存之余还有兴致研究与探索大自然的奥秘，这纯属业余之"副业"，完全是好奇心所驱使。大自然从来没给它派过这项任务，也从来没有根据所谓"研究需要"来为人类配置齐全的感官品种与足够的感知范围。人类所拥有的仅仅刚够其维持生存，既没有多余的感官，也没有超出生存所需之范围。若论研究自然，实属先天不足，这也许是人类认识局限性的来源之一。例如，人类完全是个"磁盲"，大自然给鸽子配置了"磁觉"，却丝毫不给人类这种能力。在当前电器时代，人类要是具有"磁觉"器官该是多么方便啊。人类若有磁觉，没准发电机会早于蒸汽机，“第一次工业革命”当为“电机时代”，而不是“蒸汽机时代”，水力、风力、汽轮机发电将更盛行。

大自然本无所谓颜色、声音、味道，它只有光的波长、振动频率和相关的化学反应、物理效应。纯粹是为着人类自身生存的需要才“选择”了 16 ~ 20000 赫这段声波作为“可听”的声音，选取 400 ~ 800 纳米的光波作为“可视”颜色。超出这个频率范围的声波哪怕再“响”我们也听不到——谓之“静”；越出这段波长的光哪怕再“亮”我们也看不到——谓之“黑”。可见，静并非一定无“声”，黑并非一定无“光”，何以如此？完全是为照顾我们生存需要。

试想人类若能听到 16 赫以下的“次声”，则自身胸腔内的心脏跳动声如擂鼓，两肺呼吸如拉风箱，腹腔肠胃蠕动如狗舔汤盆，屋外孤鸟离枝，枝颤如拨琴弦，室内睡猫鼻息，气流如风笛长吹……日日夜夜陷入如此嘈杂，人类将何以安宁？同理，人类若能看到波长 800 纳米以上的红外线，则夜间人体通明，桌椅件件发光，取暖炉强光刺眼，又将何以安眠？盐本无所谓“咸”，糖本无所谓“甜”，空气与水本无所谓“无色、无嗅、无味”，这均为有利于人类生活需求而已。大自然无意特别恩宠人类，并未给人类提供超出实际生存需要的任何东西。人之视觉不如鹰之高远，不像猫能夜视；人之听觉不如蝙蝠之能辨“超声”；人之嗅觉不如猎犬与野兽。人类不能感知气压、电压、磁极、次声，不能自计时间，人类不得不靠发明各类仪器，借以延伸感官。

相对而言，人类的大脑配置可算是大自然格外开恩了。根据世界著名古人类学家理查德·利基的研究：“猿的新生儿的脑量平均大约 200 毫升，大约为成年时脑量的一半。”据他推测，若按此一般规律，平均脑量为 1350 毫升的现代人，其妊娠期理应是 21 个月（而不是目前的 9 个月）。俟其新生儿脑量达到 675 毫升时再降生。由于人类骨盆开口的限制，只允许新生儿脑量达到 385 毫升时就得提早出生。从这个意义上看，我们人类个个都是“早产儿”！怪不得婴儿刚生下来会如此软弱无能，这般娇痴无助，非在母亲怀里补足这21个月才能下地走路。《封神演义》的作者也许早就猜出了这个道理，他笔下那个哪吒妊娠期足足42个月（刚好为21个月的两倍），一生下来就能“满地上跑”。有时“神话”比“人话”要有远见得多。科学与神话都需要想象力，两者常常先期而合。想当年吴承恩笔下的孙悟空，拔一撮毛就“克隆”出一大群孙悟空，现在英国人不是已“克隆”成功一头羊了吗？专家指出：克隆技术最好是用“干细胞”，这在毛发中就有。当年悟空从后颈拔毛该是何等聪明！

按照英国人类学家阿瑟·基恩爵士提出的界定标准——人脑必须达到750毫升才算超出猿类。真幸运人类有着一个平均1350毫升的大脑，没有这点余量，人类休想搞任何科学、哲学、文学、艺术、产品发明与工程技术。但愿人们能充分地、自由地使用这1350毫升大脑的思维空间，千万别给大脑设置“禁区”，人为地封闭某些脑区，等于强制大脑只许在1000毫升以下使用，这将是一种反自然的行径。

老子曰：“知其白，守其黑，为天下式。”倘若我们用白色表示人类已知，黑色表示人类未知，那么，在无限广阔的黑色背景中，我们人类只不过是在一块极其有限的局域中，疏疏地画了一些有限长度的白色线段。这些线段绝不可任意延长，稍做延伸即成谬误。这些线段之间交互连接，沟通了人类认识自然的“知识网络”。这些线段是无限细的“几何”线段，无论两条线段靠得多么近，它们之间仍旧“疏可走马”，仍旧可以容下无限多条新添的白色线段。

科学任何时候都不可能抹出一块白色的“面”——属于完全的已知，中间不再存有任何黑色的间隙，它意味着在这块有限的面积里（无论其面积多么小），科学再也不可能发展了——绝不可能存在这种“科学墓区”。科学永远依存于未知，永远离不开对未知的探索。科学只有植根于“未知”的土壤中才能永远保持鲜活。

优秀的科学家从现象中发现规律，而天才的科学家又从众多规律的复杂联系中发现了简单。依据这些简单的原理能够将已有的科学知识系统化，并分门别类地梳理成“知识树”形式。然而，作为整体联系着的大自然并不承认这种人为地割裂自然的狭隘见识。它常常神奇地使这些孤立的树之间“枝枝相覆盖，叶叶相交通”。有时两门年轻学科少年气盛，一个向着宏之又宏方向，另一个向着微之又微的方向各自孤军奋战，长驱直入。活像两个孙悟空在大自然的掌心中，分别朝着两个相反的方向拼命翻着跟斗。当它们意得志满地在各自的“天尽头”小解时，到头来，却发现两泡猴尿浇到同一根大肉柱子上了。古生物学拨动着核物理学的“绝对时钟”，宇宙学的脉冲中子星弹奏着微观中子物理的乐谱。

也许人类最大的未知就是——不知道什么是自己永远无法知晓的！这似乎是一个悖论，如果你确确实实已经知道存在这样一个领域，你对它就不再是一无所知。

我们的头脑中只能贮存“知”，不能容纳“非知”。不论是“已知”还是“未知”都属于不同程度的“知”。一个人处于绝对黑暗中，对周围完全无知，他不知“有什么”，也就不存在“看不见什么”具体东西的问题。这是一种“非知”状态。只有当他触到某一物件才产生“看不见什么”的问题，它属于未知状态。

人类只能知晓“知”，不能知觉“非知”，更不知道有多少“非知”存在。只是从哲学的理念上看，应该存在无穷无尽的“非知”。一个造诣高深的科学家不仅他所通晓的“已知”以及他脑中的“未知”要远远多于一般人，而且他的头脑中对“非知”也随时保持高度的警觉。一旦机遇出现，他能突破头脑中“已知”的束缚，敏感地识别，及时地捕捉，并竭尽全力地将“非知”转化为“知”，最终成为“已知”。

科学与宗教

简单的大脑只能映射出一个简单的世界。牛顿曾经把自己比作一个在海边玩耍的孩子,只是偶尔间发现了一个更光滑的卵石或者更漂亮的贝壳。而他面前仍是一片无边无际的未知的真理的海洋。但是一个刚读完中学的读书郎反倒觉得天下至理尽在彀中。

也许只有那些对大自然有着深刻理解的头脑才会感觉到冥冥中似乎有一个无限精确的“头脑”在支配一切,左右一切,安顿一切。似乎有一种无形的巨大力量在推动一切和谐有序地发展。它掌握一切,又不见操纵;它贯穿一切,又不露形迹;它与我们亲密无间,不离须臾,甚至就在我们身体里面,但谁也没接触过它;谁也不知道它是什么,它在何处,它从何而来,又去向何方;它是一切,你找不出什么不是它,什么都在它之内,没有什么在它之外,包括“零”“空”“无”“虚”“精灵”“鬼魅”……都在其内;它是唯一,它没有“对立物”;它绝对严格,没有误差,倘若它有些微的差错,通过无限的普遍联系,它们早就该在遥远的某处发生猛烈的碰撞;如果你发现它出了“差错”,先别忙着诘问它,最好先从自身找找糊涂之处,没准你还能发现新的理论;你若小瞧它,它随时都可以为你设下“陷阱”,或随手甩给你几个“难题”,哪怕你使出浑身解数也得认输;你若想找它的岔子,非得落个身败名裂的下场不可;它随意摆弄出来的一切都是精品,全都那么可靠、优化、高效、低耗,哪像人做出的那些粗笨、玄乎的玩意儿;它创造了一个无所不包的巨大和谐,哪怕是一棵小草、一只跳蚤、一个细菌、一个仅含5000核苷酸的病毒分子多面体都是无限精巧、无限复杂,人工永远无法与之比拟的。天工岂能巧得?它无一言,不立文字,但主宰一切。外国人称它为“真主”“上帝”,似乎总脱不掉“人形”,中国人看上去略胜一筹,称之为“天”,“天”是主宰大自然的。连孔夫子都感喟于这无声、无形、无觉、无言的主宰:“天何言哉,四时行焉,万物生焉,天何言哉?”

也许只有少数杰出的科学巨匠、睿智哲人才能在内心中解读出大自然的无限精深,品味出人类的局促浅薄。他们深切地感到一个无所不在、无比威严的宇宙主宰,并对大自然产生一种由衷的宗教感情。爱因斯坦认为,“自然界里和思维世界里有着庄严的和不可思议的秩序”“你很难在造诣较深的科学家中间找到一个没有自己宗教感情的人”“他的宗教感情所采取的形式是对自然规律的和谐所感到的狂喜的惊奇”。爱因斯坦认为:“宇宙的宗教感情是科学研究最强有力,最高尚的动机。”他断言:“科学没有宗教就像瘸子,宗教没有科学就像瞎子。”著名物理学家、诺贝尔奖获得者杨振宁教授在回答香港《明报》记者关于科学与宗教的问题时是这么说的:“相信不相信在不可知的宇宙中有造物主在创造一切呢?我只能说,当我们越来越多地了解自然界一些美妙的不可思议的结构后,不管我们是正面问这个问题还是不正面问这个问题,都确实有你问的这个问题存在。”

科学与宗教确实有过水火不相容的对立,特别是在欧洲中世纪时代,但大多数时间两者是相安无事的。人类早期文明时期,科学与宗教曾有过十分密切的亲缘关系,甚至有时科学就发端于带有某些宗教色彩的巫术。在古埃及不仅祭司兼职医生,而且公元前2000年的那份祭司密卷——“卡洪纸草卷”实际上就是埃及最为古老的医学文献。公元前1000年古印度从吠陀医学过渡到婆罗门医学时,医生才从僧侣中分离出来。我国的中医同样有着巫术渊源,黄帝内经、周易参同契、子午流注、太素脉诀、五行医说……无不带有巫术的胎记。正如我国学者指出的:“从半跪的巫术,既可以走向直立的科学,也可走向双膝跪下的宗教。”不仅医学如此,数学发端于“数术”,化学源于“炼金术”“炼丹术”,天文学起源于“占星术”,都早已是不争的事实。丹皮尔在其名著

《科学史》中指出:“巫术一方面直接导致宗教,另一方面又直接导致科学。”

事实上,科学与宗教常常有着共同关心的重大问题,科学往往从简单性入手,运用实验验证、逻辑推理与科学归纳的方法加以研究;宗教则往往从复杂性入手,运用思辨的方式来解释这些问题。从《旧约全书·创世纪》就可略见端倪。在这部圣经中,上帝创造世界的顺序几乎就是一个地球形成演化、生物进化全过程的缩影。首先是天与地的分离,然后是山川的形成,接下来是先产生进行光合作用并呼出氧气的植物,随后才产生吸进氧气的动物,最后产生了人。可惜这一切是在“六天”中完成的,而不是六十亿年。中国的盘古开天辟地,天地由混沌初开而逐渐分离的过程极像地球、太阳系由宇宙尘凝聚而成的现代理论。无论中国还是外国都有过用互相缠绕的两条蛇代表生命的发生。在中国是伏羲与女娲两个蛇形的身体互相缠绕,在西方则是公元前2000年一个地中海国家的祭瓶上绘着缠绕在一起的两条巨蛇。它们多么像近代分子生物学中**DNA**的双螺旋结构!

物理学家保罗·戴维斯认为:“世界上的各个主要宗教都是建立在公认的智慧和信条上的……在人类历史的大部分时期,男男女女之所以皈依宗教,并不只是为了寻求道德的指引,而且也是为了寻求关于存在的基本问题的答案。宇宙是如何被创造出来的?宇宙又是怎样终结的?生命和人类的起源是什么?只是到了近几个世纪,科学才开始为这类问题的解决作出自己的贡献。”

黎巴嫩著名作家纪伯伦说过:“信仰是心里的绿洲,思索的骆驼队可永远走不到那儿。”是的,这个绿洲若可到达,怀有信仰的人到了那里就不走了,他也就不再拥有向往绿洲的信仰。真正高尚的信仰从不强加于人,也不可能被别人所强加。科学崇尚真,宗教崇尚善,艺术崇尚美。跋涉在这些精神领域里的人们,心中是否存有这块绿洲,就足以区别他是仅仅借此谋生混饭的“匠人”“俗人”还是自觉自愿奉献全部身心的虔诚信徒。作为一个对大自然虔诚的人,他视自然为神圣,信奉自然的庄严与和谐;他视自然为万物的主宰,顺从它的意志;他将自己的灵魂皈依自然,与它和谐一体;他敬畏自然,绝不敢违背它的戒律,更不允许任何亵渎自然或公然与自然对着干的“反自然”行径;他诚挚地向自然顶礼膜拜,潜心地感悟自然;宇宙是他参拜的殿堂,太阳是他的圣烛;他来自自然,又将回归自然,在自然中成为永恒。

先民们敬畏自然、崇拜自然,萌生过朴素的宗教感情。他们崇拜火,崇拜太阳,崇拜母神。公元前3900年的古埃及人甚至崇拜尼罗河,每年在汛期之前都要在河中溺死一名少女,作为“尼罗河的婚礼”。

随着科学技术的进步,特别是它最近400年的突飞猛进,在一般人的心目中大自然似乎已一览无余不再神秘。人们不再敬畏自然,凭借手中的科学技术,改变环境,创造出数不胜数的人工制品,过上了越来越舒适的生活。人们渐生狂妄,乃至发展到“人类至上”的程度,活像普希金笔下的那个渔妇。解除了敬畏之心束缚的人类,总是为着各自的私利由着性子胡来。他们争相掠夺自然、破坏自然,把一个本不算大的地球折腾个兜底翻。近地大气层到外层空间,河流湖泊到深海大洋,高山峻岭到原始森林,良田草场到大漠荒原,凡人迹所到之处全被糟蹋得不成样子。可怜这个蒙着蓝色轻纱,在太空中独具魅力的星球几乎找不到一处净空、净水与净土。藐视自然、不懂自然而又惯于鲁莽行事的人活像乡里人称的“二杆子”,什么都不忌讳,什么都要胡来,不顾子孙后代,不信因果报应,天不怕、地不怕、神不怕、鬼不怕,大自然更不怕,没有任何王法、规章能够管住他们,他们的破坏力是毁灭性的。遗憾的是,人类中的这种“二杆子”并不在少数,哪怕他重权在握,哪怕他家境豪富,哪怕他顶着个“总工”“总裁”头衔,在对待自然的态度上,他们仍然是个“二杆子”。

人类在发展中堕落,在科学中愚昧,在叛逆自然中自掘坟墓。忤逆自然的人类将不会在大自然里寿终正寝。人类是一个整体,我们都是“地球号”宇宙航船的乘客。共生共灭的人类只能同舟共济。只有拯救整个人类才能真正拯救我们自己。

敬畏自然、顺应自然、理解自然,我们人类方可在大自然中和合万世,颐养天年。

越往前走，艺术越是要科学化，同时科学也要艺术化。两人从山麓分手，又在山顶会合。

——福楼拜

·王梓坤·

在“山顶”会合的科学与人文

理科研究自然现象，文科研究人类社会，对象不同，内容各异；加以“吾生也有涯”，因而彼此来往甚少，是容易理解的。有些学理的不很尊重学文的，认为那里科学性不够；学文的往往也觉得学理的太钻牛角尖，皓首穷于一经，见树不见林。斯威夫特的大作《格列佛游记》中，有两章专写“科学院概况”，不少科学家读后大概不会感到很舒服。

专家所以专，是因为他有自己的一片不大不小的耕地，熟于斯，精于斯，创造于斯。他不必，也不太可能同样地熟悉许多其他专业。不过，如果他能多少涉足于本专业之外，看看别人做了些什么，怎样做，还想做什么，对拓宽他的视野，提高整体学术水平，无疑会起到重要的作用。梁启超曾说他的老师：

本文作者王梓坤系著名数学家，中国科学院院士。1929 年 4 月 30 日生于湖南零陵，江西吉安人。1952 年毕业于武汉大学；1958 年获苏联莫斯科大学副博士学位。历任南开大学、北京师范大学教授和校长。在科学研究和人才培养诸方面作出重大贡献的同时，还潜心于科普创作。本文选自上海教育出版 2002 年 9 月版《莺啼梦晓》，原文标题为《评文论史便神飞——学理者如是说》。

康(有为)先生之教,特标专精、涉猎二条。无专精则不能成,无涉猎则不能通也。

短短两句话,胜过一篇大论文,把精与博的关系说得再透彻不过了。

学文的要知道一点理,以便适应科学技术的高速发展,取得“现代人”的资格。但我感到,学理的更应学点文,其迫切程度胜过文学理。何以见得?人的社会实践,不外乎“做人做事做学问”。一般地说,科学家做学问都很高明,但做人做事就未必人人都行。老实人常常碰壁,甚至吃了苦头,挨了闷棍,还不知是怎么回事。做人做事,都要涉及社会,涉及他人。而无论哪本数理化名著,决不会用一章去教学生如何处理人际关系。所以学理者,应该自觉地去补上这一课,以免受骗上当。这是消极的方面。积极的方面,我发现许多大学者不仅业务超群,而且交际很广,诚所谓“世事洞明皆学问,人情练达即文章”。贾宝玉不喜欢这两句,所以落得去当和尚,这确实是大实话。后来我慢慢明白了:名人所以有名,七分业务三分机遇也。三分虽少,却是万万缺不得的,而且其中学问很大,“人事”是其重要成分。我辈书呆子不可不知!

学一点文史哲,可以帮助我们审时度势,认清形势;陶冶性情,触发灵感;纵观全局,端正方向。

1967 年,在那惶惶不可终日的日子里,许多人对形势感到迷惘、震惊、手足无措。我也如此。我虽是数学教师,但那时无法教书,又不甘心时光虚度,便找了一些文科的书来看。我看的是瞿蜕园先生编的《通鉴选》,恰好翻到“党锢”篇。没有想到,这篇文章对我起了极大的作用,使我豁然开朗。东汉末年(公元 165 年后),宦官集团迫害在野名士的种种故事感人至深。其中一位名士叫范滂,性格刚劲,疾恶如仇,于是受到陷害而遭通缉。逮捕令传到吴导手中。吴伏床而泣,眼看就要因抗命而大祸临头。范知道后说:“必为我也。”立即投案自首,县官郭揖大惊,交出官印,要与范一起逃亡。范不肯,说:“我死则祸止,何敢累君,又令老母流离乎?”当日便与母亲诀别,不料母亲也是浩然正气,说:“死亦何恨?”滂跪受教,再拜而辞。滂对身边的儿子说:“吾欲使汝为恶,恶不可为;使汝为善,则我不为恶。”行路闻之,无不流涕。可见天下还是好人居多。老妈妈与范滂的话,至今还时时在我耳边回荡。那时我读过这篇文章后,立即联想到当前不也是坏人坑害好人吗?历史竟如此重复。我用这个观点观察以后的发展,果然无往而不通。于是我心中有了底,自然明白该怎么行动了。“世上没有新事物,都是前人做过的。”就连今天使西方首领们大为头疼的人质问题,够时髦的了,不也在秦始皇父亲身上早就发生过吗?不过,这句话也有例外,那就是新科技及其社会效应,如制造空难等,倒是前所未有过的。

任何一门严谨的科学都需要高强度的脑力劳动,特别是搞起研究来,更是白天黑夜,没完没了。为了持久,我的办法是每晚十一点必须睡觉,早睡早起,雷打不动。十点上床,看一小时闲书,放松脑子,作为过渡。闲者,专业以外也。这时读书全凭兴趣,毫无压力。文、史、哲、科,看到哪里算哪里,懂多少算多少。海阔天空,不知所之,这是最大的精神享受。遇到诗文佳句或奇思妙想,随手记下。久而久之,居然累积了七本笔记。这对我后来写《科学发现纵横谈》很有帮助。名句如“身高殊不觉,四顾乃无峰”(谭嗣同),“石城头上,望天低吴楚,眼空无物”(萨都剌),“虽复沈埋无所用,犹能夜夜气冲天”(郭振《古剑篇》),“休言女子非英物,夜夜龙泉壁上鸣”(秋瑾),都很有气魄,可以振作精神。思想枯竭,读之可使奇想自天外飞来者,首当数《庄子》。这部书在哲学上和文学上都达到了最高境界。如果有人问我,有三个超级诺贝尔奖,古今中外,该授给谁?我会毫不犹豫地推荐庄子。日本物理学家、诺贝尔奖获得者汤川秀树很喜欢读《庄子》。他说:

书籍可以有许多不同的方式吸引人们,但是我尤其喜欢那种著作，它自己创造出一个世界。在这个世界里，只要很短的时间，就可以使读者聚精会神，手不释卷。对我来说，《庄子》就是这类书籍中的一个典型范例。

他还把庄子的两句话“判天地之美，析万物之理”写在书的扉页上，作为现代物理学的指导思想及最高美学原则。

谈到美，使我想起《阅微草堂笔记》卷十八中的一段游记，描写了一个不食人间烟火的幽静环境：

四月十七日，晚，出小石门，至北涧，耽玩忘返。坐树下，待月上，倦欲微眠，山风吹衣，栗然忽醒。微闻人语曰：“夜气澄清，尤为幽绝，胜于画图中看金碧山水。”以为同游者夜至也。俄又曰：“古琴铭云：山虚水深，万籁萧萧，古无人踪，惟石嶕峣。真妙写难状之景，尝乞洪谷子画此，竟不能下笔。”窃讶斯是何人，乃见荆浩。起坐听之。又曰：“顷东坡为画竹半壁，分柯布叶，如春云出岫，疏疏密密，意态自然，无杈桠怒张之状。”又一人曰：“近见其西天目诗，如空江秋净，烟水渺然，老鹤长唳，清飙远引，亦消尽纵横之气。缘才子之笔，务殚心巧；飞仙之笔，妙出天然，境界故不同耳。”

简直是一个超越、空灵、水晶宫般的世界！在夜气澄清、山风吹衣的树下，听人评才子和飞仙之笔，无疑有助于想象的飞动、灵感的触发。人们脑海中积下的长期思考而又不得其解的难题，常常是在高度紧张后的松弛状态下解决的。

现在我们回到现实世界。我翻到杜甫的一首诗《又呈吴郎》：

堂前扑枣任西邻， 无食无儿一妇人。
不为困穷宁有此？ 只缘恐惧转须亲。

即防远客虽多事，便插疏篱却甚真。
已诉征求贫到骨，正思戎马泪盈巾。

杜甫奉劝吴某，请他同情那位无食无儿的老妇。如果不是贫困到骨，她怎么会到你门前来打几个枣儿呢？你何必筑了篱笆来阻拦她呢？须知她是战火纷飞和官吏剥削的受害者啊！

我的心弦受到强力的弹拨，发出了沉重的叹息。诗人的人道主义精神深深地感染了我。我似乎也在心灵崇高的路上迈进了一步。

碰到哲学中一些大而无当的无休止的议论，或者一些类似绕口令一般的让人难懂的长句，我自愧天分太低，只好退避三舍。但对一些言之有物、与科学有关的哲学思想和研究方法，则很有兴趣。关于科学哲学，有许多名著值得阅读，如恩格斯《自然辩证法》、康德《宇宙发展中概论》、薛定谔《生命是什么》、梅特里《人是机器》、莫诺《偶然性与必然性》、普利高津等《从混沌到有序》、罗素《西方哲学史》以及《爱因斯坦文集》（卷一、卷三），等等。这些书大都不解决具体问题，甚至只是提出问题进行一些讨论而已，却很有助于打开心灵的智慧之窗，引导我们去思考关于茫茫宇宙的种种大而有趣的问题。

看看文科的一些大家如何治学，也是有趣的事。

鲁迅主张治学要先治史。他说："无论是学文学的，学科学的，他应该先看一部关于历史的简明而可靠的书。"这对了解本学科的发展史及其趋势是一条捷径。最近读到一篇好文章《诺贝尔医学奖九十年》。我只用了一刻钟，对现代生物学的一些重要进展，便有一粗线条的了解。花时间极少而收获很大，可谓经济之极。虽然一知半解，甚至半解之半，但对非专业人员已很满足了。

王国维说："诗人对于宇宙人生须入乎其内，又须出乎其外。""入乎其内，故能写之，出乎其外，故能观之。"科学家也应如此。为了研究某一事物，必须明确问题，提出假设，从事实验，给出证明。如此反复,这是入乎其内。遇到挫折时,需要跳出原定路线,登高望远,冷静思考,寻找新路;即使工作顺利,也要从各个方面,考虑所得结果的意义,它与前人工作的关系,以及还可能有什么新发展。这些都是出乎其外。

德谟克利特曾说,诗人只有处于感情极度狂然或激动时才会有成功的作品。柏拉图接受了诗人必须迷狂的论点。他说:“在现实中最大的天赋是靠迷狂状态得来的。”如果剥去迷狂源于神授的神秘外衣,把它看成为对研究对象长期的迷恋和追求,那么,不仅诗人,科学家也必须迷狂。有人说,天才就是入迷。长时期的始终高涨的研究热情是成功的重要条件。科学史上有许许多多研究入迷的有趣故事,例如关于牛顿大猫钻大洞、小猫钻小洞的故事。

拿破仑说:“战争的艺术就是在某一点上集中最大的优势兵力。”科学研究的艺术又何尝不是如此!

文理的相互渗透使我们想起福楼拜的一段话:

> 越往前走,艺术越是要科学化,同时科学也要艺术化。两人从山麓分手,又在山顶会合。

治学门径本相通,评文论史便神飞。

物格而后知致，知致而后意诚，意诚而后心正，心正而后身修，身修而后家齐，家齐而后国治，国治而后天下平。

·杨叔子·

走出“半个人”的时代

1948年，梁思成先生在清华大学讲，我们要走出“半个人”的时代。他讲得非常好。不是培养“半个人”，不能培养只懂科学、不懂人文，或者只懂人文、不懂科学的毕业生，这样的人不能够也不可能成为大家。只有既懂人文又有人文才能和人文精神，既懂得科技又有科技能力和科学精神，两者交融起来才可能成为真正的大家，才可能成为真正的创业新人。

我要和大家交流的就是这方面的感受：科学教育和人文教育、科学文化和人文文化、科学素养和人文素养的交相融合。

要走出“半个人”的时代

现在谈第一部分。我想从我要我的博士研究生学《老子》、学《论语》谈起。这点，新闻媒体做了不少报道。他们问

本文作者杨叔子系著名机械工程专家，中国科学院院士。1993 年至 1997 年任华中理工大学校长，现任华中科技大学学术委员会主任。立足于机械工程、致力于新兴学科间交叉领域的研究与教学工作的杨叔子，从小熟读《论语》和《老子》，具有深厚的人文素养，因此对科学与人文有着独到的见解，本文为读者描绘了科学与人文相通相融的美丽。

我:“你的博士生要戴博士帽,先得过《老子》关,有没有这件事?”我说:“有! 确有此事。”在我从校长位置退下来之前,我就跟我的研究生打招呼了,我说有一天我会要我的博士生学《老子》,学《论语》。

1998年,我对考到我门下学机械工程的博士生说,从今年起,做博士生就要学《老子》。如果你不学,背不出,对不起,你的博士论文我不答辩,不答辩,就拿不到博士学位,当然博士帽子就戴不成。1999年,对新考上的博士生,我又加了条规定,不但要学《老子》,背《老子》,而且要学《论语》,而且要背《论语》二十篇里面第一篇到第七篇;如你不学《老子》,不背《老子》,不学《论语》,不背《论语》这七篇,那对不起,我不接受论文答辩,你就拿不到学位,当然也戴不成博士帽。确有此事。

为什么要这么做呢? 我们学校有位叫涂又光的老先生,他是冯友兰先生的高足。冯友兰先生去世后,遗留下的学术著作与资料是他整理的。他经常讲,你们知道不知道,在基督教国家,每一个人都要学一本书。什么书?《圣经》! 1982至1983年,我在美国的时候,住在公寓里,有人敲门,有人把《圣经》送给我,给我讲《圣经》。涂又光先生又讲,在伊斯兰国家里,每一个人都要学一本书,什么书?《古兰经》! 因此,涂又光先生讲,我们作为中国人,作为炎黄子孙,有没有一本书大家都应学呢? 有,中国人至少要学《老子》和《论语》这两本书。目前,让中国每个人都读《老子》与《论语》,那不可能,但是让中国知识分子、高级人才学习《论语》和《老子》,要求则不过分。

学习《老子》《论语》,第一,可以陶冶感情,树立对国家、对民族的高度责任感;第二,可以改善思维,活跃思维,完善思维;第三,可以增加非智力因素。从思想感情、从思维方法、从非智力因素讲,学习我们民族优秀的传统文化,绝对有好处。

下面我讲几个例子。

《道德经》指出了宇宙大爆炸前的情况

第一个例子。1997 年冬和 1998 年春,武汉市科协召开了武汉市优秀高中生座谈会,找了二十几位高中生与十几位院士、教授座谈。有一位向我提了两个问题:“杨院士,我有两个问题。第一,你对计算机的发展前途怎么看?第二,你对宇宙大爆炸怎么看?”

天哪!我是学机械工程的,哪研究这些!现在大家都在预测科学技术的发展,有人讲信息发展最快,信息技术的核心是计算机。计算机发展太快,快的半年左右就更新,慢一点的话,两年左右会更新。因此,有关计算机专家也讲,计算机发展很难预测。我讲,我是学机械的,对计算机的发展速度与情况,当然就无可奉告。这样,我就答完了第一个问题。

第二个问题,对宇宙大爆炸怎么看?这是物理学的前沿,我搞工程的怎么回答?我说:“这个问题,我没有研究。我想,我先给你提一个问题,你真正要问的问题,是不是另一个问题?”他说:“是!”我说:“你真是好学生,好学生提问题不直接问!”问老师的问题都是绕着问,迂回地问,这个厉害呀。因为我也做过好学生,也是这么问问题的。我讲:“你是不是想问,在宇宙大爆炸之前,世界是什么情况?”他说:“是!”我讲:“我可以答复你,在宇宙大爆炸之前,是什么都没有!”他瞪眼望着我。我说:“不要望着我,你读读《老子》第四十章,‘天下万物生于有,有生于无’。”我说:“这个‘无’,不是讲什么都没有,不是 **nothing**,是一种存在形式。”我说你肯定看过这个资料,在美国的高能加速器里,在什么都没有的真空中,竟然出现了反粒子,这不是无中生有吗?还有另一个材料:在 1929 年,物理学家、数学家狄拉克从数学解中推断出,既有负电子,还有正电子;到 1931 年,果然就发现了正电子。现在研究发现,正电子跟负电子相碰,产生一个新的粒子,新的粒子的质量是正电子加负电子的 6000 多倍。请问这些质量是从什么地方来的？无中生有！

1999年2月，我看到《科学时报》登了一份资料，联合国教科文组织发表的1998年世界科学报告摘要，世界最权威的报告。上面讲，大爆炸之前世界是什么都没有，连空间和时间都没有，我看到掉眼泪！为什么？两千五百多年前的老子，他所得的结论和两千五百年后联合国教科文组织的世界科学报告一模一样。当然，前者是哲理，后者是科学，但一模一样！后来，我看了一本书，是美国的一个物理学家写的《物理学之道》，副标题是“物理学的新成就与东方神秘主义”，里面讲物理学的最新成就，同老庄的哲学、佛教里的认识论是惊人的相似。前些时候，我到中科院开会，碰到复旦大学倪光炯教授，送了我一本书，就是他最新写的《高等量子力学》。他说杨教授你看看，我后面一章就是谈这个问题。他讲真空不是什么都没有的，真空是一种存在形式，当真空处于激化状态的时候，就产生了我们所知道的粒子。不知道大家注意没有，前些时候《参考消息》登了美国的一个报告，真空中是有能量存在的，有大量的能量存在。一个质子那么大的空间，非常小吧，包括的能量是人们所看到的空间的能量的多少倍。你可以想象吗？不可想象！我不相信有那么大，但确是“有生于无”。

所以，老子得出的结论和现代物理学的结论是那么的一致，不能不令我们想到我们先哲高度的智慧，不能不想到他深思熟虑与直觉思维的伟大成就。这是第一个例子。

中庸之道是计算机技术的基础之一

第二个例子。去年11月，有天晚上我在广州，从电视上看到一个节目，某电视台邀请穿越某大峡谷的几位男士座谈，谈穿越峡谷的种种危险，谈他们征服困难的信念与勇气，谈得非常好，我非常感动，非常敬佩勇士们。但是，在快结束的时候，最后一句讲得不太好，说我们需要发扬穿越大峡谷的这种大无畏气概，不要我们中国的中庸之道！哎呀！糟了！什么是中庸之道呀？这位勇士他肯定没搞清楚,他肯定没有念过《中庸》!他以为中庸之道是糯米团子黏黏糊糊,就是调和折中,做“老好人”,就是不思进取,就是畏首畏尾。错了,大错特错!我决不怪这位勇士,这是时代造成的。这些勇士永远值得我们尊敬!

《光明日报》登过一篇报道,讲中国科学院软件研究所的一位院士,叫唐稚松,研究一套软件。严格地讲是开发了一套语言,围绕这个语言开发了一套 **XYZ** 系统的软件,这个软件性能非常好。一向重视 **XYZ** 系统哲学背景的日本软件工程协会主席岸田孝一先生,在《朝日新闻》(夕刊)上较中肯地说出了其中的奥秘:“尽管系统所采用的数学理论来源于西方,但构造此系统的基本思想是孔子的中庸哲学和佛教禅宗的认识论哲学。”“这是东方文明对于21 世纪高新技术发展的一大贡献。”

我看到这个报道非常吃惊。我问过软件所的所长,这个报道是真是假。他说绝对是真实的。大家想过没有,计算机是前沿的科学技术,计算机软件就是使比尔·盖茨能够成为首富、发大财成为明星的支柱,软件是具有非常活力的。中庸之道同禅宗认识论竟成为它的理论基础,能够想象吗?但确实是这样的。

什么是中庸?“中”就是适度,“不偏之谓中,不易之谓庸”,不偏左,不偏右,不过大,不过小,就是恰当,就是适度。列宁讲过,真理过头一步,就是谬误,讲的就是恰当。老子的重要思想之一就是“物极必反”。马克思主义就讲适中,东西过度,超过这个量,就要发生质变。应该讲,中庸本身与马克思的观点是完全一致的。我们很多人不了解它,认为中庸是黏黏糊糊,是糯米团子,搞调和折中。对不对!中庸是了不起的。孔子讲:“中庸是之为德也,其圣矣乎!”了不起!

涂又光先生应北京大学环境研究所的邀请,为《中国大百科全书·环境版》的增订版增写了一个词条“环境哲学”。他把环境哲学定义为是研究、修炼天人合一的精神境界的学问。涂先生讲环境哲学有两条最高原则:一条大平等;另一条致中和。大平等是指万事万物都是平等的,不要搞以人为中心;致中和就是万事万物之间的关系都要恰当地处理,致中和就是中庸。环境哲学精神之一就是中庸,所以中庸是中国了不起的哲学思想,是孔子了不起的哲学思想。现在却有人不理解,甚至完全误解。

佛经里有克隆技术的基本思想

第三个例子是克隆技术。克隆就是无性繁殖,无性繁殖是很早就有的。但过去的无性繁殖和现在的克隆不同。过去的无性繁殖用胚胎细胞来繁殖,现在的克隆是母体中任何一个“体细胞”都可用来繁殖。这说明生物体任何一个“体细胞”都包含全局的信息。过去我们讲,全局是局部组成的,现代生物学证明,局部也包含全局的信息。

在此之前,搞数学的、搞非线性的都知道这个道理,在非线性里面有一个“分形”,用计算机把这个非线性绘成图形,那么,在这个分形图形中取任意一小块,放大一看,极似于整体图形,似乎是全局,跟全局非常相似。已经有这个结论了:局部里面有全局信息,克隆更证明了局部有全局的信息。

古人讲耳朵代表人的全部,手指代表人的全部,脚代表人的全部,这正确。不但耳朵可以代表,耳朵的细胞也可以代表。关于这一点,在佛经里讲得非常清楚。佛教自西汉末年传至中国后,到了唐朝,彻底中国化了。佛经里有一篇《华严金狮子章》,里面讲武则天请了一个高僧跟她讲佛经,这个高僧对着金狮子告诉武则天,狮子的眼睛里面包含鼻子的信息,鼻子包含耳朵,耳朵包含身体,狮子身上任何一根毛里面都包含其他毛的信息,所有毛的信息都包含在一根毛里面,一根毛里面有整个狮子的信息,“一切即一,皆同无性。一即一切,因果历然。”一切归总,是一件事情,就是“无”。“一”即一切,“一”可以包含一切,产生一切,前因后果都是清楚的。从“一”会派生其他东西。这同老子讲的“有生于无”是一致的。而且,《金刚经》讲,任何一颗恒河沙粒里面都包含整个世界。所以佛经里已经讲了克隆技术的基本思想。

《论语》在2500年前论情商

大家知道不知道有本书叫《情感智商》,是美国丹尼尔·戈尔曼写的,原名为 ***Emotional Intelligence***,一本畅销书,1995年英文版,1997年有了中文版。这本书从心理方面,从神经结构方面,从社会学方面把情感智商讲得非常好。这本书翻译成中文,作者极为友好,为中文版写了一个序——“致简体中文版读者”。他在序中把情感智商归结为五点:第一点要提高自觉意识,也就是提高自觉性;第二点要控制情绪低潮,情绪不高的时候要控制住;第三点要有乐观精神;第四点要有不断进取的精神;第五点要对别人移情和同情,移情就是将心比心吧。我看了以后想,其实,这五点在《论语》里早就讲得非常清楚了。

大家知道孔子有三千弟子七十二贤人,七十二位博士研究生吧!鲁国的鲁哀公就问他,你哪一位学生最有学问?孔子讲颜渊,也就是颜回,这位最优秀的博士生最有学问。鲁哀公就问为什么,孔子讲他“不迁怒,不二过”。“不二过”就是不犯第二次过失,如果没有高度自觉性,能够不犯第二次过失吗?我就做不到,我要改正错误不是第二次,可能是第三次、第四次,我才能改正过来,才能够记在心里。而颜回可以“不二过”,不犯第二次错误,有高度自觉性吧!何况,孔子还讲过:“过而不改,是谓过矣!”不二过,可说没有过错了。第二点,“不迁怒”,就是能控制情绪,情绪低潮时,他能够控制住自己不发脾气,而我就不行。我做校长的时候,有时真怄人,那个校长真难干!颜渊非常有修养,不迁怒,不把怒气迁移到别人身上去,所以孔子夸奖颜渊“不迁怒,不二过”,有高度的自觉性,能控制情绪低潮。第三点,要有乐观精神,颜回最有乐观精神。大家都知道一句名言,颜回是“一箪食,一瓢饮,在陋巷,人不堪其忧,回也不改其乐”。一点点饭,一点点水,也没什么菜,住在破房子里面,别人认为很苦,但颜回感到很高兴,在任何情况下,颜回是高兴的，只要为他的理想、他的道而奋斗，他始终是高兴的。颜回了不起吧！第四点，有不断进取精神，颜回更好。孔子讲了，“惜乎！吾见其进也，未见其止也！”可惜哎，我只见他在前进，从来没有看到他停顿下来，不错吧，这是不断进取。第五点，同情和移情别人，颜回这点更不错，因为孔子的中心是仁，什么是“仁”？仁，二人，就是处理人际关系，要正确处理人际关系就要同情别人、移情别人。所谓“仁”，就是能够同情别人、移情别人，孔子讲颜回的“仁”最好，所有学生中间他是最好的，远远超过别人。

孔子的接班人是曾参，即曾子，因为颜回太短命了。有一天，孔子对曾子讲，曾参啊，“吾道一以贯之”，我的学问主张只一个核心。曾子说，对对。孔子走了，孔子的学生问曾子，老师讲话什么意思啊？曾子讲，“夫子之道，忠恕而已！”“忠”就是中心，是把心放在当中。孔子有个博士研究生，是外交家、大企业家子贡。子贡是非常懂外交辞令的，他非常有钱，据说孔子后半生的钱都是子贡供的，而且子贡对孔子非常有孝心。孔子死了以后，学生们守了三年孝，子贡又守了三年。你们到曲阜去看，孔子的墓旁边有一个子贡庐。孔子告诉子贡，什么是仁，就是“己欲立而立人，己欲达而达人”。你自己想“立”起来，你就要让别人“立”起来；你要上“达”，你就要让别人“达”上去，这就是“忠”，这是从正面来解释的。“恕”，就是如心，将心比心。孔子告诉子贡，说什么是仁啊，“己所不欲，勿施于人”，这是从反面解释的，自己不愿意要的东西，不要强加到别人头上。

颜回最好，当然颜回也有缺点。孔子讲颜回有两大缺点，第一大缺点，德智体美不全面发展，体育很差，短命，据说32岁就死了。第二大缺点，讲“师道尊严”，老师讲什么，他都说对对对。孔子批评他，我讲的话他都说很对很对，这对我没有什么帮助。孔子不赞成这种做法，孔子赞成学术上的民主。对老师的尊重是人格上的尊重，但学术上是绝对平等的。有的人讲“师道尊严”是孔家店的东西，这是绝对错误，绝对不是孔子开的孔家店的东西。孔子开的孔家店绝对讲学术平等。

《情感智商》那本书上讲的五点，孔子最好的博士研究生颜回全都有了。而且曾子还给颜回加了五点"情商"："以能问于不能，以多问于寡，有若无，实若虚，犯而不较。"你们看，颜回有十条"情商"啦！

书的作者丹尼尔·戈尔曼又非常友好，把他讲的五点归结成两点，前面四点称为正确地对待自己，后面一点要善于处理和调整人际关系，他这个看法非常对。《论语》中孔子讲的四个字"克己复礼"的"克己"就是管理自己，"复礼"就是要遵守一切规章制度，遵守条文。大家想一想，所有的规章制度，哪一条最终不是为了调节人际关系的呢？丹尼尔·戈尔曼谈的情商，从社会学意义上来看，《论语》中早就讲过了。为什么 2500 年前孔子讲的话把情商都概括进去了呢？为什么跟 2500 年后丹尼尔·戈尔曼讲的完全一样呢？我们应该想一想。

中医研究复杂系统

最后一个例子谈谈中医。物理学有两大前沿：一个是极端条件下的物理，非常宏观，非常微观，非常高温，非常低温，非常高压，非常低压，等等；另一个是极复杂的系统，如人的复杂系统。现在有《黄帝内经》的博士点，《黄帝内经》讲的就是复杂系统，中医就是研究人的复杂系统的，丢掉了金木水火土那些表面现象，看看本质，这是了不起的事。为什么那么早以前，中医就体会到人是复杂系统，并要从宏观着手来处理复杂系统呢？我想这是我们现代中国人应该很好思考的。

中国先哲们的思想是超越时代超越国界的，先哲们的思想是哲理，哲理是非理性、非实践性、多元化的，它是开放地指向自然界，指向人类社会，指向人与人之间的关系，指向人的本身的哲理结构，不受时代、地域约束。在中国是如此，在国外也是如此。东方、西方，中国、外国，那些卓越的先哲的经典著作，那些文化源头，那些哲理，我们应该好好学习，不应只学“二手货”，一定要读“元典”。作为中国的高层次人才，当然首先得学中国的“元典”。这绝不是“厚古薄今”，而是“饮水思源”。

因此，现代科学从实践中得出的结果，同这些伟人——包括西方的伟人，从哲理中得出结果，从开放的形象的直觉思维得出的结果彼此相应相符，是不奇怪的事情。这表明了这些伟人对自然界、对社会、对个人的观察是非常广泛而深入的，思考是非常深刻而明晰的，这是非常了不起的事情。

中国文化最重要的源头就是老子和孔子，后来还有印度来的佛教。我规定我的博士生要学《老子》《论语》，这绝对不是瞎搞。有人不赞成也可以，因为如何对待这个问题，完全是自由与平等的，没有强迫谁去接受。有人说现在的博士研究生忙得不得了，看资料都没有时间，还读什么《老子》《论语》，这还不是见鬼吗？我说对，读《老子》《论语》对研究生现在也许没什么用，但是从长远讲，对培养一个是中国人而又有创造性的人，我深信是有用的，“无用”往往最为有用嘛！

科学不能保证本身的正确使用

第二部分，也是我重点要谈的，科学教育和人文教育要相融，科学文化与人文文化要相融，科学素养和人文素养要相融。相融则利，相离则弊。

科学为人文奠基，人文为科学导向，求真为求善奠基，求善为求真导向。

科学就是要求真，就是要研究客观世界，认识客观世界。讲得通俗些，要解决“是什么”“为什么”。追求真理，追求未知，就是追求科学。

人还有一个应该不应该的问题。“应该做什么”“应该如何做”就是人文问题，就是求善的问题，就是要符合人民、民族、国家利益的问题，就是要有利于社会进步的问题，所以只管科学、不管人文绝对不行,否则科学会走偏,在科学使用乃至研究上一定会走偏,要造成巨大的灾难。

1970 年至 1995 年,是人类社会进步非常了不起的时期,但是人类对自然界的破坏也是一场大的灾难。有关资料显示,从 6500 万年前恐龙灭绝到现在,最大一次自然资源的损失就在这 25 年科学技术使用不恰当!方向错了,一切全错!

科学不能保证本身的正确使用,那么谁来保证呢?就是人文跟科学结合起来保证。

人文的基础是科学。年轻的妈妈希望自己的孩子今天晚上学钢琴,明天晚上学游泳,后天晚上学小提琴,再后天晚上学跳舞,再后天晚上学打球,再后天晚上学唱歌,什么都想搞,把孩子憋死了。应该不应该?应该;行不行?不行!因为不符合现实。1958 年我们国家"大跃进",八年超过英国,十二年超过美国,我们搞人民公社,好不好呀?一轮红日,从东方大地冉冉升起,共产主义曙光照遍了神州大地,好不好?当然好呀!人人向往呀!行不行呢?不行!绝对不行!不符合现实呀,乌托邦!一场"大跃进"带来多少灾难,饿死了多少人!

应该做什么,应该如何做,它的基础应该要符合客观实际,要科学;不科学,绝对不行。小平同志伟大的功劳,不仅仅讲应该做什么,应该如何做,而是立足实际。他讲得多么好,一句是"解放思想";另一句是"实事求是"。少一句也不行!所以科学是人文的基础,没有这个基础,谈人文也不对。江泽民同志讲科学技术是精神文明的基石,讲得非常好。没有这个基石,精神文明是不可能真正实现的。

科学精神就是求真、创新、从严

科学素养、科学精神是什么?人文素养、人文精神是什么?这是我的一家之言,作为一个探讨吧,我姑妄言之,大家也姑妄听之。

科学素养、科学精神，人文素养、人文精神就是在科学知识、人文知识中形而下的东西，经过人的努力，特别是经过人的实践，在实践中深思，在实践中体悟，在实践中磨炼，内化升华，形成形而上的精神世界的东西。

科学素养、科学精神最重要的有三点：

第一点就是求真，科学素养最重要的是求真，绝对不能搞假冒伪劣，这一点我们的前辈讲得非常清楚。《大学》里一开始就讲到“大学之道”，接着就讲“齐家治国平天下”的道理。这些管理家庭、管理国家的道理的基础，就是“格致”，就是格物与致知。“格物”就是研究客观事物，研究客观世界；“致知”就是了解客观事物，认识客观世界。《大学》讲：“物格而后知致，知致而后意诚，意诚而后心正，心正而后身修，身修而后家齐，家齐而后国治，国治而后天下平。”这不一清二楚吗？“格致”就是科学。科学这个词汇从日本传到我们中国之前，我们不叫科学，而叫“格致”。我看“格致”用得比“科学”好，用得一针见血，概念极明确，内涵极清楚，富有民族特色。当然，现在没法改了。

我们老祖宗看到，认识客观世界，按客观世界中的准则来办事，是一切行动的基础，这是了不起的事情。凡是违反了这一点，就要失败。1958年“大跃进”、人民公社为什么会失败呢？当时有副对联，讲得非常有意思：“情况不明决心大，心中无底办法多。”最近又有一副对联批评我们有些干部中间的浮夸风，假冒伪劣，大搞水货，数字出干部，干部出数字，上联是“从上到下，层层加码，码到成功”，下联是“从下到上，层层掺水，水到渠成”。加一横批，“数字化”，不是“数字化地球”那个数字化，而是搞浮夸的数字化。那真绝妙了！因此，坚持实事求是，坚持求真，是科学的本质，也是科学精神最重要的东西。

第二点是创新，求真是为了创新，是为了推动社会前进。毛泽东讲过，有所发现，有所发明，有所创造，才有所前进。前进是发现、发明、创造。我们团结一致是为了创新。江泽民同志一再讲，创新是一个民族的灵魂，是一个国家前进的不竭动力。

OECD 国家（即经济合作发展组织国家）也就是那些工业发达国家，几年前，对高技术有个界定，即是否是高技术，因其所包含的 **R&D**（即“科学研究与开发”）的含量而定，即由营业额里包含的你投到科研开发里的资金所占的百分比而定。根据这个百分比，高于3%是的高科技，低于1%就是低科技，介于1%至3%之间的就是中科技。1997年中国公布了很多行业部门1995年产品的 **R&D** 含量。比如，计算机及其相关的办公室自动化产品，是高科技吧，它们的 **R&D** 含量是多少？是0.62%。我们没有投资进行科学研究，进行这一基础工作呀，没有什么自己的 **R&D** 成果，没有自己的知识产权，因此 **R&D** 含量很低。没有知识产权就受制于人。还有一个指标，称为对国外的技术依存度。工业发达国家对国外的技术依存度平均是10%，美国是1.6%，日本是6.6%，发展中国家我记不清数字了，韩国好像是22%，我们国家远远大于50%。如果我们让这种情况继续下去，没有自己的知识产权，将是什么后果？

第三点是从严，要严格。求真，不从严行吗？创新，不从严行吗？马马虎虎行吗？绝对不行！创新一定要在求真下面创新，不是假冒伪劣的“创新”。过去，我们有一句话讲得非常好，叫“三老四严”。做老实人，讲老实话，干老实事；思想严密，态度严肃，作风严谨，步骤严格。“三老四严”保证真正的求真，才能有真正的创新。

如果从思维方法讲，“三老四严”就是逻辑思维。逻辑思维不仅仅是不能越雷池一步，而且是不能越雷池半步。逻辑思维保证思维的正确性，只有严密的逻辑思维才能保证求真，才能保证创新的东西是对的，这是我理解的科学素养、科学精神。

科学精神就是求真的人文精神，人文精神就是求善的科学精神

严格地讲，科学精神也是人文精神。精神就是人文的东西，所以科学精神就是求真的人文精神；而人文精神，就是应以“实事求是”作为其基础的求善精神，从这一角度讲，就是求善的科学精神。那么，通过人文知识及其实践，我们可以了解、可以体悟、可以提升哪些人文精神、哪些人文素养呢？

我认为最重要的有三点：

第一点，树立责任感。人文精神、人文素养最重要的是树立责任感。中国有一句话讲得非常好：“天下兴亡，匹夫有责。”曾子讲过：“仁以为己任，不亦重乎？”一个普通人对国家民族的兴亡，如果不愿意负责任，是可耻的。1998 年 10 月联合国教科文组织在巴黎召开的“世界第一次高等教育大会”文件中指出：“高等教育的首要任务是培养高素养的毕业生与负责任的公民。”讲得太好了！做大学生要高素养，毕业之后，这高素养表现何在呢？表现为负责任，对社会对国家负责任，国家的兴亡是最大的责任。中华民族能够绵延五千年，是世界上唯一的一个没有消亡而且历史从没有中断的民族，就是因为爱国，有骨气。至少这是非常重要的原因。“人生自古谁无死，留取丹心照汗青”是爱国。“富贵不能淫，贫贱不能移，威武不能屈”是有骨气。这是中国的一贯优秀传统、人文精神。

对国家对民族负责是忠，对长辈对父母负责是孝，对配偶对家庭负责是节，对朋友对同事负责是义。忠、孝、节、义，中国传统。当然，时代不同了，我们要赋予它时代的内涵，但在负责这一点上是绝对一致的。

第二点，就是完善思维。我曾经一再跟我的学生说：“你们考入大学，干什么？要做三件事情：第一，学会如何做人；第二，学会如何思维；第三，学会掌握必要的知识和运用知识的能力。三者不

可分割,做人是基础,思维是关键,知识和能力是必要的,不要知识和能力,上大学干什么?”

思维是非常关键的事情,人跟动物不同就是人能思维,动物不能思维;“心之官则思”嘛!人与人之间不同,就是思维方式和思维水平不同。我记得恩格斯讲过,地球上最美丽的花朵是人类的智慧,是独立思考的精神。

根据科学的研究,人的思维有两种方式。美国有一位神经心理学家叫斯佩里(**Sperry**, 1913—1994),研究人的大脑和思维,1981 年获得了诺贝尔生理学或医学奖。他发现人的左脑主管逻辑思维,人的右脑主管形象思维,而右脑的记忆力是左脑的 100 万倍。他的结论就是人的智力开发主要在右脑,但绝对不是讲左脑不重要。左脑是逻辑思维。逻辑思维跟科学技术工程领域的活动有关,而形象思维与文化艺术活动有关。所以人文教育对开拓人的思维极有好处。

爱因斯坦说过一句话非常好:知识是有限的,而艺术开拓人的想象力是无限的。人的形象思维能力是无限的,爱因斯坦本身就是一个典型,是艺术的科学家,科学的艺术家。据说,近几年香港汇丰银行招聘某些高级职员,不要学经济的,不要学财贸的,不要学会计的,要招学音乐的,学艺术的。为什么?因为这种人的思想非常活跃,招来以后再学习银行业务,一定会更有作为。

这里我举一个切身的例子。“文化大革命”中我也被打成“牛鬼蛇神”了,说我是“潜伏的特务分子”,分配到农场劳动。有一天,领导找我说,明天你打猪草去。这显然是整我。天哪!我四体不勤,五谷不分,根本就不知道猪草是什么,我又没有养猪的书,能不能找贫下中农请教呢?又不行,因为这一来,又成了搞“反革命串联”,得罪加一等啊!浮想联翩,夜不能寐;好了,有办法了。第二天不到一个上午,我把猪草打回来了。领导问我,你怎么打的,我说这不难,把猪赶出去,看猪吃什么草,就打什么草,吃什么菜,打什么菜，不就行了吗？显然，猪吃的草是猪草，猪吃的菜是猪菜，这是逻辑关系。但是，我当时不敢讲，这是怎么来的。直到“文化大革命”以后，我才讲，我用了一条原理，什么原理呀？用的是“天赋猪权”，猪不吃草，不吃菜怎么活得下去呢？这得感谢法国大革命。因为在那个“夜不能寐”晚上，我突然想到了法国大革命，想到了“天赋人权”，从而“浮想联翩”，想到了“天赋猪权”，我就从这个绝非逻辑思维的直觉中、联想中，得到了“天赋猪权”，想到了解决办法。

安徽出版了《院士思维》一书，要我写一篇稿子，我把这个例子写了进去，后来好多刊物转载了。一个人仅仅有逻辑思维是不够的，仅有逻辑思维你绝对不会推想出来怎样打猪草，狭义相对论本身产生不出广义相对论。所以就如同爱因斯坦切身感受的那样，就是艺术开拓人的想象力。你形象思维一旦上来的话，什么方法都会出来的，什么规矩，什么偶像，什么条条全没有了，天马行空，这是形象思维，有巨大创造性在里面，有原始性创新在里面。

第三点，就是增强非智力因素。所谓非智力因素，就是善解人意，能通世故，跟人打交道的能力。人文精神好的人肯定善于跟别人打交道，至少可以用人格的力量来感动别人。《情感智商》的作者丹尼尔·戈尔曼讲过，一个人的事业成功与家庭幸福，80%的因素是取决于情商，而不是取决于智商。根据原国家教委的调查，我们大学生出去，事业取得成功的80%因素取决于非智力因素。加强文化素养的教育，加强人文教育，对于增加学生的非智力因素非常有好处。

当然，一个人具备了80%的非智力因素，如果没有百分之十几至二十的智力因素的支持，绝对不可能攀登科学的高峰。山不在高，有仙则名；水不在深，有龙则灵。智力因素不在乎其百分比，而在乎它起的作用。你没有百分之十几到百分之二十的智力因素，你不可能攀登科学高峰，最后起决定性作用的是智力因素。如果没有智力因素，只有良好的非智力因素，那只能当公关先生、公关小姐，如此而已。所以，我在学校经常跟我的学生说："你们的任务还是要好好学习，天天向上。"不能天天去公关，公关能力需要重视，专门公关那是公关专业的事，你们去"专门"公关，最多只能成公关先生、公关小姐，如此而已。

相融则利，相离则是"半个人"

科学与人文，至少在四个方面相融。

第一方面，科学与人文都有共同的追求。科学追求真，人文追求善，两者结合，保证追求正确，保证结果可以完美。这就是追求真善美高度的统一，而这种统一是创新。创新是民族的灵魂，是国家前进的动力，真善美都是围绕着要建设一个更美好的新的明天。

第二方面，科学与人文都承认客观现实，尊重客观现实。科学当然是如此，人文也是如此。李白到过庐山，看到庐山香炉峰瀑布，写了一首诗："日照香炉生紫烟，遥看瀑布挂前川。飞流直下三千尺，疑是银河落九天。"后来有人批评李白，说写得不对，"日照香炉生紫烟"，怎么会是紫的呢，应该是五彩缤纷，七彩缤纷，不可能是紫颜色。但是，根据现在物理学的研究，光在行进中，遇到阻碍物，发生各种物理现象，如透射、绕射、衍射、反射、折射，等等，还有一种是漫射。漫射就是光在前进时遇到阻碍它的物体，物体的粒子长度方向跟光波的长度差不多相等的时候，光波就发生了漫射，而漫射的强度同光波的长度成反比，而且同它的四次方成反比，可见光中，红、橙、黄、绿、青、蓝、紫，紫光光波最短。很可能李白在那时候，瀑布水粒的长度跟紫光的长度差不多，发生了强烈的漫射，看到了紫光，这不是奇怪的事情。任何伟大的文学家、艺术家，必定是从实际出发，他作品的源泉来源于实践，来源于生活，然后才可能高于实践，高于生活。

第三方面，不但尊重客观，承认客观，而且能够透过现象，发现本质，分清主次，抓住关键。科学当然是这样的，透过现象抓住本质。文学艺术家是不是呢？我说也是一样的。真正的文学艺术绝对是透过现象，抓住本质。所谓高于实践，高于生活，就是能做到“神似”，而不只“形似”。“神似”就是抓住本质，抓住数学上所讲的事物的“特征不变量”。漫画家的那几笔，其实就是现代数学中“拓扑学”所讲的图形的特征不变量。不管漫画家如何夸大，但画什么，就像什么。

第四方面，一个正确的思想，一个创造的思想，必定是逻辑思维同形象思维、科学技术思维跟人文艺术思维的高度统一。逻辑思维是正确思维的基础，逻辑保证思维前后的正确性，没有这一步，就没有下一步，没有下一步就没有再下一步，所以逻辑是最严谨的，不可能出错。当然，逻辑思维也可以有很大的创造。但是，最重要的、突破性的创造来源于形象思维。没有形象思维，不可能有非欧几何，不可能有广义相对论。任何一个突破性成就，都是跳出原来的逻辑框框，突破原来的前提，飞跃到一个新的领域。这个新的领域当然又是新的逻辑范围，没有新的逻辑范围就会走到异端邪说上去。

一位伟大的科学家，不但有严密的逻辑思维，必定自觉不自觉地有形象思维；一位伟大的文学艺术家，不但有形象思维，必定自觉不自觉地有逻辑思维，两者不可偏废。夏商周断代研究工程没有科学技术工作者的参加行吗？绝对不行！反过来，只有科学技术工作者，没有历史工作者，没有其他工作者行吗？也不行！人的大脑是一个整体。左脑正常的活动不可能完全离开右脑，右脑正常的活动也不可能完全离开左脑。科学中含有人文精神与人文内涵，人文中拥有科学基础与科学珍璞。可以说，没有人文的科学是残缺的科学，而没有科学的人文也是残缺的人文。因此，一名大家的出现，必定是科学与人文的高度统一。相融则利，相离就只是“半个人”，这样的人满足不了时代的需要。

在能够接受宇宙宗教感情的人中间，把这种感情激发起来，并且使它保持蓬勃的生机，这正是艺术和科学最重要的功能。

·爱因斯坦·

宗教和科学

人类所做和所想的一切都关系到要满足迫切的需要和减轻苦痛。如果人们想要了解精神活动和它的发展，就要经常记住这一点。感情和愿望是人类一切努力和创造背后的动力，不管呈现在我们面前的这种努力和创造外表上多么高超。那么，引导我们到最广义的宗教思想和宗教信仰的感情及需要究竟又是些什么呢？只要稍微考查一下就足以使我们明白，支配着宗教思想和宗教经验生长的是各色各样的情感。在原始人心里，引起宗教观念的最主要的是恐惧——对饥饿、野兽、疾病和死亡的恐惧。因为在这一阶段的人类生活中，对因果关系的理解通常还没有很好发展，于是人类的心里就造出一些多少可以同他们自己相类似的虚幻的东西[①]来，以为那些使人恐惧的事情都取决于它们的意志和行动。所以人们就企图求得它们的恩宠，按照代代相传的传统，通过一些动作和祭献，以邀宠于它们，或者使它们对人有好感。在这

本文最初发表在1930年11月9日的《纽约时报杂志》(***New York Times Magazine***)上，德文原稿则发表在1930年11月11日的《柏林日报》(***Berliner Tageblatt***)上。

① 即鬼神。

个意义上，我把它叫作恐惧宗教。这种宗教虽然不是由一些什么人创造出来的，但由于形成了一个特殊的僧侣阶层，它就具有很大的稳定性；僧侣阶层把自己作为人民和他们所害怕的鬼神之间的中间人，并且在这基础上建立起自己的霸权。在很多情况下，那些由别的因素而获得一定地位的首领、统治者或者特权阶层，为了巩固他们的世俗权力，就把这种权力同僧侣的职司结合起来，或者是政治上的统治者同僧侣阶层为了他们各自的利益而合作起来进行的共同事业。

社会冲动是形成宗教的另一个源泉。父亲、母亲和范围更大的人类集体的领袖都不免要死和犯错误。求得引导、慈爱和扶助的愿望形成了社会的或者道德的上帝概念。就是这个上帝，他保护人，支配人，奖励人和惩罚人；上帝按照信仰者的眼光所及的范围来爱护和抚育部族的生命，或者是人类的生命，或者甚至是生命本身；他是人在悲痛和愿望不能满足时的安慰者；他又是死者灵魂的保护者。这就是社会的或者道德的上帝概念。

犹太民族的经典美妙地说明了从恐惧宗教到道德宗教的发展，这种发展在《新约全书》里还继续着。一切文明人，特别是东方人的宗教，主要都是道德宗教。从恐惧宗教发展到道德宗教，实在是民族生活的一大进步。但是，我们必须防止这样一种偏见，以为原始宗教完全是以恐惧为基础，而文明人的宗教则纯粹以道德为基础。实际上，一切宗教都是这两种类型的不同程度的混合，其区别在于：随着社会生活水平的提高，道德性

1930 年至 1933 年，爱因斯坦在美国加州理工学院授课

的宗教也就愈占优势。

所有这些类型的宗教所共有的，是它们的上帝概念的拟人化的特征。一般地说，只有具有非凡天才的个人和具有特别高尚品格的集体，才能大大超出这个水平。但是，属于所有这些人的还有第三个宗教经验的阶段，尽管它的纯粹形式是难以找到的；我把它叫作宇宙宗教感情。要向完全没有这种感情的人阐明它是什么，是非常困难的，特别是没有拟人化的上帝概念同它相对应。

人们感觉到人的愿望和目的都属徒然，而又感觉到自然界里和思维世界里却显示出崇高庄严和不可思议的秩序。个人的生活给他的感受好像监狱一样，他要求把宇宙作为单一的有意义的整体来体验。宇宙宗教感情的开端早已出现在早期的历史发展阶段中，如在大卫的许多《诗篇》中，以及在某些犹太教的先知那里。佛教所包含的这种成分还要强烈得多，这特别可以从叔本华的绝妙著作中读到。

一切时代的宗教天才之所以超凡出众，就在于他们具有这种宗教感情，这种宗教感情不知道什么教条，也不知道照人的形象而想象成的上帝；因而也不可能有哪个教会会拿它来作为中心教义的基础。因此，恰恰在每个时代的异端者中间，我们倒可以找到那些洋溢着这种最高宗教感情的人，他们在很多场合被他们的同时代人看作是无神论者，有时也被看作是圣人。用这样的眼光来看，像德谟克利特（**Democritus**）、阿昔西的方济各（**Francis of Assisi**）[①]和斯宾诺莎（**Spinoza**）这些人彼此都极为近似。

如果宇宙宗教感情不能提出什么关于上帝的明确观念，也不能提出什么神学来，那么它又怎么能够从一个人传到另一个人呢？照我的看法，在能够接受这种感情的人中间，把这种感情

---

① 方济各（**Francis** 或 **Francesco**，1181—1226），意大利阿昔西人，是方济各教派（即圣芳济会）的创始人，标榜以贞洁、顺从和无财产为其根本戒律。中世纪著名的唯名论哲学家威廉·奥卡姆和罗哲·培根都属于这一教派。

激发起来,并且使它保持蓬勃的生机,这正是艺术和科学最重要的功能。

由此,我们得到了一个同通常理解很不相同的关于科学同宗教关系的概念。当人们从历史上来看这问题时,他们总是倾向于认为科学同宗教是势不两立的对立物,其理由是非常明显的。凡是彻底深信因果律的普遍作用的人,对那种由神来干预事件进程的观念,是片刻也不能容忍的——当然要假定他是真正严肃地接受因果性假说的。他用不着恐惧的宗教,也用不着社会的或者道德的宗教。一个有赏有罚的上帝,是他所不能想象的,理由很简单:一个人的行动总是受外部和内部的必然性决定的,因此在上帝眼里,就不能要他负什么责任,正像一个无生命的物体不能对它的行动负责一样。有人因此责备科学损害道德,但是这种责备是不公正的。一个人的伦理行为应当有效地建立在同情心、教育,以及社会联系和社会需要上;而宗教基础则是没有必要的。如果一个人因为害怕死后受罚和希望死后得赏,才来约束自己,那实在是太糟糕了。

由此不难看出,为什么教会总是要同科学作斗争,并且迫害热忱从事科学的人。另一方面,我认为宇宙宗教感情是科学研究的最强有力、最高尚的动机。只有那些作了巨大努力,尤其是表现出热忱献身(要是没有这种热忱,就不能在理论科学的开辟性工作中取得成就)的人,才会理解这样一种感情的力量;唯有这种力量,才能做出那种确实是远离直接现实生活的工作。为了清理天体力学的原理,开普勒和牛顿花费了多年寂寞的劳动,他们对宇宙合理性(而它只不过是那个显示在这世界上的理性的一点微弱反应)的信念该是多么深挚,他们要理解它的愿望又该是多么热切!那些主要从实际结果来认识科学研究的人,对于下面这样一些人的精神状态容易得出完全错误的看法:这些人受着一个怀疑的世界包围,却为分散在全世界和各个世纪的志同道合的人指出了道路。只有献身于同样目的的人,才能深切地体会到究竟是什么在鼓舞着这些人，并且给他们以力量，使他们不顾无尽的挫折而坚定不移地忠诚于他们的志向。给人以这种力量的，就是宇宙宗教感情。有一位当代的人说得不错，他说，在我们这个唯物论的时代，只有严肃的科学工作者才是深信宗教的人。

一个形象的比喻：科学没有宗教就像瘸子，宗教没有科学就像瞎子。

·爱因斯坦·

科学和宗教

要我们对什么是科学得出一致的理解，实际上并不困难。科学就是一种历史悠久的努力，力图用系统的思维，把这个世界中可感知的现象尽可能彻底地联系起来。说得大胆一点，它是这样一种企图：要通过构思过程，后验（**posterior**）[①]地来重建存在。但我要是问自己，宗教是什么，我可就不能那么容易回答了。即使我找到了一个可能在这个特殊时刻使我满意的答案，可是我仍然相信，我绝不可能在任何情况下都会使所有对这个问题作过认真考虑的人哪怕在很小程度上表示同意。

因此，我想先不去问宗教是什么，而宁愿问，一个我认为是信仰宗教的人，他的志向有哪些特征。在我看来，一个人受了宗教感化，他就是已经尽他的最大可能从自私欲望的镣铐中解放了出来，而全神贯注在那些因其超越个人的价值而为他所坚持的思想、感情和志向。我认为重要的在于这种超越个人的内涵的力量，在于对它超过一切的深远意义的信念的深度，而不在于是否

本文是爱因斯坦于1940年9月在美国“科学、哲学和宗教同民主生活方式的关系讨论会”第一届会议上的发言，讲稿最初发表在该讨论会所出版的文集《科学、哲学和宗教》(***Science*, *Philosophy and Religion***，纽约，1941年出版)上。

① “后验”是指从结果或经验事实推出原因或原理，同“先验”相对。

曾经企图把这种内涵同神联系起来，因为要不然，佛陀和斯宾诺莎就不能算是宗教人物了。所以，说一个信仰宗教的人是虔诚的，意思是说，他并不怀疑那些超越个人的目的和目标的庄严和崇高；而这些目的和目标是既不需要也不可能有理性基础的。但是它们的存在同他自己的存在是同样必然的，是同样实实在在的。在这个意义上，宗教是人类长期的事业，它要使人类清醒地、全面地意识到这些价值和目标，并且不断地加强和扩大它们的影响。如果人们根据这些定义来理解宗教和科学，那么它们之间就显得不可能有什么冲突了。因为科学只能断言"**是**什么"，而不能断言"**应当**是什么"，可是在它的范围之外，一切种类的价值判断仍是必要的。与此相反，宗教只涉及对人类思想和行动的评价：它不能够有根据地谈到各种事实以及它们之间的关系。依照这种解释，过去宗教同科学之间人所共知的冲突则应当完全归咎于对上述情况的误解。

比如，当宗教团体坚持《圣经》上所记载的一切话都是绝对真理的时候，就引起了冲突。这意味着宗教方面对科学领域的干涉；教会反对伽利略和达尔文学说的斗争就是属于这一类。另一方面，科学的代表人物也常常根据科学方法试图对价值和目的作出根本性的判断，这样，他们就把自己置于同宗教对立的地位。这些冲突全都来源于可悲的错误。

爱因斯坦在思考

然而，尽管宗教领域和科学领域本身彼此是界线分明的，可是两者之间还是存在着牢固的相互关系和依存性。虽然宗教可以决定目标，但它还是从最广义的科学学到了用什么样的手段可以达到它自己所建立起来的目标。可是科学只能由那些全心全意追求真理和向往理解事物的人来创造。然而这种感情的源泉却来自宗教领域。同样属于这个源泉的是这样一种信仰:相信那些对于现存世界有效的规律能够是合乎理性的,也就是说可以由理性来理解的。我不能设想一位真正的科学家会没有这种深挚的信仰。这情况可以用这样一个形象来比喻:科学没有宗教就像瘸子,宗教没有科学就像瞎子。

虽然我在上面曾经断言宗教同科学之间实在不可能存在什么正当的冲突,但我还是必须在一个重要地方再一次对这个断言作一点保留,那就是关于历史上宗教的实际内容。这种保留必然同上帝的概念有关。在人类精神进化的幼年时期,人的幻想按照人自己的样子创造出了各种神来,而这些神则被认为通过它们意志的作用在决定着(或者无论如何在影响着)这个现实世界。人们企求借助于巫术和祈祷来改变这些神的意向,使其有利于他们自己。现在宗教教义中的上帝观念是古老的神的概念的一种升华。比如,人们用各种祈祷来恳求所信奉的神明的援助,以求得满足他们的愿望,这一类事实就说明了这种上帝观念的拟人论的特征。

肯定不会有人否认,这个认为有一个全能、公正和大慈大悲的人格化了的上帝存在的观念,能给人以安慰、帮助和引导;因为这个观念比较简单,它也容易被最不开化的心灵所接受。另一方面,这种观念本身有它致命的弱点,这是有史以来就被苦痛地感觉到了的。这就是,如果这个神是全能的,那么每一件事,包括每一个人的行动,每一个人的思想,以及每一个人的感情和志向也都应当是神的作品;怎么可能设想在这样全能的神面前,还认为人们要对自己的行动和思想负责呢?在作出赏罚时,神会在一定程度上对它自己作出评判。怎么能够把这样的事同神所具有的仁慈和公正结合起来呢?

今天宗教领域同科学领域之间的冲突的主要来源在于人格化了的上帝这个概念。科学的目的是建立那些能决定物体和事件在时间和空间上相互关系的普遍规律。对于自然界的这些规律或者定律,要求(而不是要证明)它们具有绝对的普遍有效性。这主要是一种纲领,而对这种纲领在原则上是可以完成的信仰,只是建立在部分成功的基础上的。但是大概不会有谁能否认这些部分的成功,而把它们归之于人类的自我欺骗。至于我们能够根据这些定律很精密和很确定地预测一定范围内的现象在时间上的变化情况,这个事实已经深深地扎根于现代人的意识之中,即使他对这些定律的内容也许还了解得很少。他只要考虑一下这样的例子就行了:太阳系中行星的运动可以根据少数几条简单的定律,事先非常准确地计算出来。同样,尽管精确程度有所不同,但还是可能事先算出电动机、输电系统或者无线电装置的运转方式,甚至在处理比这些还要新的事物时也是这样。

显然,当一个复杂现象中起作用的因子数目太大时,科学方法在多数情况下就无能为力了。人们只要想起天气就可知道,对于天气,甚至要作几天的预测也不可能。但没有谁会怀疑,我们这里所碰到的是这样一种因果联系,它的起因成分大体上我们是知道的。这个领域里的现象之所以在精确预测的范围之外,是因为起作用的因素的庞杂,而不是因为自然界中没有什么秩序可言。

关于生物领域里的规律性,我们所洞察到的还很不深刻,但至少也已足以使人感觉到它是受着确定的必然性所支配的。人们只要想一想遗传中有规律的秩序,以及毒物(比如酒精)对生物行为的影响就可明白。这里所缺少的仍然是对那些具有广泛普遍性的联系的了解,而不是秩序知识的本身。

一个人越是深刻感受到一切事件都有安排好的规律性,他就越是坚定地深信:除了这种安排好的规律性,再没有余地可让那些本性不同的原因存在。对他来说,不论是人的支配还是神的支配,都不能作为自然界事件的一个独立原因而存在着。固然,主张有一个能干涉自然界事件的人格化的上帝这种教义,决不会被科学真正驳倒,因为这种教义总是能够躲进科学知识尚未插足的一些领域里去的。

但我确信:宗教代表人物的这种行为,不仅是不足取的,而且也是可悲的。因为一种不能在光天化日之下而只能在黑暗中站得住脚的教义,由于它对人类进步有着数不清的祸害,必然会失去它对人类的影响。在为美德而斗争中,宗教导师们应当有魄力放弃那个人格化的上帝的教义,也就是放弃过去曾把那么大的权力交给教士手里的那个恐惧和希望的源泉。在他们的劳动中,他们应当利用那些能够在人类自己的身上培养出来的善、真和美的力量。不错,这是一个比较困难的任务,然而却是一个价值无比的任务。① 在宗教导师们完成了上述的净化过程以后,他们必定会高兴地认识到:真正的宗教已被科学知识提高了境界,而且意义也更加深远了。

如果要使人类尽可能从自私自利的要求、欲望和恐惧的奴役中解放出来,这是宗教的目标之一,那么科学推理还能够从另一角度来帮助宗教。固然科学的目标是在发现规律,使人们能用以把各种事实联系起来,并且能预测这些事实,但这不是它唯一的目的。它还试图把所发现的联系归结为数目尽可能少的几个彼此独立的概念元素。正是在这种把各种各样东西合理地统一起来的努力中,它取得了最伟大的成就,尽管也正是这种企图使它冒着会成为妄想的牺牲品的最大危险。但凡是曾经在这个领域里胜利前进中有过深切经验的人,对存在中所显示出来的合理性,都会感到深挚的崇敬。通过理解,他从个人的愿望和欲望的枷锁里完全解放出来,从而对体现于存在之中的理性的庄严抱着谦恭的态度,而这种庄严的理性由于其极度的深奥,对人来说,是可望而不可即的。但是从宗教这个词的最高意义来说,我认为这种态度就是宗教的态度。因此我以为,科学不仅替宗教的冲动清洗了它的拟人论的渣滓,而且也帮助我们对生活的理解能达到宗教的精神境界。

---

① 这种思想令人信服地表现在赫贝特·萨缪耳(**Herbert Samuel**)的书《信仰和行动》(***Belief and Action***)中。

在我看来,人类精神越是向前进化,就越可以肯定地说,通向真正宗教感情的道路,不是对生和死的恐惧,也不是盲目信仰,而是对理性知识的追求。从这个意义上来说,我相信,一位教士如果愿意公正地对待他的崇高的教育使命,他就必须成为一位导师。

在科学中，怀疑是举足轻重的。

· 费恩曼 ·

科学的不确定性

什么是科学？

我认为不需要给它下严格的定义，因为定义太严格和准确不便于更好地理解。“科学”一词通常是指下面三个方面的含义之一或是三者的组合：有时，科学是指导致科学发现的具体方法；在另一些情况下，人们所说的科学指的是源于科学发现的知识；当然科学也可以指，当你有了某些科学发现后所能做的新事情或实际上正在做的新事情，这一方面通常被称之为技术。但是，如果你浏览一下《时代周刊》的科学栏目，你将会发现大约百分之五十的内容是关于科学中的新发现，另外约百分之五十的内容是关于什么将会是下一个新发现和哪些是正在进行的新研究。因此，关于科学的一般定义在一定程度上也是指技术。

我将以相反的顺序来讨论科学的这三个方面。首先，我谈一下由于科学上的发现人们能够做的新尝试和新应用，即应用技术。科学的最明显的特征是它的应用。事实上，作为科学的一种结果，

本文作者理查德·费恩曼（**Richard. P. Feynman**，1918—1988）系著名美国物理学家。由于对量子电动力学基础性工作及基本粒子物理方面的杰出贡献，与朝永振一郎及施温格共同荣获1965年诺贝尔物理学奖。为了传播物理学文化，费恩曼曾发表了《费恩曼物理学讲义》《物理学定律的特征》等充满科学人文思考的著述。本文节选自《费恩曼演讲录——一位诺贝尔物理学奖获得者看社会》，张增一译，上海科技出版社出版。

技术是指一个人具有做某些新事情的能力。但是,这种能力所产生的效果很少引起人们的注意。没有科学的发展,整个工业革命几乎是不可能成功的。今天,由于科学发展和生产手段的进步,能够生产出养活如此众多人口的食物和控制各种疾病的药品,这一事实表明人类不再是将全部精力用于生活必需品生产的奴隶。

现在,没有一本指导性的书籍能告诉人们,应如何使用好科学的力量,才能给人类社会造福。科学力量的产物或者有益或者有害,主要依赖于人类如何使用它。我们愿意改进生产技术手段,但是在自动化应用方面仍然存在着许多问题。一方面,我们为医学领域取得的新成就、新进展而高兴,因为它们消除了种种疾病,延长了人们的寿命,降低了死亡率;另一方面,因为如此高的出生率和低死亡率,导致人口的迅速增长又使得我们忧心忡忡。此外,在社会上,还有一些暗藏的实验室,在那里一些人正在想方设法培育出其他人将无法找到治疗它们方法的新病菌。我们为航空运输业的发展而高兴,它给我们的旅行提供了便利,但是也应该意识到空战的恐怖。我们为国家之间日益增长的相互交流与合作高兴,但是另一方面也为我们的行动和计划可以轻而易举地被间谍窃取而感到忧虑。我们为人类能够进入太空而激动,毫无疑问在那里我们也会遇到不利的方面。在所有这些利弊共存的项目中,最著名的就是核能的发展以及核武器所带来的显而易见的问题。

科学有价值吗?

科学能够使人做原来不能做的事情,我认为科学的这一力量是有价值的。不管它被怎样使用,造成的结果是好还是坏,但是这种力量本身就是一种价值。

有一次,在夏威夷我被别人拖去参观一座佛教的庙宇。那座庙里有一个人说:"我要告诉你一些你永远不会忘记的话。"然后他说:"对每一个来这里的人来说,他得到的是打开天堂之门的钥匙,但是这同一把钥匙也能打开地狱之门。"

对科学来说也是如此。一方面,人们可以使科学为人类造福,它是迈向天堂之门的钥匙;另一方面,人们也可以用科学危害社会,这同一把钥匙也就开启了地狱之门。至于哪一个是迈向天堂的门,哪一个是通往地狱的门,没有任何指导性的信息供我们判断。难道我们应当扔掉这把钥匙,使我们不再有办法进入天堂吗?或者我们应当努力发现正确使用这把钥匙的最好方法?当然,这是一个十分严肃的问题。但是,我认为,我们不应当否认这把能开启天堂之门钥匙的价值。

科学与社会关系的所有主要问题也就在于这一方面。当科学家被告诫说他们必须对科学发现产生的社会影响负有责任时,暗示的也是科学的应用。如果你研究开发利用原子能方面的工作,必须同时认识到原子能也可以被用来杀人。说这些是科学本身的问题未免夸大其词,它们只不过是人道主义者谈论的问题。事实上,怎样产生出这种力量的机制是清楚的,但是我们还不知道如何控制它。这不是科学应当解决或能够解决的问题,科学家在这些方面懂得的也并不多。

科学含义的另一个方面是科学的内容,即已经发现的理论和定律。这是科学家从事科学研究后的收获,也是他们所能得到的最高奖赏。做这类工作不是为了应用,而是为了导致有令人振奋的发现。这一令人激动的部分也正是科学家从事科学研究工作的真正原因。如果不理解这一点,你们也将不会理解我的整个观点。除非理解和欣赏我们时代的伟大探险活动。否则,你们就不能理解科学以及它的应用与其他事物之间的关系。除非你认识到科学是一种伟大的探险活动,是一种充满刺激和令人振奋的事情。否则,你们就无法生活在属于你们的时代。

要清楚地说明这一点是非常困难的,但是或许我能随便谈谈我的一些想法。例如,古人认为,在无边无际、深不可测的大海上漂游着一只海龟,在这只海龟的背上站着一头大象,我们生活的陆地就是大象的脊背。当然,是什么支持着大海那是另一个问题,他们也不知道这个问题的答案。

古人的这种宇宙观就是想象力的结果。它是一个富有诗意、优美、生动的宇宙观。让我们来看看今天的人们是如何看待宇宙的。地球是一个旋转的球体,人类居住在它的表面,当我们头朝上时,有一些人是头朝下的。我们就像在火上转动着的肉串一样随地球的自转而旋转着。同时,地球还要围绕太阳公转。这看起来更浪漫,更令人激动。那么,是什么力量使我们没有被甩到太空中去呢?是万有引力,它不仅对地球上的物体起作用,而且也使地球在最初形成的时候保持圆球状,使太阳系保持为一个整体,在我们的地球不断尝试远离太阳时使我们能够围绕着太阳公转。这种引力不仅存在于地球上和太阳上,而且还存在于恒星之间,它能把星系中处于不同距离和不同方向上的恒星维系在一起组成星系。

假设大自然的想象力远远超过人类的想象力,对于那些没有意识到这一点的人们,通过观察决不可能想象到大自然是如此的神奇。

最初,地球上不存在任何生命。在长达数十亿年的时间里,这个球体伴随着日出日落、潮起潮落不停地旋转着,没有任何具有生命力的事物来欣赏它。你们能否想象在这个世界上还没有生命存在的时候,宇宙的含义是什么吗?尽管在地球演化过程中的大多数时间里,地球上不曾有生命,但是我们如此习惯地从人类的角度来看待这个世界,以至于我们不能理解在没有生命存在时,宇宙意味着什么。此外,在今天的宇宙中的大多数地方很可能没有生命。

……

科学发现表明,整个宇宙都是由同样的原子构成的。组成天体的元素与组成我们人类的元素也是相同的。这样就又有了一个问题,组成我们人类的材料是从哪里来的。也就是说,不仅要问生命是从哪里来的,地球是从哪里来的,而且还要问构成生命体和地球的物质是从哪里来的?像有些恒星现在仍在进行着爆炸一样,看起来这些组成生命体和地球的材料好像是来自某一恒星大爆炸的尘埃。因此,这些尘埃经过 45 亿年的聚集和演化后,也就有了现在站在这里的一个奇怪的动物对一群奇怪的动物作讲演。多么神奇的宇宙啊!

……

试图理解大自然的规律是对人类理性能力最严峻的考验。为了避免人们在预言某些事件上犯错误,人们必须排除种种假象的欺骗,将自己的理论建立在严密逻辑的基础上。量子力学和相对论的思想就是这方面的典范。

科学的第三个方面是指用来进行科学发现的方法。科学方法是建立在这样的原理之基础上的:观察实验是判断一项科学发现是否被证实的标准。当我们懂得观察实验是检验一个理论是否正确的唯一和最终标准时,我们也就真正地理解了科学的所有其他方面以及科学的本质。不过,“证实”一词在这里的真正含义是“检验”。按照同样的方式,一百个证据证明一种液体是酒精,也只是说明对被称之为酒精的液体进行了实验检验的结果。对今天的人们来说,真正的含义应当被理解为“例外的情况来检验判断”。或换另一种说法,“用例外的情况来证明某个判断是错误的”。这就是科学的证伪原则。对任何理论来说,如果有一个反例存在,并且能够通过观察实验来证实这种反例确实存在,这个理论就是错误的。

对任何理论的反例,最令人感兴趣的就是这些反例本身。因为它们向我们揭示了旧理论的错误,然后我们才能发现正确的理论是什么,这是最令人激动的事情。科学家将综合利用产生这些类似结果的条件来研究所出现的反常情况,将努力发现更多的反例,并且确定这些反例的性质。随着研究的不断深入,一个不断激励科学家继续研究的进程就这样展开了。他并不是极力地回避那些证明现有理论错误的例证,而是恰恰相反,他将努力地发现那些证伪旧理论的证据,并且为自己的发现而兴奋不已,甚至希望尽可能快地证明自己已有的发现是错误的,从而导致更新的发现。

当然,用观察实验来评价理论是否正确,这一标准有严格的限制。这一评价标准被限制用于以这种方式提出的问题。例如，“如果我做这件事，将会发生什么”这类问题是可以通过观察实验来检验的。像“我应该做这件事吗”和“这件事有什么价值”之类的问题不属于可以通过观察实验来检验的科学问题。

然而，如果一个命题不属于科学的命题，而且它不能够接受观察的检验，并不意味着它是个无意义的命题、错误的命题或愚蠢的命题。我们不是为了说明科学为什么好和其他东西为什么不好，科学家们面对和努力解决的是那些能够通过观察实验分析的问题。但是，仍然有一些问题被遗漏，因为这种方法对那些问题来说是不奏效的。这并不意味着这些问题是不重要的，相反，事实上在许多情况下它们是最重要的。在做出任何决定和采取行动之前，以及你必须考虑做什么的时候，总是涉及“应该怎么做”之类的内容。这类问题无法仅仅从“如果我做这件事，将会发生什么情况”之类的问题中寻找答案。当然，你会说：“的确，你认识到什么事情将会发生，然后你决定是否要它发生。”但是，这是科学家所不能采取的步骤。你可以断定什么事情将会发生，然后必须决定是否愿意它发生。

在科学中，有许多技术上的结果是以观察实验作为评判标准原则的。但是，在观察中不能粗心大意，必须非常仔细认真。如果观测仪器的镜头上有一点污迹，就会导致颜色的变化，这是你事先想不到的。并且必须非常仔细地核对观察结果，重新审查它们，确信你了解到了所有的情况，并且没有曲解你的观察结果。

有趣的是，这种周密细致的考虑作为一种美德常常被人们误解。当某人说他已经科学地研究某一现象时，他往往是指他已经彻底地研究了这一现象。我听人们谈论过对德国犹太人的“科学的”灭绝，其实这中间没有一点科学的成分，只是彻底的灭绝而已。毫无疑问的是，为了确定某种东西，必须首先进行观察，然后再核查它们。按照这样的理解，在罗马时期也有对人“科学的”灭绝，尽管那时科学并没有发展到今天这种水平，并且人们也没有对观察予以高度重视。在这些例子中,人们应当说“完全的”或“彻底的”而不是“科学的”。

科学的一个重要特征是它的客观性。客观地对待观察的结果是必需的,因为实验者很可能偏爱某一种结果。由于偶然的因素,如一粒尘埃落到仪器的镜头上,你进行了几次实验,每次都得到不同的结果,你并不能控制实验中的所有因素。你希望得到一个确定的结果,这次实验的结果跟你希望的一样。你会说:“看,这就是我所希望的结果。”下次,你再做这个实验,结果又不一样。也许在上一次实验中,就有一粒尘埃落到了观察仪器的镜头上,但是你没有注意到它。

这些情况似乎是明显存在的,但是在决定科学问题或科学的周边问题时,人们没有给它们足够的注意力。当然,还有一定程度上的感觉因素。例如,因为总统说了什么或没有说什么,你便据此来推断股票价格的上涨或跌落。

另一个非常重要的技术要领是:一项陈述越具体,它越能引起人们的兴趣。越是明确界定的陈述,越能引起人们通过观察实验来检验它的兴趣。如果某人试图提出,行星围绕太阳运转是组成行星的所有物质有一种运动的趋势,即运动性,让我们称它为一种“本能”,这种理论也能解释许多其他现象。难道这不是一个好的理论吗?它确实不是。它无法与这样的一种观点相比,这种观点认为:行星围绕太阳运转是在一种向心力的作用下进行的,这个力的大小与行星到太阳的距离的平方成反比。第二个理论比第一个更好,是因为它更具体,显然不像是偶然得到的结果;它的陈述是如此明确以致利用在运动过程中最显而易见的错误就可以检验它是否正确;至于行星会在它的轨道附近摇摆不定,根据第一个理论,你会说“噢,那是本能的滑稽表现而已”。

所以,一个理论越具体详细,它就越有说服力,容易直接面对出现的反常情况,它也越能引起人们检验它的兴趣。并且,检验它的工作也越有价值。

有些词是无意义的。如果用这类词,就像上述例子中的“本能”一样,不能从中推导出严格的结论来,用这类词来表达的观点几乎也是没有意义的。因为利用事物有一种运动趋势的观点你几乎可以解释任何事物。哲学家在这方面做了很多工作,他们认为必须非常精确地界定概念的含义。实际上,在某种程度上我不同意这种观点。我认为要给一个概念下一个非常严格的定义往往是不值得的。事实上,大多数情况下也是不可能的,但是在这里我不打算进行深入的讨论。

关于科学,哲学家谈论最多的是怎样确保科学方法行之有效,我不知道这些观点是否在不能够用观察实验来评判的领域中仍然有效。当一些与观察证实不同的方法被采用时,我不准备说任何问题都必须以这种同样的方式来进行研究。或许在不同的领域,对概念含义的明确界定并不重要,或许在那里,定律、定理的内容也不需要非常具体。

综上所述,有些很重要的东西我并没有考虑到。我说过观察是检验一个理论观点真理性的标准。科学的迅速发展和进步要求人类发明某些东西来检验知识的正确性。

人们认为,中世纪的人们只不过简单地进行了许多具体的观察,这些观察结果本身暗示着现象背后的规律。但是,事实上并非如此。在某种程度上说,他们的观察结果与其说是来自观察,倒不如说更多的是来自想象。所以,接下来我必须谈一谈通过观察来证实的思想是如何来的。我们有了一种检验一个理论是否正确的方法,但是我们并不留意这种方法是从哪里来的。我们只是同观察相比较来判别一种理论的正确与否。所以,在科学界,我们对一种想法是如何获得的也不感兴趣。

没有任何一个权威能决定哪一种观点比其他想法更优越。为了弄清一个观点的正确与否,我们不必求助于任何权威。我们可以阅读一位权威人士的论著,听取他的建议;但是我们必须推敲他的观点是否具有合理性,并且检验他的想法是否正确。

如果他的观点是错误的，更严重一些的话，这些“权威”将失去其“权威性”。

正像大多数人之间的关系一样，起初科学家之间也充满着争论。例如，在早期的物理学中，就存在着激烈的争论。但是，在今天的物理学界，科学家之间的关系非常好。随着争论双方不断地设计出新的实验，并且将其赌注压在可能出现的结果上面，一个科学争论对双方来说都可能会留下许多笑料，并且给双方的胜负带来不确定性。在物理学中，由于长期以来已经积累了大量的观察实验事实并建立了相当成熟的理论，如果一种新思想与现有的所有观念不同，并且与所有经观察实验证实的理论相抵触，物理学家几乎不予以考虑。因此，无论你从任何人或任何地方得知一种新的想法，可能你乐于接受它，可是，你没有理由认为其他人也会接受它。

然而，许多学科没有发展到物理学的这种高度。在这些学科中，科学家之间的关系与物理学早期的情形差不多。那时，因为没有这么多的观察事实，也没有被人们普遍接受的理论。于是，各种观点学说林立，科学家们各执己见，存在着激烈的争论。我之所以提出这一点，是因为必须要有一个独立的、客观的检验真理的方法，人们之间的争论才能得到解决。

大多数人觉得奇怪的是，在科学界没有人对提出科学观点或理论的科学家的个人背景或动机感兴趣。请你们注意，一个观点或想法看起来好像值得去检验，与能够对它进行检验是不同的。而且，有些观点过去看上去似乎不值得去验证。但是，随着一些相关的新理论或事实的出现，这些观点可能会变得越来越令人感兴趣，越来越值得对其进行检验了。你不必担心这些科学家花费了多长时间来研究这些问题，或他们为什么要你相信这些观点。在这种意义上，究竟这些观点是从哪里来的，对我们来说并没有什么区别。它们的真正来源是未知，我们称其为人类大脑中的想象，即人们所说的创造性的想象力。

令人吃惊的是,人们不认为科学中有想象力。与艺术家的想象不同,科学中的想象力是一种非常有趣的想象。非常难以做到的是,你在试图想象某种你从未见过的东西,它与你已经见过的东西在各个方面都非常一致,并且又与人们通常认为的那样不同;具体地说,科学中的想象必须是明确的、确定的,不能只是一个模糊的假设。要做到这一点,的确是很困难的。

在自然界中存在着可以被证明是正确的规律这一事实本身就是一种神奇。像发现平方反比的引力定律一样,人们可以发现这些定律也是奇迹。人们不能完全理解这些,但是这些定律导致了预言的可能性,即它们会在没有做实验以前告诉你将期待着发生什么。

令人感兴趣并且也是绝对必要的是,科学中的各种定律具有相容性。要是观察实验结果都是相同的,不能一个定律给出一种预言,另一个定律给出另一个预言。科学不是研究者个人的事,它排除了研究者个人的影响,具有普遍适用的性质。在天文学、电学和化学中都谈论电子,它们是具有普适性的,在不同的场合必须是一致的。你不能找出任何一种不是由原子组成的新东西。有趣的是,在尝试发现科学定律的过程中,逻辑推理发挥着重要作用。至少,物理学中的定律通过逻辑推理被简化了。举例来说,化学和电学中的一些定律简化成了对两个学科都适用的定律,这一类例子可以说不胜枚举。

大自然的定律似乎是可以用数学语言来表达的。这并不是因为观察实验是判别理论真理性的标准,也不是因为数学形式的定律是科学的必要特征,它只是说明你能够以数学形式表达定律,至少在物理学中,这种描述方式便于作出富有生命力的预言。至于自然界的规律为什么是数学化的,至今仍是一个谜。

这样,我们又有了一个重要问题:旧的定律可能是错误的。观察怎么会出错?如果观察的结果已经被认真地核对,它怎么还会错呢?首先,这个问题的答案是那些旧的定律不是建立在观察事实的基础上的;其次,观察实验总是不可避免地带有误差。除此之外,定律总是通过猜测和外推获得的,不只是观察和实验结果的堆积。它们只不过是经过筛选后的、在当时被认为是最好的猜测而已。后来的结果证明,现在用的筛子比过去的筛子洞更小,排除了过去的一些错误,从而发现了新的定律。所以,科学中的定律和定理具有猜测性,它们是从已知外推到未知。你不知道将来会发生什么情况,但是你必须选择一种猜测作为定律。例如,过去人们普遍认为运动不影响一个物体的质量,即如果称一下一个旋转着的陀螺的质量,然后等它停下来再称一次,两次测量得到的结果是一样的。这就是一种实验结果。但是,你无法称非常非常小的物体的质量,比如说十亿分之几克的东西。现在我们知道,旋转起来的陀螺要比它静止的时候重大约不到十亿分之一。如果这只陀螺旋转得足够快,以至于它的边缘的速度接近 300000 千米/秒,它的质量增加将是明显的。但是,如果达不到这个速度,这种质量差别很难被测量出来。在最初的实验中,陀螺旋转的速度比 300000 千米/秒小很多,旋转着的陀螺和不旋转的陀螺的质量似乎是完全一样的。因此,有人猜想质量绝不会随着物体的运动速度的变化而变化。

这是多么愚蠢的错误呀!人们是多么傻啊!质量不变只是一个猜测性结论,只不过是一种实验结果的外推。为什么得出这个结论的科学家会做出这样不科学的事情呢?其实,这位科学家做的实验是无可指责的,他的做法也没有什么不科学的地方,只是他的结果具有不确定性。你知道,如果科学家进行猜测,他们就会冒着犯不科学错误的危险。但是,另一方面,科学又要求科学家必须通过已知去推测未知,因为这个外推才是唯一有价值的东西。在一定场合下,在你还没有做某种事情之前,你要是能够猜测到将会发生什么,这不是非常有价值吗?如果你告诉我的全部内容都是昨天发生的事情,这类的知识尽管具有确定性又有什么真正的价值呢?如果你做某些事情,哪怕不是非做不可的事,而只是为了乐趣，说出明天将会发生什么也是非常重要的。但是，同样，你将冒着犯错误的危险。

每一个科学定律、每一条科学原理、每一项观察结果的陈述都是省略掉某种细节后的概括，因为没有任何东西能够被完全精确地描述。那位科学家只是忘记了加上一个控制条件，他应该把那个原理描述为“当速度不是非常大时，物体的质量没有发生明显的变化”。科学这种游戏的规则是，提出一个明确的想法然后看看它是否经得起检验。所以，这位科学家关于这项猜测的结果是：无论物体的速度怎样变化，它的质量都不会改变。当然，它并没有妨碍人们去证明这个结论是错误的。它只是具有不确定性，并且是没有危害的不确定性。谈论某些东西，哪怕是给出具有不确定性的结论，也总比什么都不说好得多。

毫无疑问，在科学中我们说的所有的东西、所有的结论都具有不确定性，因为它们只是推论而已，是对什么将会发生所做的猜测。你无法知道将来真会发生什么，因为你并没有穷尽所有的实验。

令人好奇的是，旋转对陀螺质量的影响是如此的小，你可能会说：“噢，旋转没有对物体的质量造成多大差别！”但是，为了得到一个正确的定律，或至少得到一个不断地经历着考验、为更多的观察实验事实所验证的定律，需要研究者具有聪明睿智和丰富的想象力，打破我们现有的观念和对时间空间的理解。这里，我指的就是相对论。这一事实表明，实验中发现的这类微弱效应，必须要求在思想和观念上做出最大胆、最革命的改进。

因此，科学家往往与疑难和不确定性打交道。所有的科学知识都具有不确定性。这种与疑难和不确定性打交道的经历是很重要的。我认为它具有很大价值，甚至远超出学科领域。我认为，为了解决以前从未解决的问题，你必须给未知留有余地，必须允许不确定性存在，因为你并没有穷尽所有的观察实验来确保你的结论绝对正确。否则，如果你总是害怕你的结论具有不确定性，也就无法解决所研究的问题。

当一位科学家告诉你他不知道问题的答案时,你会认为他是个无知的人,尽管他告诉你他有了一个关于如何开展某项工作的大致想法时,他对要研究的问题还是没有把握的。当他非常确切地知道如何开展工作时,他会跟你说:“这就是研究这个问题的方法,我打赌是这样的。”但是,他仍然有些疑难没有解决。为了取得科学的进步,非常重要的是,我们认识到了这些未知和疑难。因为我们有了疑问,才会从新的角度寻找新的解决办法。科学发展的速度不仅仅是指进行了多少次观察实验,获得了多少实验数据,更重要的是,你提出了多少供人们检验的新思想、新观念。

如果我们不能或不愿意从新的角度去观察事物,如果我们没有疑问或没有意识到自己的无知,就不会有新的想法产生。因为假如所知道的东西都是正确的,也就没有什么东西需要去检验了。所以,我们今天称之为科学知识的东西,就是由具有不同程度的不确定性陈述所构成的集合体,它们中的一些很难确定是否正确,一些几乎可以肯定是正确的,但是没有确定无疑是绝对正确的。科学家对这种情形已经习惯了。我们知道能够生存下去和有未知的东西是不矛盾的。有些人会说:“有这么多未知的东西你怎样能活下去?”我不理解他们的意思是指什么,但我总是生活在对周围世界无知的包围之中。

我相信,无论是在科学领域还是在其他领域,探索和怀疑的自由是非常重要的,它是人类与生俱来的一种追求,是人类为了获得怀疑和探索的权利,是为了克服不确定性而进行的斗争。我不是要我们忘记这种追求的重要性和采取默认的方式使其放任自流。作为一名科学家,我感到一种责任,我知道承认我们无知的思想所具有的巨大价值。我认为正是这种观念使科学和人类社会的进步成为可能,也认为这些进步是思想自由的成果。我有责任来呼吁自由探索的价值,教导人们不要害怕疑难,而是作为人类社会发展的一种新的潜在的可能性来欢迎它。如果你有某些不能肯定的东西,你就有可能会设法改变这种状况。我愿意为我们的后代呼吁这种自由。

显然,在科学领域中,怀疑是举足轻重的。是否在其他领域它也同样重要,这是一个没有明确答案和不能贸然断言的问题。我的观点是,怀疑不但不可怕,而且是极具有价值的东西。

“人文精神”就是关心人,尤其是关心人的精神生活;尊重人的价值,尤其是尊重人作为精神存在的价值(尊重精神价值)。

·周国平·

人文精神的哲学思考

这个题目是讲座的主持人给我出的,是命题作文。

“人文精神”这个词,大家都挂在嘴上,但对它的含义比较模糊,我也一样。为了今天的讲座,我稍微认真地想了想,有了一个思路,提出来和大家讨论。

在西文中,“人文精神”一词应该是 **humanism**,通常译作“人文主义”“人本主义”“人道主义”。狭义是指文艺复兴时期的一种思潮,其核心思想为:一是关心人,以人为本,重视人的价值,反对神学对人性的压抑;二是张扬人的理性,反对神学对理性的贬低;

本文作者周国平系哲学研究者、作家。1945 年生于上海,1967 年毕业于北京大学哲学系,1981 年毕业于中国社会科学院研究生院哲学系。中国社会科学院哲学研究所研究员,中国研究哲学家尼采的著名学者之一。学术专著《尼采:在世纪的转折点上》《尼采与形而上学》,散文集《守望的距离》《各自的朝圣路》《安静》《善良丰富高贵》,纪实作品《妞妞:一个父亲的札记》《岁月与性情——我的心灵自传》《偶尔远行》《宝贝,宝贝》,随感集《人与永恒》《风中的纸屑》《碎句与短章》,诗集《忧伤的情欲》以及《周国平人生哲思录》《周国平人文讲演录》,译著《尼采美学文选》《尼采诗集》《偶像的黄昏》等。本文为作者在国家行政学院演讲的记录稿。

周国平教授

三是主张灵肉和谐、立足于尘世生活的超越性精神追求，反对神学的灵肉对立、用天国生活否定尘世生活。广义则指欧洲始于古希腊的一种文化传统。

与“人文精神”有关的另一个词是 **humanities** 或 **humane studies**，常译作“人文学科”。在西方，根据研究对象的不同，一般把学科划分为自然科学、社会科学、人文学科三大部分。其中，人文学科是研究人或人性的学科，可以笼统地称作“人学”或“人性学”。在德国，“人文学科”叫 **die geistige wissenschaft**，即精神学科。究竟哪些学科属于人文学科或精神学科，各国的划分有出入，但大致都包括文学、语言学、艺术学、历史学、考古学、哲学、法学等。一般来说，在人文学科中，价值观点占据更重要的位置，而其他学科则更注重事实（现象）和逻辑。当然，这只是相对而言。事实上，人文价值观点也常常作为一种研究方法用于其他学科。

根据以上分析，我把“人文精神”的基本内涵确定为三个层次：一是人性，对人的幸福和尊严的追求，是广义的人道主义精神；二是理性，对真理的追求，是广义的科学精神；三是超越性，对生活意义的追求，是广义的宗教精神。

简单地说，“人文精神”就是关心人，尤其是关心人的精神生活；尊重人的价值，尤其是尊重人作为精神存在的价值（尊重精神价值）。

人性：尊重人的价值

人文精神的起点是对人的价值的尊重，确认人是宇宙间的最高价值。这一方面是相对于物而言的，人永远比物宝贵；另一方面是相对于神而言的，不能以神的名义压制人。

从这一点出发,人文精神肯定人的尘世幸福,认为人生的价值应在现世实现,人有权追求尘世的幸福,不能把幸福推延到天国或不可见的未来。其中也包括肯定感官的快乐,反对禁欲主义。

但是,和人的生物性欲求相比,人文精神更看重人的精神性品格,认为后者是人的尊严之所在。也就是说,对人来说,尊严高于幸福。关于这一点,康德的解说最有代表性。他认为,一方面人属于现象界,具有感性,受制于自然法则,追求快乐(幸福);另一方面属于本体界,具有理性,能够为自己建立道德法则,"人的尊严就在于这个能够作普遍律的立法者的资格",它证明人是自由的。正是在人的尊严之意义上,他进一步提出:人是目的,永远不可把人用作手段。

我对康德这个观点的理解是:所谓人是目的,就是要把人当作精神性存在加以尊重。这分对己和对人两个方面。一方面,每个人要把自己当作精神性存在、当作独立人格加以尊重,在任何情况下不能丧失做人的尊严和人格。现在有些人为了物质利益而丧失人格,他们实际上就是不把自己当作目的而是当作手段,是把自己当作了谋取物质利益的工具。另一方面,每个人也要把他人当作精神性存在,当作有独立人格的个人加以尊重,在任何情况下不可侮辱他人的人格,贬损他人作为人的尊严。我认为,我们的文化传统中一向缺少人的尊严这个极其重要的观念。比如说,现在人们普遍痛感诚信的缺乏,都在呼吁诚信。仔细分析一下,为什么会缺乏诚信呢?其实根源就在缺乏人的尊严之意识。一个人之能够诚实守信,基础是自尊,他仿佛如此说:"这是我的真实想法,我愿意对它负责。"一个人之能够信任他人,基础是尊重他人,他仿佛如此说:"我要知道你的真实想法,并相信你会对它负责。"可见,诚信是以双方共有的人的尊严之意识为基础的。没有这样的意识,就会互相之间把自己也把对方看作工具,为了利益不择手段,哪有诚信可言?

尊重人的价值不能流于空泛,必须落实到尊重每一个个人。因此,个人主义也是西方人文精神的一个重要传统。我们常把个人主义当作自私自利、损人利己的同义词,理解未免太偏太窄。西方思想家也会在不同的意义上使用**individualism**一词,在肯定的意义上,这个词是指对个性、个人独特性的推崇。作为一种伦理思想,个人主义强调:每个人的生命(和灵魂)是独一无二、不可重复的,本身就具有不可替代的价值,必须予以尊重。每个人都有责任也有权利充分实现自己的个性和人生价值。同样,每个人对他人也应该如此看待。在个人与社会的关系上,个人主义认为,个人是目的而非手段,一种合理的社会秩序应该有助于一切个人的自由发展。

在个人主义伦理思想和自然法传统的基础上,又形成了自由主义政治思想的传统。其实,自然法传统也与个人主义密切相关,其基本主张是:个人拥有天赋权利(生命、自由和财产);政府和社会的存在是为了保护个人的权利。

自由主义的基本思想可归结为两点。第一,个人自由原则。在涉及自己的行为上,个人拥有完全的自由,不受他人(和政府)的强制。这一点当然也适用于每个人对他人的关系,任何人不得对他人实施强制。在为这个原则辩护时,一般举出两方面的理由:一方面,个性本身即是价值。如同约翰·穆勒所说:"一个人自己规划其存在的方式总是最好的,不是因为这方式本身最好,而是因为这是他自己的方式。"当代自由主义思想家哈耶克则指出:人性有着无限的多样性,个人的能力及潜力的先天差异性使每一个人都"具有成为一个特立独行的个人的素质",是自由理想和个人价值理想的生物学依据。另一方面,个人自由有益于社会,包括在物质上,如同亚当·斯密所说,个人之间的自由竞争像一只"看不见的手"那样,能够形成最合理的经济秩序。也包括在精神上(思想、言论、信仰),个人自由能够最有效地促进思想发展和文化繁荣。第二,法治原则。为防阻强制的发生,保障个人自由,需要法律和政府。但是,政府一旦存在,就有了政府侵犯个人自由的可能性。因此,法治原则主要是针对政府的,旨在保证政府依据法律治理。其要点为:(1)法律的目的仅在于保护个人自由,防阻强制的发生,有悖于此的虽由立法机关颁布亦为非法。(2)法律是普遍性规则,不针对具体的人和事，法律面前人人平等。(3)法律至上，政府必须受法律支配，而这意味着政府除了防阻强制之外，不得使用它的强制权力。(4)立宪政治，关键是立法权与行政权真正分离，以保证法律的制定不受行政干预和监督政府对法律的遵守。

通过以上所述，我们可以看到，西方思想中的若干重要传统，包括人道主义、个人主义、自由主义，都是从尊重人的价值的立场出发，围绕着保证个人自由和个人价值之实现这个目的而形成的，彼此有着十分紧密的联系。

理性：头脑的认真

人文精神之尊重人的价值，不只是把人当作一种生命存在，更是把人当作一种精神存在。关心精神生活，尊重精神价值，是人文精神更深刻的方面。从人文精神的立场看，人的肉体生存的权利必须得到保障，物质生活有其不应贬低的价值。在此前提下，精神生活又具有独立于物质生活甚至比物质生活更高的价值，不可用功利标准来衡量。精神生活是人的高级天性的实现，人之为人的价值之所在，人真正高于动物之处。动物有肉体生活，有某种程度的社会生活，但肯定没有精神生活。精神禀赋是人的最可贵禀赋，它的自由发展本身即有价值而且是最高的价值。人与人之间最重要的区别也在此，而不在物质上的贫富，社会方面的境遇，是内在的精神素质把人分出了伟大和渺小，优秀和平庸。对于一切精神伟人来说，精神的独立价值和神圣价值是不言而喻的，是无法证明也不需要证明的公理。

精神生活可相对区分为智力生活和心灵生活，前者面向世界，探寻世界的奥秘，体现了人的理性，后者面向人生，探寻人生的意义，体现了人的超越性。

大多数哲学家认为，理性是人区别于动物的本质特征。为了解说方便，我把理性(智力生活)归纳为以下三个要素：

第一，好奇心。好奇心是智力生活的开端和最基本要素。爱因斯坦称之为“神圣的好奇心”。为什么好奇心是“神圣”的呢?也许是因为,好奇心是人区别于动物的一个特征,动物只注意与生存有关的事情,人能超出生存,而对世界万物感兴趣;它甚至使人接近于神,受好奇心驱使,人仿佛想知道创世的秘密,在自己的头脑中把世界重新创造一遍。无论在人类,还是在个人,好奇心都是理性能力觉醒的征兆。柏拉图和亚里士多德说,哲学开始于惊疑。其实,科学也是这样,好奇心是科学探索的原动力。惊奇是一种伟大的能力,表明一个人意识到了未知原因的存在,并且渴望把它找出来。爱因斯坦谈到,他五岁时看见指南针在未被接触的情形下转动,便感到异常惊奇,意识到在事物中藏着某种秘密。这给他留下了极深的印象,很可能是他日后走上科学研究之路的最初动因。然而,“神圣的好奇心”有许多敌人,主要敌人有二。一是习惯,所谓见怪不怪,习以为常了。孩子往往都有强烈的好奇心,一般规律是随着年龄增长,好奇心递减。在一定意义上,科学家是那种不受这个规律支配、始终保持着好奇心的人群。二是功利心,凡事都问有没有用,没有用就不再感兴趣。如果说好奇心是神圣的,那么,功利心恰恰是最世俗的,它是好奇心的死敌,在它的支配下,科学探索的原动力必定枯竭,眼光必定被限制在一个狭小的范围内。当今教育的最大弊病是受功利原则支配,其中也包括家庭教育。急功近利的心态极其普遍,以马上能在市场上卖个好价钱为教育和受教育的唯一目标。所以,我把现在的教育看作好奇心的最大敌人。爱因斯坦早已发出惊叹:现代教育没有把好奇心完全扼杀掉,这简直是一个奇迹。现在的所谓素质教育往往只是着眼于增加课外知识,扩大灌输范围,仍以有用和功利为目标,而不是鼓励和保护好奇心。依我看,要真正改变应试教育,就必须废除高考,把竞争和淘汰推迟到大学阶段,在大学里也着重考查独立研究的能力而非书本知识。

第二,头脑的认真。好奇心是对未知之物的强烈兴趣,它理应引向把未知变成已知的认真的求知过程。有的人似乎有广泛的好奇心,但事事不求甚解,浅尝辄止,只能说明他的好奇心仍不够强烈,因而缺乏推动的力量。真正强烈的好奇心必然会推动人去探根究底。人的精力有限,不可能对自己感兴趣的所有问题都作系统的探究。因此,好奇心可以广泛,智力兴趣必须定向。许多大科学家、大思想家都在青年时期形成了自己的问题领域和研究方向,那可能是引起他们最大好奇心的问题,或他们发现的以往知识体系中最可疑的环节。头脑的认真,归根到底是在知识的"根据问题"上认真。一种认识是否真理,一定要追问其根据。所谓"根据",一是判断是否符合经验事实,二是推理是否合乎逻辑。人的理性能力就体现在运用逻辑对经验材料进行整理。但是,人的理性能力本身是否可靠呢?如果它不可靠,它所确认的"根据"就成了问题。在西方哲学中,这种担忧一直存在,促使人们由追问"知识的根据"进而追问人类"知识形成方式的根据",对知识形成的各个环节作仔细审查。因此,知识论成为哲学中的一个重要领域,近代以来更成了主题。其中贯穿着一种努力,便是想把人类知识建立在完全可靠基础上,否则就放心不下。相比之下,中国哲学一向不重视知识论,知识论是它最薄弱的环节。相对而言,宋明算是最重视的,但也偏于知行关系问题,所讨论的知识主要指道德认识,即所谓"德行之知"。在中国哲学史上,从总体上怀疑知识之可靠性的只有庄子(夫知有所待而后当,其所待者特未定也),但基本上没有后继者。苏格拉底所主张的"知识即德行"是西方哲学家的普遍信念,中国哲学家正相反,信奉的是"德行即知识"。由于把知识本身看作目的性价值,因此,西方多具有纯粹的思想兴趣、学术兴趣、科学研究兴趣的人,在从事研究时只以真知为目的而不问效用。正是在这样的精神氛围中,最容易产生大思想家、大学者、大科学家。中国则缺少这样的氛围,所以不容易出大师。

第三,从思想上把握完整的世界图画的渴望。好奇心和头脑的认真面对整个世界,就会追问整个世界存在的根据,因而必然把人引向哲学的沉思或宗教的体悟。爱因斯坦把这种渴望称作"宇宙宗教感情”，并认为它是科学研究的最高动机。到了这一步，头脑与灵魂便相通了，科学与哲学、艺术、宗教便相通了。事实上，大科学家都不满足于纯粹经验研究，他们都是怀着揭示宇宙最高秘密的心愿度过实验室里的日日夜夜的。

以上所述可统称为“广义的科学精神”，其实质是对非功利性的纯粹智力生活的热爱。这是人文精神的一个重要方面。

超越性：灵魂的认真

超越性指人对超出生存以上的意义之寻求。与理性相比，超越性更是人所特有的本质。动物有某种为生存服务的认识能力（低级理性），但绝不可能有超越的追求，不可能有哲学、宗教、艺术。

与理性的解说相对应，我把超越性（心灵生活）也归纳为三个要素：

第一，对自己人生的责任心。这是心灵生活的开端和最基本要素。它根源于对生命的爱。因为这爱，不愿生命流逝，便会珍惜自己的生命体验和感觉，发展出丰富的内心生活。也因为这爱，不愿生命虚度，便要寻求生命的意义，对人生进行思考。每个人在世上只有活一次的机会，没有任何人能够代替你重新活一次；如果虚度了，也没有任何人能真正安慰你。如果你清醒地意识到了这些，对自己的人生怎么会不产生出最严重的责任心呢？我把对自己人生的责任心看作人生在世的最根本的责任心，因为其他的责任可以分担或转让，唯有这不能，必须完全靠自己承担。然而，具备这种责任心极不容易，因为人们往往受习俗和时尚支配。尼采指出：人们躲藏在习俗和舆论背后，随大流地思考和行动，而不是快快乐乐地做他自己。之所以如此，是因为怯懦，怕邻人指责，更是因为懒惰，怕真诚可能加于他们的负担。事实上，对自己的人生负责的确是沉重的责任，最需要毅力和勇气，而跟随习俗和时尚则最轻松，但前者的收获是拥有自己的灵魂，后者的代价是失去灵魂，究竟哪一种生活更值得一过，应该是清楚的。

第二,灵魂的认真。即在人生的根据问题上认真。对自己的人生负责,必然会引向对人生意义、根据、价值的追问,要自己来为自己寻求一种人生信仰,自己来确定在世间安身立命的原则和方式。从总体上看,我们中国人也比较缺乏灵魂的认真,缺乏超越性的追求,中国文化传统中缺少形而上学哲学和本土宗教便是明证。我们的人生哲学注重的是道德,是妥善处理人际关系的准则,而往往回避对人生进行追根究底的探究。在一定意义上,孔子和苏格拉底分别是中西哲学传统的始祖,他们两人都重视人生哲学。但是,他们的嫡传弟子便显出了显著差别,孟子走向了更典型的道德论,柏拉图却走向了本体论。这种分殊肯定已发端于他们的老师,在这方面作一比较研究一定很有意思。

第三,在精神上与某种宇宙精神实质建立联系的渴望。认真追问生命的意义,不可避免地会面临死亡与不朽、世俗与神圣之类根本性问题,会要求以某种方式超越有限的肉体生命而达于更高的精神存在,渴望与之建立某种联系。这就是信仰的本来含义。

总之,在我看来,人文精神的基本含义就是:尊重人的价值,尊重精神的价值。对于个人来说,就是要有自己的人格,有真正属于自己的头脑和灵魂,在对世界的看法和对人生的态度上自己做主,认真负责。对于社会来说,就是要为此创造一个相宜的环境。

人们常常叹息,中国为何产生不了大哲学家、大诗人、大作曲家、大科学家等。据我看,原因可能在于我们的文化传统的实用品格,对纯粹的精神性事业不重视、不支持。一切伟大的精神创造的前提是把精神价值本身看得至高无上,在我们的氛围中,这样的创造不易产生,即使产生了也是孤单的,很容易夭折。现在的开放是一个契机,我希望我们不要只看到经济上的挑战,更深刻长远的挑战是在文化上。中国要真正成为有世界影响的文化大国,就必须改变文化的实用品格。一个民族拥有一批以纯粹精神创造为乐的人,并且以拥有这样一批人为荣,在这样的民族中最有希望产生出世界级的文化伟人。

中国科学家不仅是要勤奋,还要有胆识。有胆就是敢,要敢为天下先,敢于提出不同的见解,敢于坚持自己的意见去做。更重要的是有识,要有非常尖锐的目光,不要让大的发现从自己眼皮底下溜过去。

·沈致远·

关于科学的几个问题

科学顿悟——李白、庄子的启发

科学方法有两种:一种是实验,除了数学以外,所有其他的科学发展都要靠实验,归根到底科学是实证性的;另一种是理论,理论是什么呢?理论就是根据一定的前提,用逻辑推理的方法,从前提推导出结论来。想一想,除了实验与理论以外,还缺少什么东西?现在不是提倡创新吗?不是提倡原创性吗?我觉得真正原创性的东西需要有突破。怎么突破?光靠逻辑思维是没有办

本文作者沈致远江苏溧阳人。1960年毕业于浙江大学。1980年应邀赴美,先后在纽约理工大学等担任研究科学家、教授。后转工业界,在杜邦公司中央研究院任杜邦院士,从事高温超导电子学及无线电通信等方面的研究。在物理、电子、激光、微波等领域发表论文40多篇,并握有13项美国专利。近年来致力于提倡科学文艺,从事科学随笔及科学诗创作。其中集结成书的有《体验美国》和《科学是美丽的》,后者由上海教育出版社出版后,佳评如潮,对科学随笔起了一定的推动作用,书中有九篇文章被选入各类语文教材。本文节选自沈致远2003年10月在上海图书馆"国际科学家讲坛"的演讲。

法突破的,因为逻辑思维只是从已知的前提出发,然后一步一步推理出结果。说到底,结论已经隐含在前提里面,从根本上讲,并没有新的东西。你要有新的东西,就必须突破这个前提,必须突破这个逻辑体系,提出一个新的体系来。就是科学探索的顿悟,这点和艺术、文艺的灵感是极为相似的。著名国学家王国维的"治学三境界",最后一个境界是:众里寻她千百度,蓦然回首,那人却在灯火阑珊处。蓦然回首为什么会发现那人在灯火阑珊处呢?一个原因是你已经众里寻她千百度,你已积累了很多资料,但是最后的突破是带有偶然性的。不仅是带有偶然性,而且可以从别的领域得到启发的。

以提出介子说获得诺贝尔物理学奖的日本著名物理学家汤川秀树写了一本书。书中说,他在科学研究中的突破,与李白、庄子很有关系。他特别提到李白一篇文章的开头:"夫天地者万物之逆旅,光阴者百代之过客",他从这两句话中得到灵感,就怎样处理微观基本粒子的时空观得到了启发。他又从《庄子》的"为混沌开七窍"悟出了基本粒子从一个最原始、没有特性的东西分化出来成为各种各样的粒子。所以他认为东方的哲学思想、东方的文化、东方的文学,对他的科学研究非常有启发。

"分久必合"——从分析法到综合法

《三国演义》开宗明义的几句话是"天下大事,分久必合,合久必分",我觉得这后两句话不仅是对天下大事,对科学也适合。西方科学在文艺复兴以前是没有分化的,甚至连科学这个名称也没有,而是称为"自然哲学"。当时的学者,像达·芬奇是横跨各个领域的,他既是画家,又是雕塑家,又是生理学家,又是医学家,又是建筑师,又是航空理论家……他的头衔可以报出一打以上。科学的分化是在文艺复兴以后,特别是工业革命以后逐步分化的。分化到今天,已经越分越细。这个分化是推动自然科学的,我们今天所享受的各种物质文明,都是近三百多年来自然科学和技术的突飞猛进所造成的结果。一个很重要的原因,就是分。分,不仅是分科,使大家可以集中精力于一个专门学科,专心致志地去研究;分,更重要的是运用分析法。分析法的老祖宗是伽利略,他做了一个很重要的实验,就是斜塔实验。斜塔实验看起来很简单,但其思想非常重要。在伽利略以前,人们普遍认为越是重的东西所受到的重力加速度就越大,速度就越快。伽利略说:不对!他指出:物体无论轻重,在重力场作用下的加速度和速度都是相等的,斜塔实验中的轻、重两个球同时落地,证明伽利略是对的。别以为斜塔实验看上去很简单,实际上这开了近代科学使用分析法的先河。为什么这样说呢?古希腊学者与伽利略的想法不一样,主要因素是空气阻力。一根羽毛掉下来很慢,而一个铅球掉下来很快,差别在于空气阻力。伽利略的功劳在于撇开空气阻力的因素,光是研究在重力作用下这个物体的加速度和速度,结果他得出了与古希腊学者不同的结论,开了现代科学分析法和实验法的先河,这是一件了不起的事情。这就是为什么千禧年的时候大家选最有影响的科学家,他的名字在里面。

我个人的看法:今天是到了分久必合之时,为什么这样说呢?因为形势变了。现代科学研究的对象越来越复杂。很多人认为21世纪的主流科学是生物学,生物是一个极端复杂的大系统。就拿人体来讲,就拿大脑来讲,我这样问:"你把人体的每一个细胞、每一个分子、每一个原子都弄清楚了,你就了解人体了吗?你对大脑里的每一个神经元、每一个突触,以及其中的每一个分子、原子、基本粒子统统研究透彻,你就了解大脑的功能了吗?"显然不是的,对这种复杂系统,我们习惯于用物理学的思考方式。物理学有个特点:你越深挖就越根本。物理学最根本的东西还在更深的地方,我们现在还不知道。但是,生物学和脑神经科学是不一样的,我相信这方面最后的突破不是靠往深处发掘,而是要从整体观念探索横向的联系,要考虑各个方面的综合性因素。换句话说,光靠分析法不够,还需要综合法。五年前,我在《科学》上发表了一篇文章，就提出这个想法，我说："新世纪的曙光在东方。"我当时是这样讲的："综合法必将东山再起。"所以，我们现在要考虑到整个科学的由分到合，百川归海，文化合流。

就拿脑科学来讲，大约15年前，英国著名的数学家、物理学家彭罗斯写了一本书，名叫《皇帝的新心灵》。他用了很大的篇幅讲计算机科学，又花了很多笔墨讲脑神经学，最后得出结论："要揭开自我意识之谜，必须要往亚原子的基本粒子里去钻。"我跟很多位这方面的专家讨论过，我们都不同意这个观点。我们觉得要解开自我意识之谜，不是到亚原子的基本粒子里去钻。他原话的意思是"到亚原子的基本粒子还没有发现的规律里去钻"，我们不同意这个看法。我们认为要揭开自我意识之谜，也就是认知科学的最重要的任务，应该是横向的、整体的，关键在于系统各部分之间的关联和相互作用。虽然我们还没有弄明白，但肯定是在这个层次，而不是往下深钻。当然，我不否认往下深钻有好处，譬如说你对每一个神经元、每一个突触、每一个分子都弄清楚，肯定有好处。但如果不研究它们之间的关联，不看整体，仍然无法揭开自我意识之谜。

前天，我拜访了一位著名的脑科学家，他告诉我："以整体观念研究脑科学有两大困难：一是不可预测性，二是不可重复性。"当然，这是两个原则性的困难。我们知道，科学就是要能重复，如果不能重复，科学就没有检验标准了；而缺乏预测性的科学用处也不大。我对他说，这确实是严重的困难，不过可以换个角度来看，美国人有种讲法，"玻璃杯里有半杯水，你看到的半杯是水，还是空的?"当然，两者都对，但问题是你怎么看。看到半杯水者是乐观主义者，看到半杯空者是悲观主义者。所以，正因为有这样的困难，就给我们提出了挑战，即使现在的方法不能对付，能不能发明一种新的方法去解决它？困难为我们提供了机遇，不能因噎废食。

重要的是要有新思想——NEW IDEA

下面我想讲一下各个学科之间的分割。我们中国有句古话："隔行如隔山"，还有"女怕嫁错郎，男怕入错行"，入错行以后你就麻烦了。我个人有不同的看法，我认为行业之间并没有大山之隔。佛教里有一句话："诸魔皆心魔"，就是说各种各样的恶魔其实只存在于你的心中，我想这句话应用在这里是恰当的。我曾与一位朋友交谈，他也这样看，他说："整个宇宙是一个整体，并没有物理学的宇宙、化学的宇宙、生物学的宇宙、人文的宇宙、艺术的宇宙、哲学的宇宙。所谓的科学、艺术、人文都是我们给分割的。"还有一位举了一个很好的例子，他说："人类的文明是一个高峰，有三条路上去，一条路是科学，另外一条路是艺术，还有一条路是人文。在山脚时，这三条路离得很远，你可以说当中有阻隔，但当你爬到顶峰时，这三条路就汇合了。"有道是："会当凌绝顶，一览众山小"，就豁然开朗、融会贯通了。

前几天我去几所中学作讲演，现在的中学生很有头脑。我讲到合，讲到要消除各个行业之间的阻隔，要培养通才。一位女学生站起来，她说："沈先生！你说要培养通才，而达·芬奇这样的通才是天才，我们都是凡人，凡人是成不了通才的。你要是样样都学，就样样不精，结果变成了万金油。你对这个问题怎么看法？"这个问题很有挑战性，我回答她："我理解你的意思，所谓通才教育，不是叫你每样都去学，而是叫你根据自己的爱好、本身的基础和条件，然后根据当前形势，选择最适合你的东西去广泛地学习。"根据我的观察，科学家越是钻得深的越是容易跳出来。这和井底蛙不一样，青蛙在井里，那口井越深就越难跳出来。我打了个比喻，这个井底有个弹簧，你越是往下钻得厉害，那个弹簧越压缩得紧，然后你一松手就蹦起来越高。我讲这个话是有根据的：美国著名物理学家盖尔曼是一位神童，非常聪明，他研究基本粒子的规则——"重子八重态"，提出"夸克"，得了诺贝尔奖。你猜后来他干什么？如今他在新墨西哥沙漠里的圣菲研究所做大系统的研究,研究自我意识。从基本粒子到自我意识,这个当中有多少跨距啊!

第二位是美国的著名物理学家费恩曼,量子场论专家。他提出了费恩曼图,还在场论中解决了发散问题,同施温格和朝永振一郎一起得了诺贝尔物理学奖。费恩曼的兴趣十分广泛,他研究美洲土著的手鼓;他到俄罗斯的西伯利亚去研究原始部落;他曾经破译过玛雅文字。他最著名的一手,就是1985年美国的一架航天飞机在空中爆炸,很多人都找不出原因,他做了个实验,把一个橡皮圈浸在液氦里面,拿出来往桌子上一摔,碎了!他说问题就是你们的密封橡皮圈受不了低温,太脆的缘故。这个人的兴趣是广泛得不得了。

盖尔曼有些发现并非只是他一个人的,而是与别人同时发现的,一位犹太人叫尼曼(**Yuval Ne'emann**),原先是军人,以色列政府派他到伦敦去担任武官。他爱好物理学,有机会到剑桥大学听课。听了几年以后,他不做武官了,就去钻研粒子物理,结果他和盖尔曼同时提出"重子八重态"。很可惜的是他没有得诺贝尔奖,但他和盖尔曼在这个问题上做出的贡献是半斤八两的。这样例子可以举很多,比如说大家知道的一位著名的美国天文物理学家哈伯,他以发现宇宙膨胀著称,于是才有宇宙大爆炸说。哈伯原本是军人,退伍后当律师,后来才从事天文学研究。

所有这些给我的启发是,行业之间并没有大山之隔。真正的科学突破不完全在于你去拼命地积累资料、拼命地打基础。当然,并不是说这些不重要,我感到更重要的是要有新思想——**NEW IDEA**。三年前我曾向《科学》杂志的主编提过一个建议:《科学》应该开一个专栏,叫 **NEW IDEA**,提倡新思想,这肯定会对科学发展有推动作用。

大科学与小科学

我想先讲一下大科学。巨型粒子加速器、宇航飞船,还有生物学方面解读人体的**DNA**和水稻的 **DNA**,这些都是大科学,规模很大。大科学的主要部分,实际上不是科学,而是工程。为什么这样说呢?在造加速器以前,已经知道这个加速器一定可以造出来,所有的自然规律我们都掌握了。大科学本身是工程,但是大科学造出来以后,为探测性科学奠定了基础。

比如说,人类 **DNA** 被解读出来了,但这只是一个开始,不是结束,解读出来以后我们要去研究:哪一段 **DNA**、哪一个基因起什么作用?该怎么应用?等等,这个才是真正科学的开始,解读只是给我们搭起一个台,而戏是要科学家去唱的。加速器也是这样,用几十亿美元建一个大加速器,这是工程,然后要由科学家去做基本粒子的研究。我给各位讲一个故事:50 年代苏联莫斯科郊区的杜布纳核子研究所,在当时具有世界上最强力的加速器,做了好几年,做不出结果来。杜布纳的所长是轮流的,轮到中国,派了王淦昌去当所长。王先生是一个非常有创意的科学家,去后不久就发现了一个粒子——反西格马负超子。由此可见,**IDEA** 是非常重要的,科学家有创意是非常重要的。王淦昌曾是我母校——浙江大学的教授,抗战时他在贵州遵义,那时物理学的一个难题:怎样检测中微子?他提出用原子核俘获 **K** 介子的反冲来检测中微子。当时处于抗日战争期间,他没有办法发表,后来美国人用这个方法检测了中微子,而且得了诺贝尔奖。作为一名科学家,最重要的是思想,**IDEA**。

再来看小科学,是指小规模的,几位甚至是一位科学家单枪匹马进行的科学研究。我们绝对不能看轻这种小科学,很可能一些原创性的重大突破是从小科学里出来的,而且花费不会太多。我举一个例子:大约八年前,我到科罗拉多州的州立大学去拜访物理系主任,他陪我参观了实验室后说,他们正在做玻色－爱因斯坦凝聚态实验,所用装置一共才五万美元。用五万美元做实验,在美国是非常少的一笔资金,美国一般的科学项目都是上百万的,上千万的都有,五万美元简直是忽略不计的小数目。他说用的钱很少,只不过是一两个人在做。当时,我也没有十分在意。后来在四年前,石破天惊,报纸刊登了他们做出结果的消息,去年他们得了诺贝尔奖。这说明,要取得重大的科学突破,不一定需要很多的钱,也不一定需要非常昂贵的设备。当然我不否定这些方面,花很多的钱用昂贵的设备,是综合国力的一种表现,有一些研究必须要那样做。我只是说,还要看到另一方面,你有新的 **IDEA**,单枪匹马地去干,花很少的钱,有可能做出震惊世界的大成就。小科学是千万不能忽视的。

科学不仅仅是功利的

我想简单提一下“功利”。刚才我和裴钢院士交流了一番,他说现在一提到科学就问“有什么用?”没有用的就不算科学。科学是应该要有功利的,因为科学研究是国家拨款的,我们应该做出东西来对社会、对国家有用。但是科学又不仅仅是功利的,不能说只有有用的才是科学。有些科学在一开始的时候并没有多大的用处,爱因斯坦的相对论刚出来时没有人想到过会有用。大家都知道狭义相对论的质能公式,$E=Mc^2$,后来才知道,这为原子能的应用奠定了理论基础。

所以对前沿性的探索而言,第一,你不知道它会从哪里蹦出来;第二,你不知道它有没有用。但是,我们还是要去做。我曾提出过,大科学是可以预测的,可以规划的,可以订计划,可以检查,等等;小科学的前沿性探索是没有办法预测的,你根本不知道会做出什么样的东西,你怎么订计划?你怎样去检查?现在有些地方,每一年、半年就要科学家拿出成果来,我对这很反感。这样下去的话,永远只能做二流、三流的工作,你永远出不了一流的科学成果。

一流的科学成果可能要十年、二十年才能做出来,甚至可能一辈子都做不出来。中国是泱泱大国,应该有这个气魄,让科学家放手去探索,用十年、二十年去探索,到时候你做不出来,我也不责备你。丁肇中先生在北京的一次报告中说:他做过五次大规模的实验,所有的实验结果都跟他原来预期的不一样。这够说明问题了吧!去年我在《文汇报》发表了一篇文章——《劝思篇》,提倡思考。在这篇文章发表一个月后,我看到丁先生在上海接受《文汇报》记者访问的报道,记者问他:“作为实验科学家,你的主要工作是什么?”你猜他说了一句什么话?他说:“我只做一件事——思考!”一位闻名全球的著名实验物理学家,他的主要任务是思考,那么我们这些人要不要思考?

科学突破需要胆识

很多人问我:为什么中国现在还没有非常重量级的科学突破?有人又很关心何时可获诺贝尔奖,如此等等。我个人认为,中国科学家的基础非常好,他们的勤奋可能是这个世界上没有一个国家比得上的。中国科学家、学者的勤奋使我感动,也使我感到可怕。我有两位非常要好的朋友在去年得癌症去世了。中国有些非常优秀的科学家在五十岁上下英年早逝。不分昼夜地干,拼命干,但为什么还出不了大的成就?我感到:同西方比,中国科学家不仅要有基础,不仅要勤奋,还要有胆识。有胆就是敢,要敢为天下先,敢于提出不同的见解,敢于坚持自己的意见去做。丁肇中就是很好的例子,他最近在做一项花费大量资金在太空检测反物质的工作,这要碰运气的,不一定成功,他敢做,这就是有胆。

更重要的还要有识,就是你要有非常尖锐的目光,不要让大的发现从自己眼皮底下溜过去。刚才讲到王淦昌提出检测中微子的方法、发现反西格马负超子,都是因为他有胆有识。还有丁肇中发现 **J/Ψ** 粒子,当时物理学界一般认为在那个能量范围没有粒子。他在实验中突然发现有异常现象,反应有时高、有时低。一般人可能会忽略过去,他不,他觉得这里有名堂,他就反复地细作,结果发现了一个共振,共振就是粒子。有人主张还要把它弄得更仔细再发表,他说:“不!肯定了就不要再细作了,马上发表!”他是对的,结果是他与另外一个美国人同时发表,如果他延迟发表,那他就是第二了。科学没有第二,只有第一。

我要讲一下“以人为本”。科学要突破最重要的是要关心科学家。最近我看到有位名人发表议论,他说:他的学生在美国的某所知名大学带了十多位研究生,他们一周工作一百四十小时,意思是说大家要拼命地勤奋工作。我对这个讲法有两点质疑:第一点,一百四十小时除以七是二十,每天工作二十小时,也就是说,你每天只剩下四个小时去吃饭和睡觉,我觉得这恐怕有点夸张,不可能持久,果真这样的话,很快就垮了。中国的一些青年才俊有英年早逝的现象,绝对不能再提倡这种拼命方式了。第二点,难道科学的成就是以你花费的时间来计算的吗?我认为,科学的成就只有一个标准,就是你的业绩(**Performance, only performance**),其余都不相干。你能一小时做出来,比花十小时做出来的还要厉害。对科学家来讲,不能说他投入的时间越多,夜以继日,忘寝废食,就一定是好的。报纸上这样的报道,我认为恐怕要小心一点。当然我也不否认勤奋苦干是好的,但是不能过分。不应该提倡拼体力、拼时间。应该提倡巧干,以智取胜,要提高效率。

“我”丢了——当代科学的四大难题

我感觉我们这一代是“生逢其时,重任在肩”。我个人的看法,当代科学有四大难题等待我们去突破。第一大难题是物质本质。我们对物质的本质暂时还不清楚,现在大家知道有超弦理论,有 M 理论,等等,就是朝这个方向去努力的。

第二大难题是宇宙演化。宇宙演化最近非常热,美国报纸上隔两三天就会出来一篇关于“两暗”——暗物质、暗能量的报道。最近发表的微波各向异性检测结果,发现 95% 以上的宇宙物质是看不见的暗物质和暗能量,其中 25% 是暗物质,70% 是暗能量。我写了一篇文章,在这一期的《科学》上会刊出。我说这里面大有文章,同一百年以前的事情很相像。一百年以前,英国的开尔文爵士在纪念新世纪的晚会上发表演讲,他说物理学已经登峰造极,后人只是在小数点以后的第六位加一点东西,修修补补。但他毕竟是一位很厉害的科学家,他接下去说:在物理学晴朗的天空中有两朵乌云,一朵乌云是迈克尔逊的光速实验,与当时流行的"以太说"不符;第二朵乌云是关于黑体辐射的实验,与当时的经典理论不符。结果十年不到,这两朵乌云就变成了倾盆大雨:爱因斯坦提出的狭义相对论,把以太给否定掉了;普朗克提出的量子说,指出了经典物理学的局限性。而相对论和量子力学刚好是20世纪物理学的两大支柱。我有一种预感,但也不敢肯定,就是当今的"两暗"与以前的"两云"很相像,很可能最后出来的东西不是暗能量。所以,两暗的问题很有挑战性。

第三大难题是生命奥秘。虽然现在的生物学已经有了非常大的进展,我们已经把人体的**DNA**解读出来了,但是我觉得,想弄清楚生命究竟怎样运作,恐怕还有一段很长的路要走。当然**DNA**的解读是一个里程碑式的成果,但这只是开始。

第四大难题是自我意识。自我意识就是人的自我究竟是什么东西?我曾写过一篇文章,章名叫《雨伞·包袱·我》,讲了一个故事:有位老和尚叫小和尚去云游,给了他一把雨伞遮蔽风雨,给了他一个包袱存放零用的物品,然后嘱咐他:"你不要弄丢了!"那位小和尚有点痴呆,老和尚就教他念口诀:"雨伞、包袱、我""雨伞、包袱、我"……后来小和尚跌了一跤,爬起来,看看手中雨伞还在,摸摸背上包袱也在,就是找不到"我"!于是,他大哭,一个路人问他为何哭?小和尚说,他把"我"丢了!那人摸摸他的光头说:"这不就是你吗?"他恍然大悟,破涕为笑。我就用这个例子开头,说明"什么是我?""我"有很多层次:第一个层次就是小和尚的那个"我",所谓臭皮囊,但是这个臭皮囊并不是真正的"我",人体的原子和分子,每一年都有一半以上被更新掉,如果这个臭皮囊是"我"的话,岂不是"我已非我"了吗?第二个层次是基因,当克隆羊"多莉"出生以后,很多人说:那可不得了,如果他们用我的基因复制出人,岂不是造出另一个"我"来了吗?不对!真正复制出的，只不过是一个你的形体，与你的生理相同，但心理不一样。最后一个层次是心灵，即自我意识，这到底是什么东西？我最近在美国看了很多资料，到现在为止，没有一个人能对自我意识说得出道道来，很多著名的脑神经科学家都认为，自我意识究竟是什么还没有一个人知道。

我有时候几乎后悔我自己出身过早,以致不能知道将要发生的新事物。

——富兰克林

·杨振宁·

创新与教育哲学

两百多年前,美国科学家富兰克林曾经讲过这样一句话:将来人类的知识将会大大增长。想不到今天我们的新发明将会屡屡出现,我有时候几乎后悔自己出生过早,以致不能知道将要发生的新事物。

我坐下来想一想,他所讲的新事物,包括些什么呢?我可以随手列出一个很长很长的单子:火车、轮船、飞机、高楼、升降机、自来水、电话、电灯、电影、电视、手提电话、光纤、计算机、胰岛素、器官移植、心脏搭桥、原子弹、核能发电、人造卫星……几乎无穷无尽。

为什么能够在这两百年产生这么多的新事物呢?原因很简单,归根到底,是因为工业的发展大大增长了人类的生产力。这个变化是一个非常惊人的事情。

作者杨振宁系著名物理学家。1922 年生于中国安徽。1942 年毕业于西南联合大学。1944 年获清华大学理学硕士学位。1948 年获美国芝加哥大学物理学博士学位。关于弱相互作用中宇称不守恒定律的提出,他和李政道共获 1957 年诺贝尔物理学奖。除了在物理学的一系列创造性贡献和为中国科技、人才培养的重大贡献外,还致力于探索创新动力、科学美感、科学哲学等人类文明。本文是作者 1999 年 12 月作的一个报告之节选。

我可以随便举个例子。100 年以前,世界的农业人口占人口总数的 80% 以上,今天,美国的农业人口,只占全国人口的 1% 到 2% ,他们生产出来的成果,不仅可以供全美国人食用,还可以出口到世界各地去。

我再可以举个例子。1998 年《财富》杂志说,近 30 年来新成立的科技公司的总资产,已经接近 1 万亿美元,而这个增长速度还在与日俱增。所以,我们可以想一想,这 200 年尤其是近 100 年、50 年来,世界是由三个互相关联的环节推动着前进的:一个是科学,科学带动了工业;一个是工业,工业则带动了经济;再一个是经济,经济的发展反过来又促进了科学的发展。工业发展过程中提出来的问题、题目,由科学家来研究解决。科学研究也可以直接促进经济的发展,如 20 世纪发展出来的统计学,对农业、工业、医学等都有决定性影响,当然经济的发展也可以使得更多的投资在工业。科学、工业、经济这三个互相连锁的因素,是近代世界发展的总的趋势。照这个趋势发展下去,对将来的世界会产生什么影响,今天很难讲。比如说,前些时候我在报纸上看到了一个很惊人的消息:有生物学家估计,到 2050 年,人类的平均寿命可能增长到 150 岁。我不知道将来是否会发生这样的事情。我想很多人可能会同意我的想法,就是希望这件事情不要发生。因为这件事情如果发生,对整个世界不可想象的影响实在是太大了。

我们再看看过去 50 年的发展,就会得出另一个重要的结论,就是从基本原理转变为工业的速度在这 50 年尤其是近二三十年大大增加。我可以举出半导体方面的例子,有名的“摩尔定律”在 1965 年提出:芯片的容量每 18 个月就要加倍。1971 年,一个芯片上差不多有 3000 个晶体管,但到去年就已经有 10 的 7 次方个晶体管在一个芯片上,而且没有人知道这个发展的极限在哪里。我们现在可以得出的结论是:更新的事物将会层出不穷,一些今天不容易梦想到的东西不久将会变成事实;人类的生产力将会大大提高,自然科学将会更蓬勃的发展;科学、工业、经济的连锁发展将会持续下去。我想这些都是我们今天可以有很大的自信心讲的话。

在这种情形之下,对于每一个人、每一所学校、每一个国家,都会立刻产生这样一个问题,就是你是多用“科”,还是多用“技”?我们知道,全世界每一个国家都有“科技部”,科技部既要管“科”,也要管“技”,问题是对“科”多注进一点资源,还是对“技”多注进一点资源。这是一个非常复杂的问题。对个人、学校、国家,都会是一个非常困扰的问题。

1921 年 4 月,爱因斯坦第一次到了美国,准备到爱迪生的机构去做研究,抵美后受到盛大欢迎。他到波士顿的时候,有一个记者给了他一张纸,上边有一系列实际的问题,包括谁发明“对数”?美国哪一座城市制造最多的洗衣机?纽约到水牛城有多远?声音的速度是多少?……因为爱迪生对每一个要聘用的人都会进行考试,问的就是这一类题目,所以记者就先拿这些题目来考一考爱因斯坦,结果爱因斯坦完全不合格。这个故事要描述的是爱迪生和爱因斯坦这两个人,他们的着眼点不一样,价值观不一样,所以会发生刚才那个故事。这是一个真的故事。对“科”与“技”的重要性,哪一个更重要一些,这个问题其实没法给出一个简单的回答。

今天,大家在讲科技的时候都要讲创新,“创新”在中国已经是一个非常流行的名词,在报上经常都可以看到。究竟怎样才可鼓励创新呢?这又是一个非常复杂的问题。在这个问题上,我个人有深深的感受。因为我是在中国出生、成长,念完了中学、大学,还拿到了一个硕士学位之后才到美国去的;博士学位是在美国拿的,然后做研究、教书,到现在已经 50 多年。我觉得自己对中国、美国的教育哲学都有相当深入的认识。这两个教育哲学是相当不一样的,而这两个不同的教育哲学在怎样鼓励创新这件事情上的差异,是值得我们深思的。到底这两种教育哲学哪个好、哪个不好?这是一个非常复杂的问题,得用辩证的方法来仔细了解。我认为这两种教育哲学都能够鼓励创新,不过它们各自对不同类型的学生产生的最大效应是不一样的。我觉得,美国的教育哲学对排在前面的30%至40%的学生是有益的,因为这些学生不需要按部就班地训练,他们可以跳跃式学习,给了他们自由,他们可以自己发展出很多东西。当然,他们的知识不可避免地会有很多漏洞,但如果真是很聪明的话,将来他们自己可以弥补这些漏洞。所以这些学生受到美国式的教育训练,会发展得比较快、比较容易成功。可是,亚洲的教育哲学对排在后面的30%至40%的学生较有益处,为什么呢?因为这些学生通过按部就班地训练,可以成才,而且成才之后可以跟比他们聪明的人竞争,因为他们有扎扎实实的知识,可以了解很多不是几天就可以学会的东西。

究竟哪一种教育哲学比较好呢?或者说,对于学生来讲,应该着重哪一种哲学?我最后得出的结论是:如果你在讨论的是一名美国学生,那就要鼓励他多学一些有规则的训练;如果讨论的是一名亚洲学生,他的教育是从亚洲开始的,那就需要多鼓励他去挑战权威,以免他永远太胆怯。

杨振宇和李政道在诺贝尔物理学奖颁奖仪式中(1957年)

那么,如果你要问这样一个问题,中国血统的科学工作者在世界所有不同的科目里头,哪些科目可以最先达到领先的地位?这可以很容易地回答:数学是最先的。华罗庚、陈省身,毫无问题在40年代就已经达到世界的最前线。其次是理论物理学,到了50年代,华裔的理论物理学者也达到了最前线。那时,如果看最重要的生物科学的杂志,那上面中国学者写的文章是很少的,可是到今天,中国人的名字在这些杂志上已屡见不鲜了。

这里面是什么原因呢?其实道理也很简单,因为数学跟理论物理学比较简单。我们学物理的人很聪明,专门选能够解决的问题去解决。而人的身上可能发生的病可以有好几百种,所以选题很难。数学和物理学是非常深奥,但是可以单刀直入,所以如果是非常聪明的小孩,你给了他方向以后,他可以非常快地一下子就达到最前线。所以,数学最先成功,理论物理学最先成功,然后是实验物理学,后面才轮到生物学。

有位新闻记者问我:杨教授,你觉得华裔的学者什么时候才能够得到生物学的诺贝尔奖?我说,我有信心10年之内可以得到。到现在,最少已经有5位华裔的生物学家被提名过诺贝尔奖。

那位记者问我的第二个问题是,在中国本土上的中国学者能拿到诺贝尔奖又是什么时候呢?这个问题比较复杂。因为里面有一个很重要的问题是经费的限制,今天中国的科研经费比起20年以前已经有大大地增长,比起50年前更是天文数字的增长,可是比起先进国家还是差很远。这是第一个困难原因。第二个困难是,这还需要有传统,这传统不是一天两天、一年两年甚至10年20年可以建立起来的。因为这些困难,所以到今天还没有一个在中国本土上的学者得到诺贝尔的科学奖。但我跟那位新闻记者说,我相信四五十年内,这件事一定会发生。

经济发展必须有利于资源的持续利用，有利于生态系统的良性循环，绝不能以浪费资源和破坏生态环境为代价。

——朱镕基

·珍·古道尔·

每个人的力量

人类面临的首要危害将是自身的冷漠。对于还生活在贫困和无知中的人，我们很难指望他们去为了拯救世界而花费思量。而对于能够阅读这份杂志（指《时代》周刊）的人来说，情形就不尽相同了，我们有能力为保护地球作出贡献。

可能，你已经为势单力薄之感所屈服。你只是六十亿地球人中的一分子，你的行为怎能奏效？于是你说，把这项任务交给决策

本文作者珍·古道尔1934年4月3日生于伦敦，在英格兰南部的伯恩茅斯长大。自60年代起，她开始在坦葛尼喀（现在的坦桑尼亚）的冈比研究野生黑猩猩，后获得剑桥大学个体生态学博士学位。之后，为研究黑猩猩和狒狒，古道尔博士成立了冈比河研究中心。1975年，她又建立了致力于野生动物研究、教育和保护的珍·古道尔研究会，在全世界推进动物的研究工作。她的巨大贡献以及美国《国家地理》杂志为她拍摄的几部精彩的电影使她名扬四海。她为成人写过6本书，包括著名的《在人类的阴影下》。还曾获得过多次褒奖，包括在基础科学研究领域极负盛誉的**KYOTO**（京都）奖和国家地理学会的胡博奖，以奖励她在研究、探索和发现方面的突出贡献。本文是作者为美国《时代》周刊环境保护专辑撰写的文章，由江泽淳翻译。

者吧,而你自己就这样无所作为。

我们能够战胜这样的冷漠吗?

能,只要我们还抱有希望。存有希望的原因之一是因为我们看到了人类智能的非凡成就。一个世纪以前,波音747飞机、人类登月以及互联网这些构想还仅仅存在于科学幻想的王国中。然而现在,我们亲眼看见了它们,以及其他许多幻想的实现。最终,既然已经面临着可怕的环境污染,我们的智慧就开始为寻找技术上的解决途径而耕耘不辍了。但仅仅靠技术是远远不够的。我们要把身心投入。这一观念已经在全世界流行了起来。

拯救环境仅仅靠技术是远远不够的,珍·古道尔把全身心都投入了

就连曾以盈利和排污而闻名的企业也纷纷洗心革面。比如,一家名为 **Conoco** 的能源企业已与设在刚果的珍·古道尔研究所合作建立了一个黑猩猩收留站,用于收留父母亡故的黑猩猩。**Conoco** 公司在开采过程中应用最新技术把对环境的影响降到了最低限度。我是在得知这一信息后才与它建立这份联系的。许多其他企业也正致力于清洁能源、有机农业、低损耗灌溉等的研发。

原因之二是在人类帮助下大自然的恢复力。15年前,坦桑尼亚冈比国家公园外的森林已基本化为乌有,居民的数量超过了环境负荷量。珍·古道尔研究所发起了坦噶尼喀湖贮水重建森林及教育项目(**TACARE**),在公园周围的33个村庄很快作出有力响应。时至今日,那里的人们已通过树木看护、树林分块等可持续环保措施提高了生活质量。我们提供医疗服务,并主要为妇女开设计划生育及教育课程。随着文化水平的提高,他们的家族都不像以前那样庞大了。

尽管污染仍旧肆虐于世，进展还是有的。2002 年 5 月，我在加拿大看见了树林又重回 100 年来被镍矿开采毁坏了的山丘。社区的人们自己集资，并花了几个月的时间在发黑的岩石上洒石灰、种植被。我还在曾被污染过的清澈小溪中放入了第一尾北美溪鳟。

即使捍卫动物家园与获取经济利益发生冲突，我们仍能通过人工繁殖等保护措施给濒临灭绝的动物带来希望。中国台湾的一家公司曾计划建设一条高速运输线贯穿于现存最大的雉尾水雉养殖基地，遭到了强烈反对，然而这是经济上唯一可行的途径。结果环境学家和公司一道想出了解决办法——让养殖基地搬家。改道流入附近湿地的水被农民利用，恢复了合适的植被。2000 年，已有 5 对水雉在自己的新家孵出了后代，到了第二年我去访问时，迁居去那里的鸟就更多了。

然而我把最大的希望寄托于年轻人的精力与干劲上。珍·古道尔研究所发起的“根与芽”项目现已遍布 70 个国家（该项目的对象包括了从学龄前到大学生的年轻人）。这个项目的名称是有象征意义的：根与芽团结在一起就能冲破坚实的砖墙，恰如地球上的居民们团结一心，就能克服我们的困难一样。这 4000 余位青年人的组织正致力于河道清理、恢复草原湿地、种植树林、清除和回收垃圾等工作，并正在扩大他们的影响。

我们，生活在富裕社会却制造了多数环境污染的我们，是有着巨大能量的。作为消费者，我们可以不买那些污染超标企业的产品。有了互联网的帮助，曾感到势单力薄的人们也能够联系到与自己志同道合的民间团体，而不再感到孤单。

每当我注视着孩子们的眼睛，一种深深的羞耻感油然而生，因为我会想到从我小时候到现在，地球环境遭到了多么大的破坏！我们中的每个人必须从现在开始平抚这种创伤并保护还幸存着的一切。

从根本上说，只有我们独立自主的思考，才真正具有真理和生命。因为唯有它们才是我们反复领悟的东西。

·亚瑟·叔本华·

论独立思考

假如一个庞大的图书馆被弄得乱七八糟，其用途就不如一个小型然而井井有条的图书馆。同理，你可以积累丰富的知识；不过，你要记住，假若你对这些知识并不进行独自的深思熟虑，这些丰富的知识给你的价值，就比虽少量的知识却能让你获得的价值要小得多。因为只有当你把每一真理都同其他真理比较后，才会使你的知识有条不紊，你才可能真正占有你的知识，把它变为你自身的力量。你能够深思熟虑的仅仅是你所知道的东西，因而你应当主动学习；反过来说，你所能知道的也仅仅是那些你深思熟虑的东西。

本文作者亚瑟·叔本华（**Arthur Schopenhauer**，1788—1860）系德国哲学家。抛弃了德国古典哲学的思辨传统，力图从非理性方面来寻求新的出路，成了唯意志论哲学的创始人。认为人生就是一种痛苦，一个人所感受的痛苦与他的生存意志的深度成正比，生存意志越强，人就越痛苦。要摆脱痛苦的途径只有一条，就是抛弃欲求，否定生存意志。对人间的苦难甚为敏感，其人生观也带有强烈的悲观主义倾向。1818 年发表的《作为意志和表象的世界》奠定了其哲学体系。致力于柏拉图和康德著作的研究，蔑视黑格尔、费希特、谢林。其一生并不得志，直到晚年才享受到应得的荣誉。其一生一直处在独立思考之中，本文便是他对“独立思考”的思考。

人，就是指那些把思考看作与呼吸一样自然的人，而这类人其实是微乎其微。这就说明，为什么大多数学者也并不会思考。

亚瑟·叔本华

看来，你可以自觉地使自身投入读书和学习中。然而，实际上你不可能使自己完全投入思考：思考需要精心培植，就像火苗需要风扇助力一样。它需要对其本身的目的保持某种兴趣。这种兴趣，或是一种客观的兴趣，或是一种纯属主观的兴趣。后一种兴趣只可能关注影响我们个人的东西；而前一种兴趣只属于那些就其本性便愿意思考的。

大脑凭自身独立思考所产生的效果，与那些通过读书所产生的效果之间存在的差异，是非常非常之大的。所以，使人的心灵下决心思考与使人的另一部分心灵下决心读书这种根源性的差异，仍在继续扩大。这是在于，读书是强行在人的头脑中注入思想；这些思想在读书的时候，与人们心灵的情绪和指向是背道而驰的。这就如同印章在蜡块上打下其印记一样。心灵完全听凭外在的强制，毫无兴致地去思考这，思考那。相反，当独立思考时，心灵任随其自身的兴致。此时，思想更多的是被它周遭直接环境所决定，或由联想或由其他东西来决定。而可见的周遭直接环境并不像在读书时那样，向心灵强行注入某种单一的思想，它们只向心灵提供思考的契机和素材，让心灵按适应其本性和当下情绪的方式去思考。其结局是：大多数情形下，读书都会使人的心灵失却弹性，就像久压的弹簧一样。

所以，一个人若想在根本上绝不具有一点个人的见解，那么，最保险的方式，就是在你有空闲的时候立即拿起一本书。实际生活中这种情形的存在,正好说明,为何博学使大多数人变得迂腐和愚笨,还不如按他们的本性任其发展;而且,还使他们的写作失却所有生动活泼的感染力,正如普柏所说:“持续地读个不停,但自己的书却从没有人读。”

从根本上说,只有我们独立自主的思考,才真正具有真理和生命。因为唯有它们才是我们反复领悟的东西。他人的思想就像别人餐桌上的残羹,就像陌生客人落下的衣衫。

读书仅仅是独立思考的一个代用品,它意味着让他人引导你的思绪。于是,许多书的作用,假如你真要听它们引导的话,不过是告诉读者使你铸成大错的方式有多少,或者使你误入歧途的程度是如何的深。所以,只有当你自身的才志枯竭时,你才应去读书。其实,才志枯竭即便在仁人志士那里也是经常发生的事。

时常会有这样的情形发生,一个你凭独立思考缓慢和苦苦思索都不得其解的真理或洞见,会在某一天被你在一本已经写成的书上轻易地发现。但是,假若你是经由自己的独立思考达到这一点的话,那么,在更多的时候会更有价值。因为只有在此时,它才会作为一个内在部分和活生生的成员进入你思想的体系中,与你的思想结成完美和牢固的和谐,与它的其他推论和结论协调一致,带着你整个思维方式的色彩、印记,并在你所需要的时候随叫随到。因而可以说,它已经坚固和永远定居在你的心灵中。歌德诗歌中,对此有完美的运用,甚至作出完美的解释:那些你从父辈继承而来的东西,如果你想真正占有它的话,你必须首先通过自己去赢得它。

一种纯粹靠读书学来的真理,它与我们的关系,就像假肢、假牙、蜡鼻子或人工植皮。而由独立思考获得的真理就如我们天生的四肢:只有它们才属于我们。这就说明,为什么一位思想家和一位学者是截然不同的两码事。

那些终其一生于读书和靠书本获得智慧的人,就像那些凭旅行指南了解一个国度的人一样。他们可以对大量事物都采撷到一些信息,但在根本上,他们并不具有对该国度究竟如何的连贯、清晰并全面的知识。相反,那些毕其一生于思考的人就像那些亲自访问过该国度的人,唯有他们才真正地熟悉这个国度,具有关于它的连贯知识,而且才真正会在这个国度中流连忘返。

独立思考的人与常见的那种书本哲学家之间的关系,就像目击者和史学家之间的关系一样。前者所吐露的是他自身的直接经验。这就说明,为什么独立思考的人之间,他们的观点会在根本上都是一致的,他们的差异仅仅是出自各自看问题的角度不一样,毕竟他们所表达的只是客观上领悟的东西。相反,书本哲学家们所报告的或是作者所说的东西,或是作者所思考的东西,或是他人反对的东西,等等。而独立思考者则要比较、掂量、批评这些陈述,进而找到问题的真理所在。由此看来,实际上他们仅是酷似具有批评眼力的史学家。

纯粹经验与思考的关系,就像进食与消化的关系一样。当经验夸口说,唯有通过它的发现,人类知识才会有所发展时,就如同口腔夸口说只有它维护着身体的活力。

总之,只有那些从一开始就是由你内心指导而进行的思考,才具有价值。思想家可以被分成以下两种情形:那些由其自己内心的指导而进行思考的思想家,和那些受他人指导而进行思考的思想家。前者是真正的为其自身的思想家,他们是真正的哲学家,他们内心之中本身就充满了热情,他们生存的快乐和幸福全在思考活动之中。后者则是雄辩家,他们把自己表现为思想家,进而从他们企求自他人那儿得来的东西中去寻找幸福,这就是他们渴望的东西。一个人,究竟属于哪一种类型的思想家,可以从他整个的风格和气质中很快地看出来。

李希腾堡是前一类型之典型,而赫尔德则是后一类型之代表。

精神产品要受到赞扬,其命运往往不幸。它必须要等待那些本身只能写点低劣作品的人,来吹捧它高尚。一般说来,它必须从人类的判断力手中，接过自己的皇冠；就像宫人无生殖能力一样，这样的判断力，对大多数人来说，也的确是微乎其微。他们并不懂得如何识别真假良莠，如何辨认真金与黄铜。他们感受不到平庸和超凡脱俗之间的巨大差异。没有人独持己见，大家都是人云亦云。这是超凡脱俗之人难以发现的口实，也是平庸之辈尽力让不寻常之人脱颖冒尖的伎俩。其结果，就造成了一句古老诗歌听说的那种退化现象：大地上，哪有伟人的宿命？他们不再生存，人们不欣赏他们。

一旦有真诚和优异的大作问世，它首先面临的是，它的前进道路上，充斥了不少低劣的作品，而且这些作品还被人们看作是杰作，它费尽口舌拼命为自己争得一席地位，并参与到时髦的潮流中去。不需多久，它很快就被人世间涌现出的那些矫揉造作、头脑简单、粗俗不堪的模仿者所淹没，这样，它就不可能顺利地进入天才的殿堂之中。由于看不出它们之间有什么区别，甚至原作者也严肃地认为这些模仿者同他一样都是伟大的作家。正是出于这个原因，伊阿特遂用这样的诗句引出了他著名的 28 个文学寓言：在任何时候，那些庸俗的大众，总是良莠不分、黑白颠倒。

莎士比亚一去世，他的戏剧就让位于本・琼生、马辛杰、鲍蒙特以及弗莱彻，而且，100 多年来都一直拜倒在这些人的门下。同样，康德一丝不苟的哲学思考，却被费希特这个骗子，谢林这个变色龙，雅各比那唬人和虚假的胡说，以及最后发展到黑格尔这个纯粹无赖等人所取代。黑格尔还被人们抬高到一个比康德高得多的地位。即便在那些大多数人都熟悉的领域，我们也发现，瓦尔特・司各特先生这个无与伦比的大师，被那些一钱不值的模仿者很快就踢在一边了。这就在于，任何地方的公众都不能感受出那些优异的东西，因而要感受那些在诗歌、艺术和哲学领域的成就，其人数就微乎其微了。而这些领域的著述，才值得我们特地注意。所以贺拉斯说：上帝、人类、甚至大街上的广告牌，都不允许诗人成为一个平庸之辈。

那些缺乏正确判断的可悲情形,充分表现在科学领域,表现在那些错误的和被人拒斥的理论的苟延残喘中。一旦这些理论被人们接受后,它便会阻扼真理达50年或数百年之久,就像石头筑起的堤坝对海浪的制止一样。哥白尼甚至在时光流逝了近百年后,还没有取托勒玫而代之;培根、笛卡尔、洛克,在开辟自己的道路时,花了极为缓慢和漫长的时间(这一点,我们只需要一读达朗贝尔为《百科全书》撰写的《前言》就行了)。牛顿也复如是。人们可以看一看莱布尼茨在与克拉克争论时,是怎样对牛顿的引力体系报以仇视与轻蔑。虽然牛顿在他的《自然哲学的数学原理》一书出版后还活了40年,但其理论是在他临死时才受到一部分人青睐的,而且还只是在英格兰;在英国之外的地方,照伏尔泰对其理论的描述看,其追随者不过20人。正是由于伏尔泰的这篇描述的缘由,牛顿的理论才在他死了20年后在法国得到人们的承认。当时,法国人正坚定、顽强以及充满爱国情怀地沉醉于笛卡尔的旋流中。而就在40年前,法国的学校对笛卡尔哲学却是完全禁止的。不过,达热苏司法官仍不给伏尔泰以阐述牛顿学说的出版权。相反,牛顿提出的荒诞不经的光学理论,在歌德光学理论问世了40年后,仍在这个研究领域居于至高无上的霸主地位。虽然休谟笔耕甚早而且完全以通俗的笔调写作,然而,他在50岁之前,却无人注意或被人重视。康德毕生都在写作和教学,然而,他在60岁后方有声名。艺术家和诗人的园地,多少比思想家的宽广一点,因为他们的读者群要多至百倍。不过,在莫扎特、贝多芬有生之年,公众又是怎样对待他们的呢? 人们是怎样对待但丁,是怎样对待莎士比亚的呢? 如果莎翁的同时代人多少看重他的一点价值,那么,在那样一个绘画业空前繁荣的时代,至少会给我们留下一幅描绘他的杰出和可信赖的画像! 而现在,只留下一些非常使人怀疑其真实性的画像,以及一幅十分拙劣的铜版雕刻,还有在他墓台上的那幅最糟糕的半身像。

这样缺乏判断的可悲情形，还在于这样的事实：每一时代，早先时代的优秀作品无疑都受到赞扬，而其本身时代的东西都无人赏识。本应倾注在这些作品上的力量，却花费在那些低劣的粗制滥造之物上。于是，当货真价实的东西在它本身的时代出现后，人们认可它是非常迟缓的。

不论是在科学中、在哲学中还是在艺术中，一切可能对人类有帮助的经验，必须能够用人类的表达方式来加以传达，而且，正是在这种基础上，我们来处理知识“统一性”的问题。

·尼尔斯·玻尔·

人类知识的统一性

这一话题就像人类文明本身一样古老。但是，在我们的年代，随着学术研究和社会活动与日俱增的专门化，这一问题却重新引起了人们的注意。人文学家们和科学家们对人类问题采取着明显不同的处理方式；对于由这些处理方式所引起的广泛混乱，人们从各方面表示了关切。与此有关，人们甚至谈论着现代社会中的文化裂痕。但是，我们一定不要忘记，我们是生活在很多知识领域都在迅速发展的时代，这就常使我们想起欧洲文艺复兴的

本文作者尼尔斯·玻尔（**Niels Henrik David Bohr**，1885—1962）系丹麦物理学家。生于哥本哈根。1911 年获博士学位。1911 年至 1916 年赴英国深造，回国后任哥本哈根大学理论物理学教授。1938 年、1943 年两度到美国，与爱因斯坦一起研究原子理论，参与了与原子弹有关理论的研讨。50 年代对创建欧洲核子研究中心起过主要作用。曾于 1937 年到中国讲学。作为量子力学创始人之一，也是哥本哈根学派领袖，其主要学术贡献在于通过引入量子化条件，提出了“玻尔模型”以解释氢原子光谱；提出“互补原理”来解释量子力学，并于 1922 年获诺贝尔物理学奖，还获得第一次原子能和平利用奖。主要著作有《光谱与原子结构理论》等。本文阐述了他对人类知识的整体看法：科学知识与人文知识均为人类文明的产物；不论是在科学中、在哲学中还是在艺术中，一切可能对人类有帮助的经验，必须能够用人类的表达方式来加以传达，以体现人类知识的“统一性”。

时代。

不论当时对于从中世纪世界观中解脱出来感到多么困难，所谓“科学革命”的成果现在却肯定成了普通文化背景的一部分。在20世纪中，各门科学的巨大进步不但大大推动了技术和医学的前进，而且同时也在关于我们作为自然观察者的地位问题上给了我们以出人意料的教益。谈到自然界，我们自己也是它的一部分呢，这种发展绝不意味着人文学科与物理科学的分裂，它也带来了对于我们对待普通人类问题的态度极为重要的消息。正如我要试图指明的，这种消息给知识的“统一性”这一古老问题提供了新的远景。

尼尔斯·玻尔

在原子物理学中，我们关心的是无比准确的规律性；在这里，只有将实验条件的明白论述包括在现象的说明中，才能得到客观的描述；这一事实以一种新颖的方式强调着知识与我们提问题的可能性之间的不可分离性。我们在这儿涉及的是一般认识论的教益，它阐明了我们在许多其他的人类兴趣领域中所处的地位。

特别说来，所谓心理经验的分析和综合的条件，一直是哲学中的一个重要问题。很明显涉及一些互斥经验的字眼儿，例如“思想”和“情感”之类。从刚刚开始有语言时，它们就以一种典型的互补方式被应用了。然而，在这方面，需要特别注意主体与客体的分界线。关于我们的精神状态和精神活动的任何无歧义的传达，当然就蕴含我们的意识内容和粗略地称为“我们自己”的那一背景之间的一种区分。但是，详尽无遗地描述意识生活之丰富性的任何期盼，都在不同形势下要求我们划定主体与客体之间的界限。

为了阐明这一重要论点，我打算引用丹麦诗人和哲学家保罗·马丁·摩勒的话。他生活在大约一百年以前，并留下了一本未完成的小说，这本小说至今还被本国的年老一代、同样也被年轻一代很愉快地阅读着。在他的叫作《一位丹麦大学生的奇遇记》的小说中，对于我们所处地位的不同方面之间的相互影响给出了特别生动和特别有启发性的说明；该小说是以一群大学生之间的讨论作为例证的，那些大学生有着不同的性格和对待生活的不同的态度。

我将特别提到小说中两位堂兄弟之间的交谈。其中一位对实际事务是精明强干的，属于当时乃至现在的大学生们所说的“实利主义者”的类型，而另一位叫作“硕士”的，却热衷于对他的社交活动有着很不利的那些漫无边际的哲学冥想。当“实利主义者”责备“硕士”，说他没有能够下定决心来利用他的朋友们好心好意提供他的一个实际工作的机会时，可怜的“硕士”极诚恳地表示了歉意，他坦诚地解释了他的思考——使它遭遇到的那些困难。他说：

> 我的无休止的追问使我不能得到任何成就。而且，我开始想到我自己的关于发现自己所处的那种状况的想法。我甚至想到我在想它，并把我自己分成相互考虑的后退着的“我”的无限序列。我不知道停止在哪一个“我”上来将它看成实际的我。而且，我一经停止于某一个“我”上，事实上就又有一个停止于其上的“我”了，我搞糊涂了，并且感到晕头转向，就如我低头注视着一个无底的深渊一样，而我的沉思终于造成了可怕的头疼。

而他的堂兄弟则回答说：

> 我无论如何不能帮助你搞清楚你那些“我”。那完全是在我的活动范围以外的事。而且,如果我让自己进入你那些超人的冥想,我也就会成为或变得像你一样疯疯癫癫了。我的路线是抓紧那些看得见摸得着的东西,并且沿着常识的康庄大道前进。因此,我的那些“我”从不会纠缠起来。

完全撇开讲这个故事时的那种精致的幽默不谈,要想比这个更贴切地说明我们大家都会遇到的那种状况的各个本质方面,那肯定是不容易的。幸好,在正常生活中,陷入“硕士”那种可悲境地的危险是很小的;在正常生活中,我们逐渐变得习惯于应付实际需要,并学会用普通语言来传达我们需要的是什么,我们想的又是什么。在这种调节中,严肃和幽默之间的平衡起着不小的作用;这种平衡在儿童游戏中倒非常突出,而在成年人的生活中也同样是可以觉察到的。

当转入多少年来被哲学家们讨论过的“意志自由”问题时,必须特别注意使用“沉思”和“决心”之类的字眼时的那种互补方式。即使我们无法说,是由于我们推测自己能做某件事情因而才愿意去做呢,还是由于我们愿意做,从而才能做成这件事。但是,我们可以说,能够尽可能好地适应环境的那种感觉,乃是一种普通的人类经验。事实上,“决心”这个概念在人类的思想传达中起着不可缺少的作用,就如“希望”和“责任”之类的字眼一样;脱离了应用这些字眼时的上下文,“希望”和“责任”等字眼同样是不可定义的。

说明意识生活时的主体与客体分界线的可变动性,是和一种经验的丰富相对应的,这些经验是如此五花八门,以致引起了不同的处理方式。至于我们关于他人的知识,我们当然只看到他们的行为,但是我们必须意识到,当这种行为是如此复杂,以致在用普通语言说明它时要涉及自身知觉时,“意识”一词就是不可避免的了。然而,事情很显然,对于最终主体的一切追求都是与客观描述的目的相矛盾的,这种描述要求主体与客体处于面对面的地位。

这样的考虑绝无导致对于灵感的任何低估,这种灵感是伟大的艺术创作通过指出我们地位中那种谐调的整体性的一些特点而提供给我们的。事实上,当在越来越大的程度上放弃逻辑分析而允许弹奏全部的感情之弦时,诗、画与乐就包含着沟通一些极端方式的可能性,那些极端方式常被表征为实用的神秘主义的,等等。相反地,古印度的思想家们,就已经理解了对这种整体性作出详尽无遗的描述时的逻辑困难。特别说来,通过强调指出要求回答存在的意义问题乃是徒劳无益的,他们设法避免了生活中明显的不协调性;他们懂得,“意义”一词的任何应用都蕴含比较,而我们又能把整个的存在与什么相比较呢?

我们这种论证的目的在于强调:不论是在科学中、在哲学中还是在艺术中,一切可能对人类有帮助的经验,必须能够用人类的表达方式来加以传达。而且,正是在这种基础上,我们有望处理知识“统一性”的问题。因此,面对着多种多样的文化发展,我们就可以探寻一切文明中生根于人类共同状况中的那些特点。尤其是认识到,个人在社会中的地位本身,就显示着多样化的、往往是互斥的一些方面。

当处理所谓伦理价值的基础这一古老问题时,我们首先就得问问像“正义”和“仁慈”之类的概念的适用范围是什么。这些概念的尽可能密切的结合,在一切人类社会中都是被希求着的。但是,很显然,在可以明确地应用被公认了的司法条款的情况下,是没有自由地表现仁慈的余地的。但是,正如著名的希腊悲剧家们所特别强调的那样,恻隐之心是可以使每一个人和任何简明表述的正义概念发生冲突的。我们在这里面临着人类地位所固有的和令人难忘的表现在古代中国哲学中的一些互补关系;那种哲学提醒我们,在生存大戏剧中,我们自己既是演员又是观众。

在比较不同的民族文化时,我们就遇到依照一个民族的传统来评价另一个民族的文化的特殊困难。事实上,每一种文化所固有的自足性的要素,都密切地对应着作为生物机体中任一物种之特征的自卫本能。然而,在这方面,重要的在于意识到这一事实:以由历史事件哺育成的传统为基础的各种文化,其互斥特征是不能与在物理学、心理学以及伦理学中所遇到的那些特征直接相比的。这里,我们处理的是人类共同状况的内禀特点。

事实上,正如在欧洲史中特别明显地表示出来的,民族之间的接触往往造成文化的融合,而融合后的文化仍保存着原有民族传统的有价值的要素。在这次会议上,关于如何弥补所谓“现代社会中的文化裂痕”的问题,吸引了很大的注意力。归根结底,这问题就是一个更狭义的教育问题。对待这一问题的态度,不但需要知识,我想每个人都会同意的是还需要某种幽默。当然,最重要的任务还是要在有着不同文化背景的民族之间能够相互理解。

事实上,科学和技术在现时的快速进步,带来了提高人类福祉的无比希望,同时也带来了对全人类安全的严重威胁,这种进步对我们的整个文明提出了迫切的挑战。当然,知识与潜力的每一次拓展,总是带来更大的责任。在目前的时刻,当所有人的命运已经不可分割地联系起来时,以了解人类共同地位之每一方面为基础的相互信赖的合作,就比在人类历史中的任何较早时期都更加有必要了。

我的朋友，一切理论都是灰色的，
而生命之金树常青。

——歌德：《浮士德》

·帕格尔斯·

宇宙密码

宇宙是什么？它是一部使我们都成为非自愿演员的巨幅三维电影，是天地一场莫大的玩笑，是一台巨型计算机，是上苍的一件艺术作品，抑或仅是一次实验？试图理解宇宙时所遇到的问题，在于我们没有一种可以同宇宙作对比的东西。

我不知道宇宙是什么，也不知道它是否有什么目的，但是同多数物理学家一样，我得找个什么方法去思考它。爱因斯坦认为，把我们人类的需要反映在宇宙上是错误的，因为他觉得宇宙同那些需要毫不相干。史蒂文·温伯格同意这个观点，他说："我们对宇宙知道得越多，就越能证明它是无目标和无用意的。"正像格特鲁德·斯坦因的玫瑰花一样①，宇宙是什么就是什么就是什么。但它究竟是什么呢？这个问题总是萦绕脑海，摆脱不掉。

我认为，宇宙是用密码写成的信息，是一种宇宙密码，而科学

本文选自美国物理学家、科普作家海因茨·**R**·帕格尔斯（**Heinz R. Pagels**，1939—1988）著、郭竹第译的《宇宙密码》第三部分第二章，上海教育出版社1989年8月版。

① 格特鲁德·斯坦因（1874—1946），美国女作家。她曾写过一句话："玫瑰花就是玫瑰花就是玫瑰花。"这种表达方式常被用来说明无法解释的事物。如本书作者所写："宇宙是什么就是什么就是什么。"

家的任务就是去破译这种密码。把宇宙看成信息的想法由来已久,可以追溯到希腊时代。然而,它的现代说法是英国经验主义者弗朗西斯·培根提出的。他认为世上有两类启示录:第一类启示录是以经文和传统形式传给我们的,多少世纪以来指导着我们的思想;第二类启示录是宇宙给予我们的,而这本书我们还刚刚开始读。这本书里的文句都是物理学的法则,即我们经验中的那些已确认为定理的不变性。如果说有那样一些人,通过诵读《圣经》宣称他们改信宗教,那么我要指出,大自然这本书也有它的皈依者。他们也许不如宗教皈依者那么相信福音,但他们都深信宇宙秩序是存在的,而且是可知的。

许多科学家都写过关于各自接触宇宙密码的最初体会,即关于超越直接经验之外的一种秩序的想法。在青年时期的最初几年里,当一个人情感与求知欲相结合而渐趋成熟时,常常会有这种体会。爱因斯坦说,他在那种岁数上从宗教信仰向宇宙科学观的转变,改变了他的一生。牛顿一生中持有非正统的宗教观点,可是他也想象有一种宇宙密码,对他来说,宇宙是一个难解的非凡的谜。原子物理学家 **I. I.** 拉比告诉我,他开始变得对科学感兴趣,是从他在某个图书馆里借出几本关于天体运动的书籍之时,他觉得很奇怪,怎么人的头脑能认识那么多不是出自头脑本身想象的东西。我回忆自己十几岁时,读了爱因斯坦的自传、乔治·伽莫夫的《从一到无穷大》和塞利格·赫克特的《原子探测》,从而下决心要成为一名物理学家。我认为,除了把自己的智慧和精力贡献给探索宇宙之谜外,没有别的事是我立志要完成的。对我来说,物理学是探索空间、时间和物质起始与终结的科学,这正符合我的抱负。

如果我们接受"所谓宇宙就是科学家们读的一本书"这种想法,那我们就应该考察一下,阅读这本书如何影响着人类文明。科学家们在我们的社会、政治和经济发展中,使用了一种新的,也许是最主要的力量。通过对宇宙结构的认识,科学家们发明了新的技术设备,从根本上改变着我们生活的世界。这些新知识的特点是，它们来源于人类社会团体之外，来源于物质的宇宙本身。相反，文学、艺术、法律、政治，甚至科学研究的方法，都是我们人类创造的。但我们不曾创造宇宙，不曾创造人体的化学元素、原子或电磁波，而这些东西的发现对我们的生活和历史，有着深远的影响。从宇宙的建筑结构中发现的宇宙密码，是否有可能成为历史变革的真正纲领呢?

阿诺德·汤因比①说过，每种文明都是对某种挑战的反应。罗马人受到的挑战是如何维持其对广大帝国的统治，而其反应是创立了近代的国家形式。同样，埃及人对尼罗河环境的挑战所采取的对策，是发明了一整套完善的灌溉系统，并设立一套政治机构去管理它。人类文明最主要的挑战，就是如何去掌握宇宙密码中已发现的内容。科学在宇宙中已发现的那些力，足以毁灭人类，但也可能提供给人类新的和更完美的生存基础。对这种挑战我们将如何作出反应，谁也搞不明白。但我们已经清楚地读出了宇宙密码中的那些词句，它们或者使我们的生存走向末日，或者恰好相反，使人类在宇宙中获得重生。

有一次，我对一位印度朋友抱怨说，印度次大陆的贫穷、无知和无望，是印度宗教和哲学信仰造成的后果，抑或与该说法的因果关系正好相反？我的那位朋友回答说："有些印度知识分子认为，西方的那些使千百万人丧生的大规模战争，是西方哲学、科学和技术造成的后果。"我们关于能使星球燃烧的宇宙能量、光和电子穿越物质的运动和作为生命的生物基础的复杂分子秩序等的知识，给人类文明带来了挑战。必须创造一种精神的和政治的秩序来对付这种挑战，即适应这些力，否则人类就会被毁灭。这就是对我们的理智对策和怜悯心肠的深刻考验。

我们近期的新认识还提供了丰富而复杂的，且往往又是混乱的机会。或许会感到，我们是在练习作自由选择。然而，选择本身

① 阿诺德·汤因比(Arnold Joseph Toynbee,1889—1975),英国历史学家。

却被现代科学规定得越来越清楚的范围所限制。许多人都把宇宙、世界和人类生活的条件看成是科学的产物,而不是看作科学的发现。这种理解导致一种疏远技术世界的情感。

1965 年,我同朋友们散步穿过波士顿公园时,遇到一位老妇人,她的两眼明亮且有神,穿着一身手工缝制的连衣裙。她是诗人,是一位反对使用机器的小团体的成员(他们写字使用羽茎笔)。这位妇人告诉我说,她的小组织仍然相信人的精神,但他们看到这种精神已被现代生活和技术腐化了。她解释说,大约在 300 年以前,一种魔鬼的精神(这是一种对人类有害的精神)来到这个地球上,开始毁坏人类。当哲学家、科学家和社会、政治领袖中最优秀人物的心灵被它俘虏以后,敌对情绪就产生了。这些科学、技术和工业化的魔鬼,很快就肆无忌惮地遍布大地。我联想起另一位诗人威廉·布雷克,他曾为牛顿的盲目性感到惋惜。这位妇人接着说:征服是全面的,但尚不彻底,还有很少一些人在坚持着,以抵制最终的崩溃。

这妇人问我是干什么的。当我说我是物理学者时,她用恐怖的眼光瞧了我一眼。她心里一定在想:此人也是“他们”中的一员,是仇敌。我感到我们之间裂开了一道深渊。一年之后,反文化运动在美国活跃起来,反对科学的新的抗争也展开了。

数年之后,我同一位精神上受了刺激的青年谈过话。他非常焦虑地向我描述外星来客如何侵犯了地球:这些外来者以精神实体形式出现,存在于人的头脑之中,通过科学技术的发明创造控制了人类。这类外来者最终将以巨型计算机的形式独立存在,而不再需要人类,这将标志着外来者的胜利和人类末日的到来。很快,这位青年就被送进医院去了,因为他无法摆脱这种可怕的幻觉。

那位老诗人和那位青年,都认为科学技术来自人类经验的王国“之外”,这样理解是对的。他们对感性知觉很敏锐,而我们大多数人却抑制这种知觉。在我们“身外”的是什么呢?就是作为物质启示录的宇宙,就是我称之为“宇宙密码”的信息,而这些信息如今规划着人类社会和经济的发展。在同身外世界的这种接触中,科学家们读着宇宙密码,并已深入到宇宙的不可见的结构中去了,这可能被认为是最可怕的。我们生活在一次物理革命之后的时代里,这次革命可与哥白尼推翻“人类中心说”相提并论,它始于 20 世纪开头几十年创立相对论和量子力学理论之时,并已使得许多受过教育的人都落后了。以其所研究之现象的本质来看,科学已逐渐变得抽象了。宇宙密码已变得不可见了。不可见的东西影响着可见的东西。

科学带给人类生活方式的不可逆转的变化,是一种深刻的干扰。但是,由于它同人们的关系太密切了,所以多数人反而看不到这一点。我们好多人生活在有几百万人口的大城市里,而在几个世纪之前,由于食品供应和疾病控制等方面的问题,这类城市根本不可能存在。我们接受技术成果,把它们看作我们生活结构的一部分,因为我们的生存需要它们。技术专家和科学家们向我们担保这些技术是没有问题的,因为有理性规则可循。但另一些人,例如那位诗人,则视理性为魔鬼的工具——毁坏生活、败坏纯真信仰的工具。他们把科学家看成是人类自由精神的摧残者,而科学家则认为这类诗人同盟是无视人类生存的物质需求者。我们之间的区别来自人类生活的不同源泉,即有人认为直观和感受是第一位的,而有人则认为知识和理性是第一位的。两种冲动都存在于我们每个人身上。但是,有时两者不能有效地共存,结果就造成了不完善的人。

在 13 世纪时,经院哲学曾为调和信仰和理性而奋斗,它失败了。但从它的失败中产生了一种新的文明,这就是现代世界。在其中,信仰和理性的辩证法继续约束着我们。这种辩证关系是永远克服不了的。应该看到,这是变革我们生活的一种对立关系。我们恪尽职守的天分,只能来自信仰和感受;而我们维持生活的力量,则必须从理性和知识来汲取。

现代科学是不是人类之敌?量子理论的发展者之一马克斯·玻恩曾对近 300 年来的科学事业的永恒性表示关切。他觉得,当代科学不像政治、宗教或贸易那样在人类生活群体中占有坚实牢固的一席之地。他怀疑人类会不会有朝一日抛弃科学。假如真发生这种事，那就会切断我们同宇宙密码间尚属脆弱的关系。这样的错误很可能要我们以付出生存作为代价。我相信未来的历史学家们会明白，当代文明是对发现分子、原子世界的反应，以及对空间和时间不断探索的反应。这场挑战就在于，如何使这些看不见的王国变为可知的，从而使人类占有我们在那儿找到的巨大威力。

科学是真知识的别名。虽然我们已发现了各种各样的许多界限，但迄今尚未发现知识的界限。然而，单有知识是不够的，它必须同我们精神生活中的正义感、爱以及社会交往相协调。科学使我们重新认识了人类生活的条件，即我们在宇宙中生存的局限性。通过科学知识的扩展，我们不仅越来越清楚物质条件进一步改善的可能性，而且也越来越明白了它们固有的局限性。

旧约《创世记》告诉我们，我们的第一对祖先是在天堂的一个果园里创造出来的，而且还成了这个园子的管家。那儿有两棵树——知识之树和生命之树。上帝禁止他俩吃知识之树的果实。这第一对夫妻尝了尝知识，从而便知善恶。他们本来可以变得同上帝一样，具有潜在的无限知识，然而在他们还没来得及品尝生命之树的果实并变得具有无限生命之前，上帝就把他们赶出了果园。人类面临一个无限知识的前景，却处于一种有限生命的状态。

科学不是人类的敌人，而是人类去实现无限知识前景之愿望的一种深刻表达形式。科学告诉我们，可见的世界既不是物质，也不是精神，它只不过是能量的不可见的组织形式。我不知道宇宙密码的下一章会写些什么，但有一点是肯定的，即人们同不可见的量子世界和宇宙广袤性的最新接触，将勾画出人类这一物种（不管我们可能变成什么）的归宿。

我常喜欢攀登冰雪之山，把自己吊挂在巨大岩石之旁。一天，我向一位年长的朋友叙述我的一次冒险经历。我说完以后，他问我："你为什么要置自己于死地？"我辩解：我所要求的报偿，是赏心悦目,以及用我的身躯和技能与大自然作斗争的激情。我的朋友回答说:“当你像我一样老的时候就会明白,你那是在试图自杀。”

我常梦见自己往下掉。对于雄心勃勃的人和那些常爬山的人,这种梦是平常事。最近我还梦见一次,我想抓住岩石的表面,但它经不住抓,全是沙砾碎石。我抓住了一棵灌木,但它松动了。在极度惊恐中我掉进了地狱。突然间我意识到,我的降落是相对的,既没有底,也没有头。一种喜悦的心情征服了我。我意识到我所体现的,是生命的准则,那是不容破坏的。这条准则已写进了宇宙密码,即宇宙的秩序。当我继续在那无际苍穹环绕着的黑暗太空中降落时,我大声赞颂星群的美妙,并同黑暗安然共处。

造物主操劳的本质和目的,
是创造美丽。
善与恶,截然两事,不可类比;
然而,生之质如死之质,以及
光明之质如黑暗之质,
同样都是那舵轮的韵律,
二者浑然一体,那是美丽。
能见到它的人,是幸福的,
将向着人们赞颂它美妙无比。[1]

---

① 引白罗宾逊·杰弗斯题为《松角与狼角》的诗。——作者

罗宾逊·杰弗斯(1887—1962)系美国著名现代诗人。松角和狼角是美国加利福尼亚州的两处地名。——译者

科学精神之有无，只能用来横断新旧文化，不能用来纵断东西文化。若说欧美人是天生成科学的国民，中国人是天生成非科学的国民，我们可绝对地不能承认。

·梁启超·

科学精神与东西文化

一

今日我感觉莫大的光荣，有机会在一个关系中国前途最大的学问团体——科学社的年会上讲演。但我又非常惭愧而且惶恐，像我这样对于科学完全门外汉的人，怎么配在此讲演呢？这

本文作者梁启超（1873—1929）系中国近代思想家、政治家、教育家、史学家、文学家。字卓如，一字任甫，号任公。清朝光绪年间举人，戊戌变法（百日维新）领袖之一，也是中国近代维新派、新法家代表人物。幼年时从师学习，九岁能缀千言，17岁中举。后从师于康有为，成为资产阶级改良派的宣传家。维新变法前，与康有为一起联合各省举人发动“公车上书”运动，先后领导北京和上海的强学会，又与黄遵宪一起办《时务报》，任长沙时务学堂主讲，并著《变法通议》为变法作宣传。戊戌变法失败后，与康有为一起流亡日本，在《饮冰室合集》《夏威夷游记》中继续推广“诗界革命”，推动君主立宪。之后对袁世凯称帝、张勋复辟等严词抨击，倡导新文化运动，支持五四运动。代表作有《中国近三百年学术史》《中国历史研究法》等。本文是1922年8月，在被作者称为“关系中国前途最大的学问团体”科学社所做的演讲，对什么是科学、什么是科学精神的思考做了系统阐述，其中不乏对中国文化和民族命运的批判和思考。读者可从中思考和品评这位在中国近代思想史上有深远影响力的学者之百年前所祝祷“中国文化添入科学这有力的新成分，再放异彩”之语于今日之兴味。

个讲题——《科学精神与东西文化》，是本社董事部指定要我讲的。

我记得科学时代的一个笑话：有些不通秀才去应考，罚他先饮三斗墨汁，预备倒吊着滴些墨汁出来。我今天这本考卷，只能算倒吊着滴墨汁，明知一定贻笑大方，但是句句话都是表示我们门外汉对于门内的“宗庙之美，百官之富”是如何欣羡、如何崇敬、如何爱恋的一片诚意。我希望国内不懂科学的人或素来看轻科学、讨厌科学的人，听了我这番话能得一点觉悟，那么，便算我个人对于本社的一点贡献了。

青年梁启超

近百年来，科学的收获如此丰富：我们不是鸟，也可以腾空；不是鱼，也可以入水；不是神仙，也可以和几百千里外的人答话……哪一件不是受科学之赐？任凭怎么顽固的人，谅必“科学无用”这句话，再不会出诸口了。然而，中国为什么直到今日还得不出科学的好处？直到今日依然成为“非科学的国民”呢？我想，中国人对于科学的态度，有根本不对的两点：

其一，把科学看太低了，太粗了。我们几千年来的信条，都说“形而上者谓之道，形而下者谓之器”“德成而上，艺成而下”这一类话。多数人以为：科学无论如何如何高深，总不过属于“艺”和“器”那部分，这部分原是学问的粗迹，懂得不算稀奇，不懂得不算耻辱。又以为：我们科学虽不如人，却还有比科学更宝贵的学问——什么“超凡入圣”的大本领，什么“治国平天下”的大经纶，件件都足以自豪，对于这些粗浅的科学，顶多拿来当一种补助学问就够了。因为这种故见横亘在胸中，所以从郭筠仙、张香涛这班提倡新学的先辈起,都有两句自鸣得意的话,说什么“中学为体,西学为用”。这两句话现在虽然没有从前那么时髦了,但因为话里的精神和中国人脾胃最相投合,所以这话的效力,直到今日,依然变相地存在。老先生们不用说了,就算这几年所谓新思潮、所谓新文化运动,不是大家都认为蓬蓬勃勃有生气吗?试检查一检查它的内容,大抵最流行的莫过于讲政治上、经济上这样主义那样主义,我替它起个名字,叫作“穿西装的治国平天下”大经纶;次流行的莫过于讲哲学上、文学上这种精神那种精神,我也替它起个名字,叫作“穿西装的超凡入圣”大本领。

至于那些脚踏实地平淡无奇的科学,试问有几个人肯去讲求?学校中能够有几处像样子的科学讲座?有了,又有几个人肯去听?出版界能够有几部有价值的科学书,几篇有价值的科学论文?有了,又有几个人肯去读?我固然不敢说现在青年绝对的没有科学兴味,然而兴味总不如别的方面那么浓。须知,这是积多少年社会心理遗传下来的!对于科学认为“艺成而下”的观念,牢不可破,直到今日,还是最爱说空话的人的最受社会欢迎。做科学的既已不能如别种学问之可以速成,而又不为社会所尊重,谁肯埋头去学它呢?

其二,把科学看得太呆了,太窄了。那些绝对的鄙厌科学的人且不必责备,就是相对尊重科学的人,还是十个有九个不了解科学性质。他们只知道科学研究所产结果的价值,而不知道科学本身的价值;他们只有数学、几何学、物理学、化学等的概念,而没有科学的概念。他们以为学化学便懂化学,学几何便懂几何;殊不知并非化学能教人懂化学,几何能教人懂几何,实在是科学能教人懂化学和几何。他们以为只有化学、数学、物理学、几何学等才算科学,以为只有学化学、数学、物理学、几何学才用得着科学;殊不知所有政治学、经济学、社会学等,只要够得上一门学问的,没有不是科学。我们若不拿科学精神去研究,便做哪一门子学问也做不成。中国人因为始终没有懂得“科学”这个字的意义,所以五十年很有人奖励学制船、学制炮，却没有人奖励学科学；近十几年学校里都教的数学、几何、化学、物理学，但总不见教会人做科学。或者说：只有理科、工科的人们才要科学，我不打算当工程师，不打算当理化教习，何必要学科学？中国人对于科学的看法大略如此。我大胆说一句话：中国人对于科学这两种态度倘若长此不变，中国人在世界上便永远没有学问的独立，中国人不久必然成为被现代所淘汰的国民。

二

科学精神是什么？

我姑从最广义解释："有系统之真知识，叫作科学；可以教人求得有系统之真知识的方法，叫作科学精神。"这句话要分三层说明：

第一层，求真知识。知识是一般人都有的，乃至连动物都有。科学所要给我们的，就争一个"真"字。一般人对于自己所认识的事物，很容易便信以为真；但只要用科学精神研究下来，越研究便越觉得求真之难。譬如说"孔子是人"，这句话不消研究，总可以说是真，因为人和非人的分别是很容易看见的。譬如说"老虎是恶兽"，这句话真不真便待考了。

欲证明它是真，必要研究兽类具备某种某种性质才算恶，看老虎果真具备了没有？若说老虎杀人算是恶，为什么人杀老虎不算恶？若说杀同类算是恶，只听见有人杀人，从没听见老虎杀老虎，然则人类或可以叫作恶兽，老虎却绝对不能叫作恶兽了。譬如说"性是善"，或说"性是不善"，这两句话真不真，越发待考了。到底什么叫作"性"？什么叫作"善"？两方面都先要弄明白。倘如孟子说的性咧、情咧、才咧，宋儒说的义理咧、气质咧，闹成一团糟，那便没有标准可以求真了。譬如说"中国现在是共和政治"，这句话便很待考。欲知它真不真，先要把共和政治的内容弄清楚，看中国与它合不合。譬如说"法国是共和政治"，这句话也待考。欲知它真不真，先要问“法国”这个字所包之范围如何，若安南也算法国，这句话当然不真了。看这几例，便可以知道，我们想对于一件事物的性质得有真知灼见，很是不容易。要钻在这件事物里头去研究，要绕着这件事物周围去研究，要跳在这件事物高头去研究，种种分析研究结果，才把这件事物的属性大略研究出来，算是从许多相类似容易混杂的个体中，发现每个个体的特征。换一个方向，把许多同有这种特征的事物归成一类，许多类归成一部，许多部归成一组，如是综合研究的结果，算是从许多各自分离的个体中，发现它们相互间的普遍性。经过这种种工夫，才许你开口说“某件事物的性质是怎么样”。这便是科学第一件主要精神。

第二层，求有系统的真知识。知识不但是求知道一件一件事物便了，还要知道这件事物和那件事物的关系，否则零头断片的知识全没有用处。知道事物和事物相互关系，而因此推彼，得从所已知求出所未知，叫作有系统的知识。系统有二：一竖，二横。横的系统，即指事物的普遍性——如前段所说。竖的系统，指事物的因果律——有这件事物，自然会有那件事物；必须有这件事物，才能有那件事物；倘若这件事物有如何如何的变化，那件事物便会有或才能有如何如何的变化；这叫作因果律。明白因果，是增加新知识的不二法门，因为我们靠它，才能因所已知，推见所未知；明白因果，是由知识进到行为的向导，因为我们预料结果如何，可以选择一个目的做去。虽然，因果是不轻易谈的：第一，要找得出证据；第二，要说得出理由。因果律虽然不能说都要含有“必然性”，但总是愈逼近“必然性”愈好，最少也要含有很强的“盖然性”，倘若仅属于“偶然性”的便不算因果律。

譬如说“晚上落下去的太阳，明早上一定再会出来”。说“倘若把水煮过了沸度[1]，它一定会变成蒸汽”。这等算是含有必然性，因为我们积千千万万回的经验，却没有一回例外；而且为什么

---

[1] 沸度现在称为沸点。

如此,可以很明白地说出理由来。譬如说“冬间落去的树叶,明年春天还会长出来”这句话便待考,因为再长出来的并不是这片叶,而且这树也许碰着别的变故再也长不出叶来。譬如说“西边有虹霓,东边一定有雨”这句话越发待考,因为虹霓不是雨的原因,它是和雨同一个原因,或者还是雨的结果。翻过来说“东边有雨,西边一定有虹霓”这句话也待考,因为雨虽然可以为虹霓的原因,却还须有别的原因凑拢在一处,虹霓才会出来。譬如说“不孝的人要着雷打”这句话便大大待考,因为虽然我们也曾听见某个不孝人着雷,但不过是偶然的一回,许多不孝的人不见得都着雷,许多着雷的东西不见得都不孝;而且宇宙间有个雷公会专打“不孝之人”,这些理由完全说不出来。譬如说“人死会变鬼”这句话越发大大待考,因为从来得不着绝对的证据,而且绝对的说不出理由。譬如说“治极必乱,乱极必治”这句话便很要待考,因为我们从中国历史上虽然可举出许多前例,但说治极是乱的原因,乱极是治的原因,无论如何,总说不下去。

譬如说“中国行了联省自治制后,一定会太平”这话也待考,因为联省自治虽然有致太平的可能性,无奈我们未曾试过。

看这些例子,便可知我们想应用因果律求得有系统的知识,实在不容易。总要积无数的经验,或照原样子继续忠实观察,或用人为的加减改变试验,务找出真凭实据,才能确定此事物与彼事物之关系。这还是第一步。再进一步,凡一事物之成毁,断不止一个原因,知道甲和乙的关系还不够,又要知道甲和丙、丁、戊等关系。原因之中又有原因,想真知道乙和甲的关系,便须先知道乙和庚、庚和辛、辛和壬等关系。不经过这些工夫,贸贸然下一个断案,说某事物和某事物有何等关系,便是武断,便是非科学的。科学家以许多有证据的事实为基础,逐层逐层看出它们的因果关系,发明种种含有必然性或含有极强盖然性的原则,好像拿许多结实麻绳组织成一张网,这网愈织愈大,渐渐的涵盖到这一组知识的全部,便成了一门科学。这是科学第二件主要精神。

第三层，可以教人知识。凡学问有一个要件，要能“传与其人”。人类文化所以能成立，全由于一人的知识能传给多数人，一代的知识能传给次代。我费了很大的工夫得一种新知识，把它传给别人，别人费比较小的工夫承受我的知识之全部或一部，同时腾出别的工夫又去发明新知识。如此教学相长，递相传授，文化内容自然一日一日地扩大。倘若知识不可以教人，无论这项知识怎样的精深博大，也等于“人亡政息”，于社会文化绝无影响。很多学问，带有一种“可以意会，不可以信传”的神秘性，最足为知识扩大之障碍。例如医学，我不敢说中国几千年没有发明，而且我还信得过确有名医，但总没有法传给别人，所以今日的医学，与扁鹊、仓公时代一样，或者还不如。又如修习禅观的人，所得境界，或者真是圆满庄严，但只好他一个人独享，对于全社会文化竟不发生丝毫关系。中国所有学问的性质，大抵都是如此。这也难怪，中国学问本来是由几位天才绝特的人“妙手偶得”——本来不是按部就班地循着一条路去得着，何从把一条应循之路指给别人？科学家恰恰相反，他们一点点知识，都是由艰苦经验得来；他们说一句话总要举出证据，自然要将证据之如何搜集、如何审定一概告诉人；他们主张一件事总要说明理由，理由非能够还原不可，自然要把自己思想经过的路线，顺次详叙。所以别人读他一部书或听他一回讲义，不惟能够承受他研究所得之结果，而且一并承受他如何能研究得此结果之方法，而且可以用他的方法来批评他的错误。方法普及于社会，人人都可以研究，自然人人都会有发明。这是科学第三件主要精神。

三

中国学术界，因为缺乏这三种精神，所以生出如下之病证：

一、笼统。标题笼统——有时令人看不出他研究的对象为何物。用语笼统——往往一句话容得几方面解释。思想笼统——最爱说大而无当不着边际的道理，自己主张的是什么，和别人不同之处在哪里,连自己也说不明白。

二、武断。立说的人,既不必负找寻证据、说明理由的责任,判断下得容易,自然流于轻率。许多名家著述,不独违反真理而且违反常识,往往而有。既已没有讨论学问的公认标准,虽然判断谬误,也没有人能驳他,谬误便日日侵蚀社会人心。

三、虚伪。武断还是无心的过失。既已容许武断,便也容许虚伪。虚伪有二:一是语句上之虚伪。如隐匿真证、杜撰假证或曲说理由等。二是思想内容之虚伪。本无心得,貌为深秘,欺骗世人。

四、因袭。把批评精神完全消失,而且没有批评能力,所以一味盲从古人,剽窃些绪余过活。所以思想界不能有弹力性,随着时代所需求而开拓,倒反留着许多沉淀废质,在里头为营养之障碍。

五、散失。间或有一两位思想伟大的人,对于某种学术有新发明,但是没有传授与人的方法,这种发明,便随着本人的生命而中断。所以他的学问,不能成为社会上遗产。

以上五件,虽然不敢说是我们思想界固有的病证,这病最少也自秦汉以来受了两千年。我们若甘心抛弃文化国民的头衔,那更何话可说！若还舍不得吗？试想,两千年思想界内容贫乏到如此,求学问的途径榛塞到如此,长此下去,何以图存？想治这病,除了提倡科学精神外,没有第二剂良药了。

我最后还要补几句话:我虽然照董事部指定的这个题目讲演,其实科学精神之有无,只能用来横断新旧文化,不能用来纵断东西文化。若说欧美人是天生成科学的国民,中国人是天生成非科学的国民,我们可绝对地不能承认。拿我们战国时代和欧洲希腊时代比较,彼此都不能说是有现代这种崭新的科学精神,彼此却也没有反科学的精神。秦汉以后,反科学精神弥漫中国者两千年;罗马帝国以后,反科学精神弥漫于欧洲者也一千多年。两方比较,我们隋唐佛学时代,还有点“准科学的”精神不时发现,只有比他们强,没有比他们弱。我所举五种病证,当他们教会垄断学问时代,件件都有;直到文艺复兴以后,渐渐把思想界的健康恢复转来,所谓科学者,才种下根苗;讲到枝叶扶疏,华实烂漫,不过最近一百年内的事。一百年的先进后进,在历史上值得计较吗?

只要我们不讳疾忌医,努力服这剂良药,只怕将来升天成佛,未知谁先谁后哩!

我祝祷科学社能做到被国民信任的一位医生,我祝祷中国文化添入这有力的新成分,再放异彩!

“我”其实本身就是一个不断地丢失，不断地寻找，以及不断地发现的过程。

· 龚　静 ·

和尚 · DNA · “我”

曾经看到过一则笑话，说是从前有个和尚犯了罪，另有一人押解和尚上路，夜宿旅店，和尚买了酒将押解者灌得烂醉，和尚剪光他的头发，自己逃走了。押解者酒醒，绕屋遍寻和尚不着，一摸自己的脑袋发现头发全无，于是大叫道：“和尚倒在，我却何处去了？”（见赵南星《笑赞 · 和尚》）

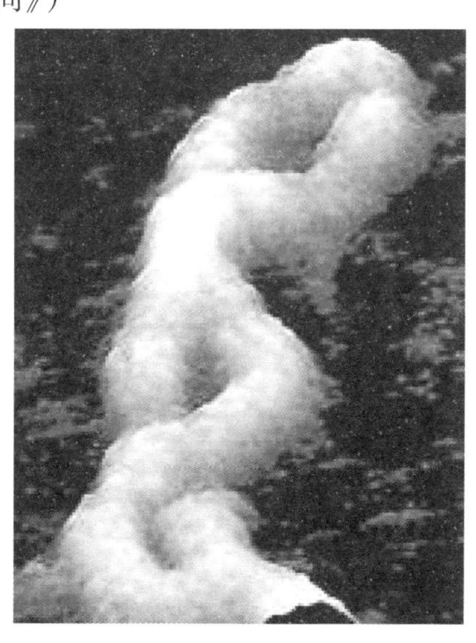

电子显微镜下呈现的 **DNA** 双螺旋结构

其人似乎有点可笑，“我”怎么会丢呢？

除非生命消失。

押解者的可笑，深味之下也很有理。我们是不是真的就从未丢失过自己？是否一直牢牢地把握着自己呢？

也许，如笑话中的押解者般摸到自己的躯体，还不足以确定的。

“我”关乎躯体——生命，关乎灵魂，关乎自我、超我、本我。于是，我可以是分子意义上的,可以是心灵意义上的,也可以是意识或潜意识意义上的。

于此,“我”其实本身就是一个不断地丢失、不断地寻找,以及不断地发现的过程。

哲学家探索人的灵魂和智慧,文学家挖掘人的心灵和情感,心理学家潜入人心灵的深处,让人看到自己的浅滩和暗礁,而生物学家则发现了人作为生物体本身的构成奥秘。也许,从某种意义而言,生物学家发现的这个“我”是其他那些“我”的最最基础。

在 **DNA** 被科学家发现之前,人对自己的肉身之为何如此存在而不那样存在是困惑的。怎么就那么一个卵子和一个精子就可以融合、分裂成一个人的模样呢?

1969 年 7 月 20 日,阿姆斯特朗踏上月球,跨出人类登月第一步(**One Giant Leap**)

1953 年,**DNA** 双螺旋结构的发现,使年轻的基因科学家沃森和克里克得以在人类文明史上大书一笔,更使困扰人类自身的生命之谜真相大白,其意义可称得上是人类在生命领域的月球登陆。

1969 年 7 月,阿姆斯特朗登上了月球。这对于个人来说,只是一小步,对于人类却是一大步。由此,人类终于走出了地球。

而 **DNA** 的发现可以说是找到了开启人类内部宇宙的一把钥匙,它的发现,让人类知道生命的本原信息是如何代代遗传的,人类于是从分子意义上知道了人是怎么一回事。

由 **DNA** 组成的遗传因子——基因，再也不是一种遗传学上的抽象概念了，它是一种为科学实验所明确证实了的化学物质。换句话说，每一个人之所以成为现在的样子，外貌、特性，甚至性格都与其基因有关。美国国家卫生研究所的分子生物学家狄恩 · 哈默，1993 年在《科学》杂志上发表文章，认为一个男子何以为同性恋者，与其 **X** 染色体顶端的 **DNA** 延伸段有联系。1996 年，以色列科学家发现某些人有着强烈的好奇心和冒险精神是源于第 11 “条”染色体上的叫作 **D4DR** 的基因。同年，哈默实验室又在第 17 “条”染色体上发现了与人的焦虑有关的基因。

科学家的研究发现，也许会使人们原先有的困惑释然：噢，原来如此。也许使人更加困惑：在性格各异各有特征的生动的人背后，其实起作用的是基因?! 那么，所谓人的主体性，自主意识，自我控制能力，是否为子虚乌有？一切都源于基因？

若是，人，也许就可说只是一种会说话的基因组合体罢了。

研究遗传的哈默同时强调：那些与人的生理特性有关的基因，并不会使人成为同性恋者、寻求刺激者或者无事生非者。基因只是一种会指导合成更多化学物质的化学物质，它的作用似乎在于悄悄地影响人的心灵，毕竟基因是不会发出怕羞、爽直、快乐或忧愁等指令的，基因如何表达自己，最终还得由不同的人处于不同的环境所决定。

跨越黄河壶口瀑布的河南走钢丝演员冯九山、手持平衡杆在中国长江三峡上空走过的美籍加拿大人科克伦，我们可以说他们的 **D4DR** 基因可能比一般人长，他们天生就敢于冒险，处惊险如平常。但若反过来说，是否 **D4DR** 基因较长的人一定就是一个新时代探险家或者科克伦辈的高空勇者，似乎就很难定论了。华盛顿大学的心理学家克洛林格认为，任何种类的遗传基因对寻求新奇者的性格影响还不到一半。

后天生活环境依然对人的个性、成长起着举足轻重的作用。基因组——总数 8 万个左右缠绕在我们细胞的 **DNA** 双螺旋上的基因——是一副算命的纸牌吗?

“我”是谁?

当“我”越来越多地向“我”内部宇宙进入,“我”知晓了五脏六腑,知晓了骨骼肌肉血液,乃至知晓了遗传基因,并且了解到之所以“我”和“我”之间如此性格各异智力不同,有一部分因素源于基因的长短。“我”对自己似乎越来越明白,虽然我们无法看到一组组基因是何种模样,甚至也无法想象它们是如何在我们体内工作的——可能这是必然的,因为无相应的基因让我们拥有这种能力;但随着科学家研究的进展,从一个受精卵开始的“我”,一切的进程变得十分清晰,样样都说得清楚。尽管“我”依然困惑自己为何如此,只要一想到基因,仿佛“我”就该释然了。

是否人类先哲说的“认识你自己”到现在为止可谓功德圆满?只是,“我”为什么依然困惑呢?困惑于现代人类的贪婪、霸道、阴谋?困惑于人对自然界的破坏和狩猎?困惑于人类社会至今依然不能让和平鸽飞翔在天空?困惑于种族隔阂、领土冲突、文化歧视……基因能给出完满的答案吗?

DNA 告诉我们一个真实的生命状态,也许 **DNA** 能部分地预示生命发展的可能状态,但 **DNA** 是否可以解释和预先决定一个时代?我对此怀疑。

如果说对真、善、美的追求是人类自有文明历史以来的不懈追求,那么,**DNA** 的确给了我们一个“真”的关于生命之答案?那么,善和美呢?基因能囊括吗?

据遗传学在今天的发展,有观点说,蘑菇云是上一个时代的信号,而 **DNA** 双螺旋结构已成为这个时代的信号。我想,无论蘑菇云还是双螺旋,它们都不能给人心灵的圆融;关于爱,关于尊严,关于道德,关于善良,人类依然在寻求着这些甘泉,在物质丰富、技术先进的今天,人的苦恼从来就不比以往少。

“我”知道自己多少?答案是不确定的。也许不断增加,也许尚处于混沌。

与其说 **DNA** 让我们知道了人类生命的本原状态，不如说它提供给现代人类多一条认识审视自身的途径，让人们了解到生命就像一座神秘的花园，其间是错综交叉的，基因和人的行为性格互为相关，但又并非全然主导；思想的确源于大脑神经元的沟通，但似乎又有其独立性。

只能说，人存世一天，就多一天认识自己。

我思故我在。

——笛卡尔

· 沈致远 ·

劝思篇

笛卡尔的“我思故我在”,确为至理名言。人的本质是什么?不是亿万原子分子构成的“臭皮囊”,也不是 **DNA** 长链组成的遗传基因,而是深藏在每个人脑海中的“自我意识”——思想之本源。人生来就应该思考,失去思想,人将非人。

人作为万物之灵而异于其他动物者,在于人有思想。思想使得人从动物进化之长链中脱颖而出:一支灵长类的大脑发展到某种程度,就产生了思想,有思想才会创造工具,才会劳动。失去思想,人与动物何异?

法国哲学家、科学家笛卡尔
(**René Descartes**,1596—1650)

法国哲学家、数学家帕斯卡(**Blaise Pascal**,1623—1662)说:“就空间而言,宇宙掌握并吞没了我;就理性而言,我掌握了宇宙。”壮哉斯言!可惜帕斯卡未能活到今日,否则他会看到后人将其豪言壮语一步一步地变为现实。爱因斯坦的广义相对论是纯思辨的产物,他发表狭义相对论后意犹未尽，就凭着“惯性等效原理”与“协变原理”，经过10年苦思冥索建立了广义相对论，奠定了现代宇宙学之基础。在140亿光年之浩瀚宇宙中，光怪陆离无奇不有。黑洞是广义相对论的一个推论，顾名思义，黑洞是黑色的无底洞，其无比强大的引力连光线也无法逃脱。这样的怪物听起来简直是天方夜谭，却为近年来一系列天文观测所证实，我们所在的银河系中心就有一个特大的黑洞。黑洞的发现和广义相对论其他推论的一一被证实，说明思想之威力无远弗届、无坚不摧。最近访问中国引起轰动的霍金，全身瘫痪，就其生理而言已是废人，但他的思想异乎寻常地活跃，漫游于宇宙之大、超弦之微，黑洞之奇、“果壳”之趣，怡然自得，乐在其中。身残如霍金者尚在思考，如果我们不去思考，岂非虚度此生？

不仅科学重思想，文学艺术亦如是。文章之深度在于思想，我爱读《阿房宫赋》：“六王毕，四海一，蜀山兀，阿房出。”寥寥十二字，开篇气势磅礴，正文写景抒情字字珠玑，令人击节赞赏。但全文之灵魂还在结尾那一段富有哲理的议论，杜牧在思考！《阿房宫赋》之所以能传世，在于教人从历史中思考。苏东坡的《前赤壁赋》《后赤壁赋》，我偏爱前者。

> ……逝者如斯，而未尝往也；盈虚者如彼，而卒莫消长也。盖将自其变者而观之，则天地曾不能以一瞬；自其不变者而观之，则物与我皆无尽也，而又何羡乎？且夫天地之间，物各有主，苟非吾之所有，虽一毫而莫取。唯江上之清风，与山间之明月，耳得之而为声，目遇之而成色，取之无禁，用之不竭。是造物者之无尽藏也，而吾与子之所共食。

此乃画龙点睛之笔，不仅深含哲理，其“声”“色”之论也颇合科学原理，足见思辨可以超越时代。若论文采之绮丽、排比对偶之工整，这两篇比不上汉赋中之精品，其意境则远过之，胜在有思想。

荷兰阿姆斯特丹梵·高博物馆展出了梵·高的两幅名画：《吃土豆的人》中的人物再平凡不过，《麦田里的乌鸦》中的群鸦是常见之凡鸟，为什么为世人所赞赏？我站在这两幅名画前感到一种心灵的震撼。“心有灵犀一点通”，艺术之魅力在于思想之交流。八大山人寥寥数笔之意在画外，更是众所周知。中国近代画坛上也有类似的情形：罗中立《父亲》脸上每一道如刀刻的皱纹，吴冠中《苦瓜家园》中每一根纠结的藤蔓，都在促人深思。

经济也重思想。在知识经济主导的全球化浪潮中，善思考、会创新的民族将占领世界市场，获取超额利润；不善思考、只会模仿的民族难免沦为廉价劳动力。中国已加入 **WTO**，剧烈的竞争迫在眉睫，不提倡思考能行吗？

我有一个嗜好——爱思考。每天不想几个问题，似乎这一天就过不去。夜阑人静万籁俱寂，思绪如离云出岫，飘忽不定；时而又如飞瀑流泉，一泻千里。当然，其中不少是胡思乱想，但愚者千虑必有一得。

想什么呢？

一是想个人。回想个人的经历：幸福的童年，迷茫的青年，坎坷的中年；一生中曾有几个关节点，不同的选择可以走完全不同的道路……往者已矣，来者可追。想得更多的是未来，如何在有生之年尽情地奉献和享受？

二是想朋友。我有一些勤思好问的知心朋友，彼此间推心置腹无话不谈，讨论问题时直言无忌，争得面红耳赤。犹如异体之撞击，相互切磋砥砺迸发出的火花，激励我想得更广更深。中宵反思，往往彻夜不眠。

三是想一些怪问题：牛仔裤为什么历经数百年而不衰？后现代画是不是国王的新衣？新诗如何才能媲美《唐诗三百首》？五百年后的新新新人类是什么样子？外星人的骨头会不会是硅做的？时间为什么不能像空间那样多维？地球平均温度如再升高

10 度是否只有去广寒宫避暑？诸葛亮若生于今日……

四是想天下大事。进入新世纪的中国和世界都面临新的挑战，许多问题值得认真思索。一介书生，身处海外，远隔重洋，想也不一定有用。但“国家兴亡，匹夫有责”，如果十二亿人都在思考，就一定会有用。

五是想宇宙万物。科学前沿正面临四大基本难题：物质本质，宇宙演化，生命起源，自我意识。我的研究领域并不在这些前沿，但我也在不断思考这些基本问题。非关功利，只是好奇。凭思维涉足科学之长河，虽然没有拾到美丽的贝壳，让涓涓流水在脚趾间滑过，不也是人生之一乐吗？

我在思考，劝大家一起来思考。

后记：

本文刊出后，读到《“我只做一件事”——诺贝尔奖获得者丁肇中教授谈科研、生活、家庭》（姚诗煌，2003 年 4 月 16 日《文汇报·科技文摘》）。丁肇中在回答记者提问时说：“一有空就是想……我绝大多数的时间都是在想。所以，我说只做一件事情。”丁肇中因发现 **J/Ψ** 粒子而获得 1976 年诺贝尔物理学奖。一位蜚声国际的实验物理学家说：只做一件事——想！这够说明问题了。我感到：吾道不孤。

人类控制自然的力量已超过控制自己的力量，人类过早掌握了毁灭的手段，而教育、智慧、良知都跟不上。

·资中筠·

诺贝尔奖与孔子何干？

近十年来，断断续续在报端见到所谓西方诺贝尔奖获得者认为人类应该汲取孔子的智慧之说。最初的说法给人印象似乎这是1988年联合国教科文组织召开的诺贝尔奖获得者会议上的共识。有一位长者因感到惊讶和不可信，认真托人收集了当时法国报纸对这一会议连续几天的报道，包括所通过的宣言，以及有些发言摘要，我也看到了，遍寻没有这句话。于是他便在一篇文章中否定此事。尽管如此，以后我还看到不少文章以既成事实的口吻提到此事（并没有如报道所说的不敢再引用），但都没有出处。不久前《中华读书报》在头版以“存疑十年，真相大白”为标题，郑重其事地报道称，有一位传统文化爱好者下功夫从澳大利亚报纸上查到了确有一位瑞典物理学家说过这样的意思，并说更重要的是要领会这句话的“深刻内涵”云。

本文作者资中筠系美国问题专家、研究员、作家和翻译家。1930年生于上海，先在燕京大学求学，后毕业于清华大学西方语言文学系。毕业后曾长期从事民间外交工作，以后相继任职于中国国际问题研究所、社科院美国研究所、《美国研究》主编等。专著主要为《美国对华政策的缘起和发展》《战后美国外交史：从杜鲁门到里根》《美台关系四十年》等；译著主要有《廊桥遗梦》《公务员》等。

我理解汲汲于找出肯定的证据是为弘扬祖国传统文化,但是我国历史悠久的文化需要一个西方物理学家一句话才说明其价值吗?他说过又怎样,没说过又怎样?我国有那么多研究传统文化、诸子百家的饱学之士,西方也有不少汉学家,其中有一知半解的,也有真正有研究的,海外还有学贯中西的“新儒家”,难道就不如一个学物理的欧洲人的一句抽象肯定的话?就因为他是诺贝尔奖获得者?诺贝尔奖的颁发是根据得主在专业领域的成就,不等于此人就对一切领域都有发言权,而且都一言九鼎。这位物理学家是否读过《论语》,哪怕是翻译成西方文字的文本,他究竟是如何理解所谓“孔子的智慧”的?引用者语焉不详。当初有人认真查找“诺贝尔奖获得者说要汲取孔子智慧”的出处,是因为传说那次会议的结论是(不是个别人)主张回到孔子,所以要了解他们是在什么议题下讨论此问题,依据什么得出此结论。如果只是个别人的一句话,似乎不值得这样小题大做。

报道中没有这位物理学家发言的上下文,因此无从知道他整个立论的依据,是基于严谨的推理,还是只是一种感慨。不过可以猜想,大约是有感于西方科学的发达不一定造福人类,世界充满了物欲横流、战争、杀戮,于是想求助于他想象中的以孔子为代表的东方文化的智慧。这也不新鲜,不少西方知识分子都有此感慨,在我国认为可以以东方的智慧救西方的现代病之论者也大有人在。尽管本人对传统文化有深厚感情,在理性上对此论却一向不敢苟同,因为良好的愿望代替不了严酷的现实。写在纸上的是一回事,历史的实践又是一回事。孔子自己所处的时代,从春秋到战国就是征伐不断,以至于一个历史时期干脆以“战”命名。秦始皇统一中国后,进一步发展的是武力用于对内镇压。纵观中国历史哪朝哪代没有各种形式的大小砍杀,横尸遍野,血流成河?诸葛亮七擒孟获,历史传为美谈,是以仁义服人之典范。但是如果想一想七次战争中双方所死的士兵,当地百姓所受的战乱之苦,打七次比打一次究竟哪个更残酷呢?诸葛亮的美名其实也是建立在“一将功成万骨枯”之上的。

中国的肉刑与中国历史同步，其残酷，其花样之繁多，在人类文明史上也可以名列前茅。历朝都有自己的创造，惨不忍书，还有以圣人名教为家规的家族私刑。直到行共和以后，监狱中不是还用酷刑吗？死刑用枪毙代替砍头是从西方引进的，老百姓因此少了一项“看杀头”的余兴。现在有企图仿效西方对死刑犯用更为人道的毒针代替子弹的，还有些老百姓反对，说是“太便宜了犯人”。鲁迅说一部二十四史是砍杀史，说旧礼教“吃人”，并不为过。只是近代以来，中国由于君主专制制度的腐朽，与西方和东洋列强相遇时总是处于挨打的地位，在国际战争中经常是受害者，或是防守的一方，因而对现代战争的杀戮和破坏责任较少。但前人早已就一针见血地指出国人“勇于私斗，怯于公愤”的劣根性。

中国自东汉董仲舒倡导定于一尊，历代基本上以儒学的名义治天下。两千年来的中国知识精英都是皓首穷经，为圣人之道作注解。但是并没有在华夏大地上实现王道乐土的理想。倒是历代统治者以“圣人之教”的名义维护森严的等级制度、实行严格的思想和言论禁锢，直到发明“文字狱”。当然，这一切不能全怪到孔圣人头上。任何教义、主义都是可以被歪曲利用的。孔子从来主张施“仁政”，对老百姓要“道之以德，齐之以礼”，反对“齐之以刑”。孟子要求君王“何必言利，亦有仁义而已矣”，无奈在实践中办不到。孔子理想中的“德治”就是在位者必然也是道德最高尚的人，权与德统一于一身，然后才能起典范作用，使黎民风从。可惜千百年来，“权”与“德”分离的时候居多。即便偶然有一位统治者同时也是道德的典范，黎民百姓未必能自然而然以之为榜样。总之，在农业社会的中国，统治者和精英大力提倡了两千年，尚且未能实行，如何指望以想象中的所谓孔子智慧来解决激烈竞争的工业社会、信息社会中的世道人心！

事实上，各种宗教的经典中都有教人行善、主张和平的话语。基督教的口号之一是“给地上以和平”，而且还主张宽恕敌人。诚然，中国由于没有统一的宗教信仰，因此没有宗教战争，但是并不等于没有其他同样惨烈的战争。近世以来，代表基督教文明的西方国家处于强势地位，因而武力征服其他民族较多，但并不能据此就认为信基督教的人比有其他宗教信仰的人好战。德国法西斯和日本军国主义都与基督教无关。佛教最讲和平，连动物都不杀，但著名武术派别却多出自寺院。

关于科学高度发达，物质极大丰富对人类是祸是福的问题，西方有识之士也早有警觉。20世纪初就有人大声疾呼：人类控制自然的力量已超过控制自己的力量，人类过早掌握了毁灭的手段，而教育、智慧、良知都跟不上。一些有心人基于这种忧思，在20世纪初，大力推进社会科学的发展，认为自然科学对人类的祸福取决于人文社会科学发展的速度。原子弹出现后，许多在相关理论上作出过贡献的科学家都进行过反思，为之良心不安。过了一个世纪，社会科学的确有长足的发展，但是人文教育仍赶不上科学技术的日新月异，特别是军事技术。技术发达对人类祸福的问题非但没有解决，而且更加严重。那位瑞典物理学家发此感慨也不足为奇。这是普遍性的问题，我国也不例外。近年来中国学界人士提倡通才教育，发扬人文精神的呼声此起彼落，笔者也在其中，但是在急功近利的现实之中，只是空谷足音。

本人决无意贬抑传统文化。相反，我认为对外来文化取其精华、弃其糟粕的能力取决于对本民族历史文化修养的深度。而早已有不止一个人指出，对本民族的传统也有继承、扬弃和改造的问题。从晚清到“五四”新文化运动的大批仁人志士正是深深浸润于传统文化，并对其弊病有切肤之痛，才能在吸取西方思想文化中直取其精华。笔者在他处对这个问题已有详论，此处不赘。再者，我国春秋战国是历史上思想最为活跃，原创力最强大的时期，也是真正无拘无束百家争鸣的时期，因此才有如此光辉灿烂的思想宝库，奠定了后人取之不尽用之不竭的文化积淀，而儒家只是其中一家。现在如果要从先哲的智慧中汲取营养，不应忽视长期处于边缘的诸子百家,包括被孟子斥为禽兽的墨子和杨朱。以笔者的孤陋寡闻,近年来从陈四益撰文、黄永厚作画中,也零星见到一些关于老、庄、杨、墨等诸子的新论,颇受启发。看来这方面的宝藏还远没有挖掘尽。这项工作只能靠深谙中国文化历史的饱学深思之士来做。诺贝尔奖有它自己的价值和适用范围,把它变成一种神化的符号,从而连同获得者也变成全能全知,以这种心态恐怕是无法弘扬祖国文化的。

天下所有慈母的跪拜,包括动物在内,都是神圣的。

·王宗仁·

藏羚羊跪拜

这是听来的一个西藏故事。发生故事的年代距今有好些年了。可是,我每次乘车穿过藏北无人区时总会不由自主地要想起这个故事的主人公——那只将母爱浓缩于深深一跪的藏羚羊。

那时候,枪杀、乱逮野生动物是不受法律惩罚的。就是在今天,可可西里的枪声仍然带着罪恶的余音低回在自然保护区巡视卫士们的脚步难以到达的角落。当年举目可见的藏羚羊、野马、野驴、雪鸡、黄羊等,眼下已经成为凤毛麟角了。

当时,经常跑藏北的人总能看见一个肩披长发,留着浓密大胡子,脚蹬长筒藏靴的老猎人在青藏公路附近活动。那支磨蹭得油光闪亮的杈子枪斜挂在他身上,身后的两头藏牦牛驮着沉甸甸的各种猎物。他无名无姓,云游四方,朝别藏北雪,夜宿江河源,饿时大火煮黄羊肉,渴时一碗冰雪水。猎获的那些皮张自然会卖来一笔钱,他除了自己消费一部分外,更多地用来救济路遇的朝圣者。那些磕长头去拉萨朝觐的藏家人心甘情愿地走一条布满艰难和险情的漫漫长路。每次老猎人在救济他们时总是含泪祝愿:上苍保佑,平安无事。

杀生和慈善在老猎人身上共存。促使他放下手中的杈子枪是在发生了这样一件事以后——应该说那天是他很有福气的日子。

大清早,他从帐篷里出来,伸伸懒腰,正准备要喝一铜碗酥油茶时,突然瞅见两步之遥对面的草坡上站立着一只肥肥壮壮的藏羚羊。他眼睛一亮,送上门来的美事!沉睡了一夜的他浑身立即涌上来一股清爽的劲头,丝毫没有犹豫,就转身回到帐篷拿来了杈子枪。他举枪瞄了起来,奇怪的是,那只肥壮的藏羚羊并没有逃走,只是用乞求的眼神望着他,然后冲着他前行两步,两条前腿扑通一声跪了下来。与此同时只见两行长泪就从它眼里流了出来。老猎人的心头一软,扣扳机的手不由得松了一下。藏区流行着一句老幼皆知的俗语:"天上飞的鸟,地上跑的鼠,都是通人性的。"此时,藏羚羊给他下跪自然是求他饶命了。他是个猎手,不被藏羚羊的怜悯打动是情理之中的事。他双眼一闭,扳机在手指下一动,枪声响起,那只藏羚羊便栽倒在地。它倒地后仍是跪卧的姿势,眼里的两行泪迹也清晰地留着。

那天,老猎人没有像往日那样当即将猎获的藏羚羊开宰、扒皮。他的眼前老是浮现着给他跪拜的那只藏羚羊。他有些蹊跷,藏羚羊为什么要下跪?这是他几十年狩猎生涯中唯一见到的一次情景。夜里躺在地铺上他也久久难以入眠,双手一直颤抖着……

次日,老猎人怀着忐忑不安的心情对那只藏羚羊开膛扒皮,他的手仍在颤抖。腹腔在刀刃下打开了,他吃惊得叫出了声,手中的屠刀咣当一声掉在地上……原来在藏羚羊的子宫里,静静卧着一只小藏羚羊,它已经成形,自然是死了。这时候,老猎人才明白为什么那只藏羚羊的身体肥肥壮壮,也才明白它为什么要弯下笨重的身子为自己下跪:它是在求猎人留下自己孩子的一条命呀!

天下所有慈母的跪拜,包括动物在内,都是神圣的。

老猎人的开膛破腹半途而停。

当天,他没有出猎,在山坡上挖了个坑,将那只藏羚羊连同它那没有出世的孩子掩埋了。同时埋掉的还有他的杈子枪……

从此,这个老猎人在藏北草原上消失。没人知道他的下落。

在佛的眼中,在上帝面前,一个人和一个黑猩猩是平等的!

·田 松·

古道尔的选择

2000年,珍·古道尔来到北京,推广她在全球倡导的"根与芽"活动。在北大演讲时,一位女生问了一个问题:"如果你只剩下最后一根香蕉,你是把它送给人,还是送给黑猩猩?"这个问题很有挑战性,古道尔却说:她会把香蕉分开,一家一半。来了个四两拨千斤,把锋芒化解了。当然我们也可以说,这是一个象征,意味着人与动物同等重要。但是,如果我们把问题设计得苛刻一些,让古道尔做一个苏菲的抉择,她会给谁呢?

经过多年的宣传,"可持续发展"的概念已深入人心。我们终于认识到,地球所能提供的资源和能源都是有限的,人类若想长久生存,必须自我克制,有节才能有利。以前我们向大森林要宝,把轰隆隆的机器开进原始森林,唤醒沉睡的矿山和森林,伐木、开山,只要对人有利,想做什么就做什么。现在我们开始收敛,知道要慢慢地砍才能多砍几年了。以前人是想要就要,现在知道不能要个没够,得让人家休息休息。常见的宣传口号是:人类只有一个地球。这好比说:咱家只有一个菜园子,别一下子拔光了,算计算计再吃。以前我们把园子里的杂草拔光,把吃菜的虫子杀光,甚至洒农药连不吃菜的虫子一块灭,结果却发现,不光菜长不好,人也长不好了。我们逐渐意识到,人的菜园子不是孤立的,而是与整个大自然构成了一个生态系统,各个物种之间存在着复杂的相互依存和相互制约的关系,于是我们开始保护生态,保护物种的多样性。

“大自然是人类的母亲”“野生动物是人类的朋友”,这种拟人说法现在经常出现,有时显得很矫情。如果大自然是人类的母亲,人类就是最最不孝最最残忍的儿女,小的时候吃母亲的奶,长大了喝母亲的血。把野生动物说成朋友,也是一厢情愿,人家凭什么要与你做朋友?其实,人在设计这个宣传文案的时候,真正要说的意思是:野生动物对人是有用的!只是不愿说得那么赤裸裸,给自己弄块遮羞布。

不过,即使是不怎么发自内心的口号,说得多了,说得让孩子们信以为真了,那也不错。哪天上山看到一只狼,特高兴,人类的朋友嘛,一激动,冲过去和狼握手,结果把狼吓死了——天哪,人,太可怕了!另一只胆大的狼走过来,握手就握手呗,咱们谈谈:这片林子,这片山,我们狼已经生活了不知道多少年,没有几万年,也有几千年,比你们人的历史长得多,凭什么拆了我们的家供你们可持续发展呀?招呼也不打一个,太不够朋友了吧?

老狼的这番话触到了问题的实质。人类只有一个地球,可地球上不只有人类。你要发展,还要可持续,那是你的事儿,可是为了你的发展和持续就把朋友的家给拆了淹了炸了,总是不大好吧。地球就这么大一点,上面生灵无数,都需要阳光、空气和水,不能全凭人说了算吧?不是拿野生动物当朋友吗,是不是该在召开地球切割大会的时候给安排几个席位呢?

人类只有一个地球,在这个说法中,地球还是属于人类的,所以人类要精打细算,才能可持续地发展。应该说,这种理念比之于人定胜天、改造自然要好得多。但是,只要人类仍然以自己为中心,可持续的发展注定是难以为继的。就如癌细胞,只要以自己的生存和发展为第一要义,就不可能克制自己的膨胀,就必然导致寄主的死亡。

花花草草也是生命,也有生存的权利,这种权利与人的权利是平等的。

地球不是人类独有的财产。既然我们不再说人类是上帝的选民,不再认为人类是地球上有特权的物种,我们没有什么理由不承认:人类与其他物种是平等的。如果仅仅因为我们是人,就要把自己置于比其他物种更高的地位,然后仗着自己力量大,谁也打不过,就一切从自己的利益出发,称霸全球,这种逻辑是强权逻辑,它的后果我们从癌细胞身上已经看到了。如果我们不只是在爱鸟周的时候才承认鸟儿是人类的朋友,如果我们不只是在什么什么日的时候才想起来野生动物是人类的朋友,那只有承认,动物有着和人同样的基本权利。否则,这朋友关系就不可能存在。

1792 年 **Mary Wollsronecraft** 发表《为妇女权利辩护》时,剑桥哲学家 **Thomas Taylor** 匿名发表了《为畜生的权利辩护》,加以讽刺。他说,如果她的论证应用于妇女可以成立,那么为什么不适用于猫、狗、马? **Taylor** 的逻辑是:因为说畜生有权利是错误的,因此说妇女有权利也是错误的。

权利是随着民主化进程不断地扩散的。在两百年前的西方,白人有权利,黑人没有权利;男人有权利,女人没有权利。这是当时社会的常识,缺省配置,很少有人想过这事有什么不对。在这种大众语境下谈妇女权利,自然被大多数人认为是一件荒唐得不可思议的事情——那还不如说什么骡子呀,马都有权利呢! 所以 **Taylor** 的讽刺在当时非常到位。现在我们谈动物权利,相信大多数人也会觉得荒唐——那就是说什么老鼠啊,蟑螂啊,都有权利了? 那人就不能消灭它们了? 然而,今天,如果有谁说妇女不应该有权利,马上会被人看成怪物,不光女同学看他可乐,男同学也看他别扭。美国学者纳什在《大自然的权利》中指出,如同现在的妇女权利一样,动物拥有权利这件事也会在将来的某一天,成为我们的常识。到那时,如果有人还像今天似的宣称动物不应该拥有权利,也会被投来异样的、鄙视的目光。

子非鱼,不知鱼之苦。我不能拉着自己的头发离开地面,我怎么能够脱离自己的人的立场承认动物的权利呢? 很多人都会有这样的疑问。回顾历史，我们看到，主张妇女权利的，也不都是女人。这意味着，人能够超越自己的个体利益、性别利益、种族利益，从其他人群的角度去看待事物。那么，人也能够超越自己的物种立场，从其他物种的角度看待事物。

在佛的眼中，在上帝面前，一个人和一个黑猩猩是平等的！

古道尔超越了她自己的民族，我相信她也超越了自己的物种，所以我想，如果让古道尔做一个苏菲的抉择，她会把那根香蕉送给黑猩猩。在我们这个人满为患的世界上，人的权利已经太多了，而黑猩猩的权利却还没有被承认。

癌症起于人,亦止于人。科学的抽象概念,有时候可能会使人忘记这样一项基本的事实——医生治疾,但也治人。而有时候,他们职业的这一前提,会同时把他们往两个方向推。

——古德·菲尔德

·悉达多·穆克青·

医生治病也治人

2004年5月19日上午,在美国马萨诸塞州的伊普斯维奇,卡拉·里德(**Carla·Reed**)从头痛中醒来。30岁的她是三个孩子的母亲,幼儿园老师。她后来回忆,“那不是普通的头痛,而是脑袋的一种麻木。这种麻木立即告诉你,发生了某种可怕的疾病”。

这种可怕的疾痛,已经持续了近一个月。4月下旬,卡拉发现了背部的少量瘀伤。它们在某一天的早晨突然出现,像奇怪的皮

本文是《众病之王:癌症传》的引子,这是一部由印度裔美国医生、科学家和作家——悉达多·穆克青撰写的有关癌症治疗的医学人文作品。作者历时六年,凭借翔实的历史资料、专业文献、媒体报道、患者专访等众多信息,用纪实的文学手法,展现了鲜活的人物和历史事件,旨在让读者了解癌症的起源与发展,人类对抗癌症、预防癌症的斗争史,借医学、文化、社会、政治等视角透露出一种医学的人文关怀精神。本书曾获多项文学奖,中文版由李虎译,2013年2月由中信出版社出版。

肤红斑，在后来的一个月中，扩大，然后消失，在她的背上留下了地图一样的瘢痕。几乎在不知不觉中，她的牙龈开始渐渐地变白。卡拉曾是一位精力充沛的活泼女子，习惯于每天花几个小时和五六岁的孩子们在课堂上追闹。但是，到了5月初，她几乎连走上楼梯都很困难。有些早晨，她精疲力竭，无法站起，只能四肢着地，在自家的走廊里爬行，从一个房间爬到另一个房间。她每天要断断续续地睡上12到14个小时，醒来时仍感觉到压倒性的疲惫，只得把自己再拖回到沙发上补觉。

在这四个星期里，卡拉和她的丈夫一共去看了两次全科医生（和护士），但是她每次去医院，都没有进行检查，医生也没有给出任何诊断结果。幽灵般的疼痛在她的骨头里出现，又消失。医生笨拙地摸索了一些解释，也许是偏头痛，并要求卡拉试一试阿司匹林。但是，阿司匹林反而加重了卡拉的牙龈出血。

卡拉性格开朗、合群、热情洋溢。对于自己疾病的起伏，她感到更多的是困惑，而不是担心。从小到大，她未患过重病。医院对她来说，是一个抽象名词；她从来没有看过或咨询过专科医生，更不用说咨询一位肿瘤学家了。她想象和编造了各种理由来解释自己的症状——过度劳累、抑郁、消化不良、神经衰弱、失眠。但是最终，一种本能的意识——一种“第七感”——告诉卡拉，一场急性的灾难，正在她的体内酝酿。

5月19日下午，卡拉把她的三个孩子托付给邻居，然后自己开车再次来到诊所，要求验血。医生开单进行常规检查，查她的血球计数。化验师从她的静脉抽出一管血，仔细地看了血的颜色，显然很关注。从卡拉的静脉中抽出的血液泛着水色、苍白，如同稀释过了一样，已经不像血了。这一天余下的时间就是等待，但没有任何消息。第二天早上，卡拉在鱼市接到了电话。

诊所的护士在电话中说：“我们需要再抽一些血。”“那我什么时候来？”卡拉一边问，一边盘算着忙碌的一天。她记得自己曾注意过墙上的时钟，一块半磅的鲑鱼鱼排正在她的篮中融化，如果她离开太久,恐怕就会变质了。

最后,一些习以为常的细节弥补了卡拉对疾病的回忆:时钟、安排拼车、孩子们、装满苍白血液的试管、没有来得及洗澡、阳光下的鲑鱼、手机里急促的声调。护士说了些什么,卡拉大部分都已经记不得了,似乎只是一般意义上的催促。她回忆起护士说的:“现在就来,现在就来。”

5 月 21 日上午 7 时许,我听说了卡拉的情况。当时,我正在波士顿,坐在从肯德尔广场到查尔斯街之间飞驰的列车上。我的寻呼机上短信闪烁,隔断的文字冷漠地告诉我,有急诊。“卡拉·里德/白血病新患者/14 层楼/到后请速来。”列车冲出幽长的隧道,马萨诸塞州总医院的玻璃塔楼突然跳进视野,我看到了 14 楼的房间窗户。

我猜想,卡拉正独自坐在其中的一个房间,体验着惊恐与孤独。房间外传来疯狂忙乱的嘈杂声。装有血液的试管,在病房和二楼的实验室之间穿梭。护士带着化验标本奔走,实习医生在为早间报告收集数据,蜂鸣器不停地闪烁,报告、表单被送出来。在医院深处的某个地方,一架显微镜在上下调节,镜头聚焦于卡拉血液中的细胞。

我能相当肯定地感觉到这一切,这是因为急性白血病患者的到来,会为“医院的脊椎”注入一阵战栗。从楼上的癌症病房,到深埋在地下室的临床实验室,无不随之颤抖。白血病是白细胞发生的癌症——癌症最具爆发性,是暴力性的化身之一。病房护士往往会提醒她的患者,得了这种病,“即使被纸划伤也很危险”。

对于在培训期的肿瘤学家来说,白血病也是一种特殊的癌症化身。它的恶化速度、严重性和无法阻挡的癌细胞扩散程度,往往逼人做出快速、极端的决断。罹患这种疾病非常可怕,观察与治疗这种疾病,也同样令人毛骨悚然。一旦白血病入侵,身体就被推到脆弱的生理极限——体内每一个系统(心脏、肺、血液)的运行,都游走在刀锋边缘。

护士把卡拉病例中不清楚的部分向我做了补充：医生进行的血液检查显示，她的红细胞指标严重不足，不到正常的1/3。她的血液中充斥着数以百万计的恶性白细胞，而不是正常的白细胞——用癌症的术语来说，叫“母细胞”。卡拉的医生，终于跌跌撞撞地做出了正确的诊断，把她送到了到马萨诸塞州总医院。

卡拉房间外的走廊漫长而空旷，泛着杀菌剂光芒的大厅地板刚刚被稀释的漂白剂拖过一遍。我在大厅里快速地浏览了她需要做的各项血液检查，同时在我头脑中排练着即将与她进行的谈话。我悲哀地意识到，自己的同情中也掺杂着矫情与公式化的成分。这是我做肿瘤学“研习员”的第10个月——这是一个为期两年的“沉浸式”医学项目，用来培训癌症专家，我感到自己仿佛已被重力压到了最低点。在这10个月中，有说不出的辛酸和困难——数十名在我照顾之下的病人已经死亡。我觉得自己对于死亡及其悲凉，正慢慢变得麻木，对于持续不断的情感冲击，我似乎已变得“免疫”了。

在这家医院，像我这样的癌症研习员，一共有7名。从纸面上看，我们似乎是一支强大的力量：我们是5所医学院和4家教学医院的毕业生，受到的医学训练和科学教育加起来共有66年，我们一共拥有12个研究生以上的学位。但这些苦读的年头和显赫的学位，并没有让我们为这个培训项目做好准备。医学院、实习和住院医生的生活，对人的身体和精神一直是一种折磨。但做“研习员”的头几个月，顿时令那些曾经的生活相形见绌、如同儿戏——以前的生活，简直是在上“医学幼儿园”。

在生活中，癌症能够消耗、吞噬我们的一切。它闯进我们的脑海，占据我们的记忆，渗透我们的每一次谈话、每一个想法。作为医生，如果我们发现自己沉浸于癌症之中，那么，我们的病人就会感到这种疾病几乎会吞噬掉他们的生活。在亚历山大·索尔仁尼琴（**Aleksandr Solzhenitsyn**）的小说《癌症病房》（***Cancer Ward***）中，年轻的俄罗斯人帕维尔·尼古拉耶维奇·卢萨诺夫（**Pavel**

Nikolayevich Rusanov)在45岁左右时发现脖子里长有一颗肿瘤，并立即被发配到地处寒冷北方的一所无名医院的癌症病房中。给卢萨诺夫下的癌症诊断，其实仅仅是存在癌症迹象，就为卢萨诺夫判了死刑。疾病剥夺了他的身份，人们给他穿上了病号服（这种残酷的服装，是一出悲喜剧的道具，就像囚犯的连身囚服一样颓丧），对他的行动采取绝对控制。卢萨诺夫发现，被诊断出患有癌症，就等同于进入了一座无边无界的"医疗劳改营"，甚至比他所抛下的社会，具有更多的侵入和致瘫效应。（我曾向一位患浸润性宫颈癌的女人询问这种"相提并论"，她讽刺地说："不幸的是，我并不需要任何隐喻来阅读这本书。癌症病房就是我受拘的国度、我的监狱"。）

作为一名正在学习照顾癌症患者的医生，我很难体会癌症患者这种被监禁的感觉。但即便只是旁观，我仍然可以感受到它的力量——一种密实而持续不断的拉力，要把所有的事和所有的人都拖入癌症的轨道。在我进入该项目的第一个星期，一位刚刚从"浸润项目"结业的同事把我拉到一边劝我，"这就是所谓的浸润式培训项目，"他压低了嗓子说，"但'浸润式'的真正意思是'淹死'。不要让它影响到你所有的一切。你需要有医院以外的生活。你需要这个，否则你会被吞噬的。"

可是，真正要做到将生活与工作分开实属不易。在医院的停车场，高亮的氖光灯打在冰凉的混凝土地面上，我每天的巡视工作结束后，就在这里度过晚上的最后时光。白天的工作让人头昏脑涨、魂不守舍，身后汽车收音机里茫然地传来噼啪的声音。患者的病情让我忧心忡忡，我不由自主地试图在头脑中重新梳理这一天里发生的事情，审视自己的判断和抉择是否正确。

对66岁的患肺癌药剂师的用药都已经失败了，值得为他再做一轮化疗吗？对一位26岁患霍奇金淋巴瘤的女人，是采取一种已经试验过的强大药物组合治疗好呢，还是选择（可能能保留生育能力的）更具实验性质的药物组合治疗好？前者要冒失去生育能力的风险,而后者则可以保全生育能力。那个患了结肠癌、讲西班牙语的三个孩子的母亲,几乎难以读懂同意书上那些程式化的、谜一般的文字,是否应该让她参加一个新的临床试验?

在日常对癌症治疗的工作中,我只能透过检测仪器那色彩饱和度变化的细节,才能判断他们的生命与命运,他们在竭力上演,而我就像在观看对比度调到很高的电视。我不能从屏幕上移开,尽管我本能地知道,这些经历是战胜癌症的更大战斗的一部分,但它的轮廓已远远超出我力所能及的范围。作为一名新手,我渴望了解历史,同时我又无力想象这种历史。

但是,随着我走出这两年研习工作带来的莫名苦痛,我更急迫地想了解关于癌症的更宏大的故事:“癌”有多大年纪了?我们对癌斗争的根源是什么?或者,如病人经常问我的:我们在对癌战争中,处于何处?我们是如何到达这里的?是否这里就是终点?甚至,这场战役究竟能否打赢?

正是在试图回答这些问题的时候,产生了创作此书的动机。在钻研癌症这种“形态多变的疾病”的时候,我是在面对历史,用过去解释现在。2500 年前,36 岁的阿托莎(**Atossa**)身患Ⅲ期乳腺癌,她的绝望与悲愤久久地回荡在耳边。这位波斯王后用布裹住自己癌变的乳房,藏匿起患病的躯体,然后以一种毅然决然与先见之明的态度,极其愤怒地要求手下的奴隶用刀把她的乳房割下来。曾有一位病人的愿望就是切除她满是癌细胞的胃。正如她对我说的——“不留残余”。让人想起了“19 世纪时迷恋于‘完满’的外科医生威廉·霍尔斯特德(**William Halsted**)”,他通过较大面积的毁形性手术,切除癌症;他所希望的是:切得越多,就意味着越能治愈。

千百年来,在这些医疗层面、文化层面和隐喻层面的理解之下,暗潮涌动的,是对这种疾病的生物学认识。而这种认识往往随着时代的前进,发生根本性的嬗变。现在我们知道:癌症,是由某一单个细胞的生长失控引起的疾病。这种增长是由突变引发的——**DNA** 的变化特别地影响了基因,“煽动了”无限制的细胞生长。在一个正常细胞中,强大的基因回路调节着细胞的分裂和死亡。但在癌细胞中,这些回路已被打破,释放了一个不停分身的细胞。

这种看似简单的机制(细胞毫无障碍地生长)能够位于这个怪诞多形的疾病的核心,证明了细胞生长具有深不可测的力量。细胞分裂使生物体能够成长、适应、恢复和修复——让生物体能够生存。而这种机制一旦被歪曲和解缚,它就可以让癌细胞生长、繁荣、去适应、去恢复、去修复——以我们的生命为代价,去实现癌的生存。癌细胞(比正常细胞)生长得更快、适应得更好。癌是我们自身的一个更完美的“版本”。

因此,对抗癌症的秘密,就是要找到方法,防止易感细胞发生突变;或者消除突变细胞,又不损害正常细胞生长。这一观点看似简单,却掩盖了任务的艰巨性。恶性生长和正常生长,在遗传基因层面是紧密地交织在一起的;要把这两者区分开,可能是我们这个物种面临的最重大的科学挑战之一。癌症是生在我们的基因组里的:对我们的身体来说,解放了正常细胞分裂的那些基因,并不是“外来者”,而恰恰是“曾执行关键细胞功能的基因突变、自我扭曲的版本”。而且,癌症根植于我们的社会中:随着我们这个物种寿命的不断延长,也不可避免地会释放恶性增长(癌基因突变随着衰老而逐渐积累,因此,癌症在本质上与年龄相关)。如果说,我们人类正在寻求长生不死的话,那么从某种执拗的意义上说,癌细胞也在寻求长生不死。

“要准确地说出,下一代科学家将怎样进行研究,才能区分开恶性增长和正常生长的纠缠?”这仍是一个谜。正如20世纪生物学家霍尔丹喜欢说的,“宇宙”不仅比我们设想的更奇特,而且比我们所能设想的更奇特。科学的轨迹也正是如此。但有一点是可以肯定的:未来的故事无论怎样展开,都会打上过往人类曾经尝试各种努力的烙印。曾有作家说,癌症是人类疾病中最“凶狠阴险的敌人”;而对抗癌症的故事,则充满了创造力、适应力和毅力。但是,这也将是一个充满傲慢、狂妄、专制、误解、空想和骗局的故事。犹如30多年前的故事一样——人们狂妄地预言,这种疾病几年之内就可实现“治愈”。

在这间空荡荡的消毒病房里,卡拉打响了自己的“抗癌战争”。我到的时候,她正坐在床上写东西,有一种特别的平静,像一位记笔记的学校教师。她后来回忆道:“什么笔记?我只是在把同样的想法,写了又写。”她的母亲经过一个通宵的飞行,红着眼睛、泪眼婆娑地冲进房间,然后坐在椅子上用力地摇摆,默默地看着窗外。卡拉身边的各种喧嚣,几乎已经一片模糊:护士把液样送进送出、实习生穿戴口罩及护袍、抗生素被挂在输液架上,给她的静脉进行注射。

我尽我所能地向她说明当前的情况,并解释她未来的一天将奔波于实验室之间进行各种检查。我会提取一份骨髓样本,病理学家将进行更多的检查。但是,初步的检查已表明,卡拉患的是急性淋巴细胞白血病。这是儿童癌症中最常见的形式之一,但在成人中倒是罕见的。这种病(我在这里停顿了一下,抬起眼睛,表示强调),常常是可以治愈的。

“可以治愈的。”卡拉点点头,她的眼神明亮了。不可避免的问题悬在房间的空气中:可治愈的概率有多大?生存率是多少?她生存下来的机会是多少?治疗需要多长时间?我摆出了我的计算:一旦确诊,化疗将立即开始,持续时间超过一年。她被治愈的机会是30%左右,每三个人中,有略少于一个人可以治愈。

我们继续谈了一个小时,也许更长。上午九点半,我们脚下的城市已被搅弄得完全清醒了。我起身走出病房,外面的冷空气迎面扑来,门在身后撞上了,将卡拉封在了屋里。

科学艺术

科学和艺术的关系是同智慧和情感的二元性密切相连的。

·李政道·

寻求真理的普遍性

艺术和科学的共同基础是人类的创造力，它们追求的目标都是真理的普遍性。

艺术，例如诗歌、绘画、音乐等，用创新的手法去唤起每个人的意识或潜意识中深藏着的、已经存在的情感。如李白（公元701—

本文作者李政道系著名物理学家，美国哥伦比亚大学教授。1926年生于中国上海，1944年至1946年先后就读浙江大学、西南联合大学。1950年获美国芝加哥大学哲学博士学位。因为弱相互作用中宇称不守恒定律的发现，他和杨振宁共获1957年诺贝尔物理学奖。他在统计力学方面作出了开创性的重大贡献。创立了中美联合招考物理研究生计划（**CUSPEA**）；倡导成立了博士后流动站和中国博士后基金会；还创立了中国高等科学技术中心（**CCAST**）等。除了在科学技术及人才培养上作出大量杰出贡献，李政道一直致力于科学与艺术的贯通，寻求真理的普遍性。

762）在《把酒问月》中写道：

> 青天有月来几时？我今停杯一问之。
> ……
> 今人不见古时月，今月曾经照古人。
> 古人今人若流水，共看明月皆如此。

而三百多年后，苏轼（公元1037—1101）的《水调歌头》写道：

> 明月几时有？把酒问青天。……人有悲欢离合，月有阴晴圆缺，此事古难全。但愿人长久，千里共婵娟。

在咏诵这些诗的时候，它们的相似之点和不同之处同样感动着读者。尽管李白、苏轼生活的时代和今天的社会已经完全不同了，但这些几百年乃至一千年前的诗在今天人们的心中仍然能够引发强烈的感情共鸣。

同样，我们现在阅读莎士比亚的著作，或者观赏莎士比亚的戏剧，不论是原文或译文，也有着和几百年前英国的读者观众相似的情感共鸣。

情感越珍贵，反响越普遍，跨越时空、社会的范围越广泛，艺术也就越优秀。

科学，例如天文学、物理学、化学、生物学等，对自然界的现象进行新的准确的抽象，这种抽象通常被称为自然定律。定律的阐述越简单、应用越广泛，科学就越深刻。尽管自然现象不依赖于科学家而存在，但对自然现象的抽象和总结是一种人为的，并属于人类智慧的结晶，这和艺术家的创造是一样的。

在科学中，人们研究物质的结构，知道所有物质都是由分子、原子构成，原子又都由原子核和电子构成，原子核又由质子、中子组成，质子、中子又由夸克组成，等等。人们认识了物质的基本结构,进而去认识世界和宇宙。

科学技术的应用形式会不断发生新的变化,但其科学原理并不随这些应用而改变,这就是科学的普遍性。

李政道在演讲

在 19 世纪和 20 世纪之交,科学上有两个关键性的发现,它们看上去似乎有些神秘,与我们的日常生活无关。一个是迈克耳孙和莫雷在 1887 年做的光速实验,另一个是普朗克在 1900 年发现的黑体辐射公式。前者是爱因斯坦狭义相对论的实验依据,后者为量子力学奠定了基础。正是有了相对论和量子力学,20 世纪的科技发展,如核能、原子物理、分子束、激光、**X** 射线技术、半导体、超导体、超级计算机,等等,才得以存在。因此,科学原理应用越广泛,在人们社会生活中的表现形式也越多样化。

科学家追求的普遍性不同于自然现象的普遍性,是人类对自然现象的抽象和总结,适用于所有的自然现象。它的真理性植根于科学家以外的外部世界，科学家和整个人类只是这个外部世界的一个组成部分。艺术家追求的普遍真理性也是外在的，植根于整个人类，没有时间和空间的界限。尽管科学的普遍性和艺术的普遍性并不完全相同，但它们之间有着很强的关联。

因此，科学和艺术的关系是同智慧和情感的二元性密切相连的。对艺术的美学鉴赏和对科学观念的理解都需要智慧，随后的感受升华与情感又是分不开的。没有情感的因素和促进，我们的智慧能够开创新的道路吗？而没有智慧的情感能够达到完善的意境吗？所以，科学和艺术是不可分的，两者都在寻求真理的普遍性。普遍性一定植根于自然，而对自然的探索则是人类创造性的最崇高的表现。事实上如一个硬币的两面，科学和艺术源于人类活动最高尚的部分，都追求着深刻性、普遍性、永恒和富有意义。

自然与自然的定律都隐藏在黑暗之中：上帝说："让牛顿来吧！"于是，一切变为光明。

——亚历山大·波普

·杨振宁·

美与物理学

19世纪物理学的三项最高成就是热力学、电磁学与统计力学。其中统计力学奠基于麦克斯韦(**J. Maxwell**,1831—1879)、玻尔兹曼(**L. Boltzmann**,1844—1906)与吉布斯(**J. W. Gibbs**,1839—1903)的工作。玻尔兹曼曾经说过①：

> 一位音乐家在听到几个音节后，即能辨认出莫扎特(**Mozart**)、贝多芬(**Beethoven**)或舒伯特(**Schubert**)的音乐。同样，一位数学家或物理学家也能在读了数页文字后辨认出柯西(**Cauchy**)、高斯(**Gauss**)、雅科比(**Jacobi**)、亥姆霍兹(**Helmholtz**)或基尔霍夫(**Kirchhoff**)的工作。

本文是杨振宁于1997年1月17日在香港中华科学与社会协进会与中文大学主办的演讲会上的讲词。讲题原为《科学工作有没有风格》。

① 见 ***Ludwig Boltzmann***, **E. Broda** 编，第23页(**Oxbow Press**,1983)。

对于他的这一段话也许有人会发生疑问:科学是研究事实的,事实就是事实,哪里会有什么风格? 关于这一点我曾经有过如下的讨论①:

> 让我们拿物理学来讲吧! 物理学的原理有它的结构,这个结构有它的美和妙的地方,而各位物理学工作者,对于这个结构的不同的美和妙的地方,有不同的感受。因为大家有不同的感受,所以每位工作者就会发展他自己独特的研究方向和研究方法。也就是说他会形成他自己的风格。

今天我的演讲就是要尝试阐述上面这一段话。我们先从两位著名物理学家的风格讲起。

一、狄拉克

狄拉克(**P. Dirac**,1902—1984)是20世纪一位大物理学家。

杨振宁与杨福家(左)、谢希德(中)和谷超豪(右)教授合影

① 杨振宁,《读书教学四十年》,第116页(香港三联书店,1985年)。

英国物理学家狄拉克

关于他的故事很多。譬如：有一次狄拉克在普林斯顿大学演讲。演讲完毕，一位听众站起来说："我有一个问题请回答：我不懂怎么可以从公式(2)推导出来公式(5)。"狄拉克不答。主持者说："狄拉克教授，请回答他的问题。"狄拉克说："他并没有问问题，只说了一句话。"

这个故事所以流传极广是因为它确实描述了狄拉克的一个特点：话不多，而其内含有简单、直接、原始的逻辑性。一旦抓住了他独特的，别人想不到的逻辑，他的文章读起来便很通顺，就像"秋水文章不染尘"，没有任何渣滓，直达深处，直达宇宙的奥秘。

狄拉克最了不得的工作是1928年发表的两篇短文，写下了狄拉克方程①：

$$(pc\boldsymbol{\alpha} + mc^2\boldsymbol{\beta})\boldsymbol{\psi} = E\boldsymbol{\psi}。 \quad \text{(D)}$$

这个简单的方程式是惊天动地的成就，是划时代的里程碑：它对原子结构及分子结构都给予了新的层面和新的极准确的了解。没有这个方程，就没有今天的原子、分子物理学与化学。没有狄拉克引进的观念就不会有今天医院里通用的核磁共振成像(**MRI**)技术，不过此项技术实在只是狄拉克方程的一项极小的应用。

狄拉克方程"无中生有"、石破天惊地指出为什么电子有"自旋"(**spin**)，而且为什么"自旋角动量"是1/2而不是整数。初次

① 此方程式中$\boldsymbol{p}$是动量，$\boldsymbol{c}$是光速(300000千米/秒)，$\boldsymbol{m}$是电子的质量，$\boldsymbol{E}$是能量，$\boldsymbol{\psi}$是波函数。这些都是当时大家已熟悉的观念。$\boldsymbol{\alpha}$和$\boldsymbol{\beta}$是狄拉克引进的新观念，十分简单却影响极大，在物理学和数学中都起了超级作用。

了解此中奥妙的人都无不惊叹这正是神来之笔，是别人无法想到的妙算。当时最负盛名的海森伯（**W. Heisenberg**，1901—1976）看了狄拉克的文章，无法了解狄拉克怎么会想出此神来之笔，于1928年5月3日给泡利（**W. Pauli**，1900—1958）写了一封信[①]描述了他的烦恼：

> 为了不持续地被狄拉克所烦扰，我换了一个题目做，得到了一些成果。

（这成果是另一项重要贡献：磁铁为什么是磁铁。）

狄拉克方程之妙处虽然当时立刻被同行所认识，可是它有一项前所未有的特性，叫作“负能”现象，这是大家所绝对不能接受的。狄拉克的文章发表以后三年间关于负能现象有了许多复杂的讨论，最后于1931年狄拉克又大胆提出“反粒子理论”（***Theory of Antiparticles***）来解释负能现象。这个理论当时更不为同行所接受，因而流传了许多半羡慕半嘲弄的故事。直到1932年秋安德森（**C. D. Anderson**，1905—1991）发现了电子的反粒子以后，大家才渐渐认识到反粒子理论又是物理学的另一座里程碑。

20世纪的物理学家中，风格最独特的就数狄拉克了。我曾想把他的文章风格写下来给我的从事文、史、艺术方面的朋友们看，始终不知如何下笔。去年偶然在香港《大公报》大公园一栏上看到一篇文章，其中引了高适（700—765）在《答侯少府》中的诗句：

---

① 译自 A. Pais，***Inward Bound***，第348页（**Oxford University Press**，1986）。海森伯是当时最被狄拉克方程所烦扰的一位物理学家，因为他是这方面的大专家：1913年玻尔最早提出了量子数的观念，这些数都是整数。后来于1921年还不到20岁的学生海森伯大胆地提出量子数是1/2的可能。1925年两位年轻的荷兰物理学家把1/2的量子数解释成自旋角动量。这一些发展都是唯象理论，它们得到了许多与实验极端符合的结果，十分成功。可是它们都还只是东拼西凑出来的理论。狄拉克方程则不然，它极美妙地解释了为什么自旋角动量必须是1/2。由此我们很容易体会到当天才的海森伯看了狄拉克方程，在钦佩之余，必定会产生高度的烦恼。

性灵出万象

风骨超常伦

我非常高兴,觉得用这两句诗来描述狄拉克方程和反粒子理论是再好没有了:一方面狄拉克方程确实包罗万象,而用“出”字描述狄拉克的灵感尤为传神。另一方面他于1928年以后四年间不顾玻尔(**N. Bohr**,1885—1962)、海森伯、泡利等当时的大物理学家的冷嘲热讽,始终坚持他的理论,而最后得到全胜,正合“风骨超常伦”。

可是什么是“性灵”呢?这两个字联起来字典上的解释不中肯。若直觉地把“性情”“本性”“心灵”“灵魂”“灵感”“灵犀”“圣灵”(**Ghost**)等加起来似乎是指直接的、原始的、未加琢磨的思路,而这恰巧是狄拉克方程之精神。刚好此时我和香港中文大学童元方博士谈到《二十一世纪》1996年6月号上钱锁桥的一篇文章,才知道袁宏道(1568—1610)[和后来的周作人(1885—1967),林语堂(1895—1976)等]的性灵论。袁宏道说他的弟弟袁中道(1570—1623)的诗是“独抒性灵,不拘格套”,这也正是狄拉克作风的特征。“非从自己的胸臆流出,不肯下笔”,又正好描述了狄拉克的独创性!

二、海森伯

比狄拉克年长一岁的海森伯是20世纪另一位大物理学家,有人认为他比狄拉克还要略高一筹①。他于1925年夏天写了一篇文章,引导出了量子力学的发展。38年以后(1963年)科学史家库恩(**T. Kuhn**,1922—1996)访问他,谈到构思那个工作时的情景。海森伯说②:

---

① 诺贝尔奖金委员会似乎持此观点:海森伯独获1932年诺贝尔物理学奖,而狄拉克和薛定谔合获1933年诺贝尔物理学奖。

② 译自 **A. Pais**,***Niels Bohr's Times***,第276页(**Oxford UniversityPress**,1991)。

德国物理学家海森伯

爬山的时候，你想爬某个山峰，但往往到处是雾……你有地图，或别的索引之类的东西，知道你的目的地，但是仍堕入雾中。然后……忽然你模糊地，只在数秒钟的功夫，自雾中看到一些形象，你说：“哦，这就是我要找的大石。”整个情形自此而发生了突变，因为虽然你仍不知道你能不能爬到那块大石，但是那一瞬间你说：“我现在知道我在什么地方了。我必须爬近那块大石，然后就知道该如何前进了。”

这段谈话生动地描述了海森伯1925年夏摸索前进的情形。要了解当时的气氛，必须知道自从1913年玻尔提出了他的原子模型以后，物理学即进入了一个非常时代：牛顿（**I. Newton**，1642—1727）力学的基础发生了动摇，可是用了牛顿力学的一些观念再加上一些新的往往不能自圆其说的假设，却又可以准确地描述许多原子结构方面奇特的实验结果。奥本海默（**J. R. Oppenheimer**，1904—1967）这样描述这个不寻常的时代[①]：

那是一个在实验室里耐心工作的时代，有许多关键性的实验和大胆的决策，有许多错误的尝试和不成熟的

---

① 译自 **J. R. Oppenheimer**，***Science and the Common Understanding***（***The Reith Lectures*** 1953，**Simon and Schuster**，1954）。引文最后一句是说荷马（**Homer**，古希腊诗人）和喀莱尔（**T. Carlyle**，1795—1881）都恐怕难以胜任。

假设。那是一个真挚通讯与匆忙会议的时代,有许多激烈的辩论和无情的批评,里面充满了巧妙的数学性的挡驾方法。

对于那些参加者,那是一个创新的时代,自宇宙结构的新认识中他们得到了激奋,也尝到了恐惧。这段历史恐怕永远不会被完全记录下来。要写这段历史须要有像写奥迪帕斯(***Oedipus***)或写克伦威尔(***Cromwell***)那样的笔力,可是由于涉及的知识距离日常生活是如此遥远,实在很难想象有任何诗人或史家能胜任。

1925 年夏天,23 岁的海森伯在雾中摸索,终于摸到了方向,写了上面所提到的那篇文章。有人说这是 300 年来物理学史上继牛顿的《自然哲学的数学原理》以后影响最深远的一篇文章。

可是这篇文章只开创了一个摸索前进的方向,此后两年间还要通过玻恩(**M. Born**, 1882—1970)、狄拉克、薛定谔(**E. Schrödinger**,1887—1961)、玻尔等人和海森伯自己的努力,量子力学的整体架构①才逐渐完成。量子力学使物理学跨入崭新的时代,更直接影响了 20 世纪的工业发展,举凡核能发电、核武器、激光、半导体元件等都是量子力学的产物。

1927 年夏,25 岁尚未结婚的海森伯当了莱比锡(**Leipzig**)大学理论物理系主任。后来成名的布洛赫(**F. Bloch**, 1905—1983,核磁共振机制创建者)和泰勒(**E. Teller**, 1908—2003,“氢弹之父”,我在芝加哥大学时的博士学位导师)都是他的学生。他喜欢打乒乓球,而且极好胜。第一年他在系中称霸。1928 年秋自美国

① 紧跟着海森伯的文章,数月内即又有玻恩与约尔丹(**P. Jordan**,1902—1980)的文章和玻恩、海森伯与约尔丹的文章。这三篇文章世称“一人文章”“二人文章”及“三人文章”,合起来奠定了量子力学的数学结构。狄拉克和薛定谔则分别从另外的途径也建立了同样的结构。这个数学结构的物理意义却一时没有明朗化。1927 年海森伯的“测不准原理”和玻尔的“互补原理”才给量子力学的物理意义建立了“哥本哈根解释”。

来了一位博士后,自此海森伯只能屈居亚军。这位博士后的名字是大家都很熟悉的——周培源。

海森伯所有的文章都有一共同特点:朦胧、不清楚、有渣滓,与狄拉克的文章的风格形成一个鲜明的对比。读了海森伯的文章,你会惊叹他的独创力(*originality*),然而会觉得问题还没有做完,没有做干净,还要发展下去;而读了狄拉克的文章,你也会惊叹他的独创力,同时却觉得他似乎已把一切都发展到了尽头,没有什么再可以做下去了。

前面提到狄拉克的文章给人"秋水文章不染尘"的感受。海森伯的文章则完全不同。二者对比清浊分明。我想不到有什么诗句或成语可以描述海森伯的文章,既能道出他的天才的独创性,又能描述他的思路中不清楚,有渣滓,有时似乎有点茫然乱摸索的特点。

三、物理学与数学

海森伯和狄拉克的风格为什么如此不同?主要原因是他们所专注的物理学内涵不同。为了解释此点,请看图 1 所表示的物理学的三个部门和其中的关系:唯象理论(*phenomenological theory*)(2)是介乎实验(1)和理论架构(3)之间的研究。(1)和(2)合起来是实验物理,(2)和(3)合起来是理论物理,而理论物理的语言是数学。

物理学的发展通常自实验(1)开始,即自研究现象开始。关于这一发展过程,我们可以举很多大大小小的例子。先举牛顿力学的历史为例。布拉赫(**T. Brahe**,1546—1601)是实验天文物理学家,活动领域是(1)。他做了关于行星轨道的精密观测。后来开普勒(**J. Kepler**,1571—1630)仔细分析布拉赫的数据,发现了有名的开普勒三大定律。这是唯象理论(2)。最后牛顿创建了牛顿力学与万有引力理论,其基础就是开普勒的三大定律。这是理论架构(3)。

再举一个例子:通过18世纪末、19世纪初的许多电学和磁学的实验(1),安培(**A. Ampère**,1775—1836)和法拉第(**M. Faraday**,1791—1867)等人发展出了一些唯象理论(2)。最后由麦克斯韦归纳为有名的麦克斯韦方程(即电磁学方程),才步入理论架构(3)的范畴。

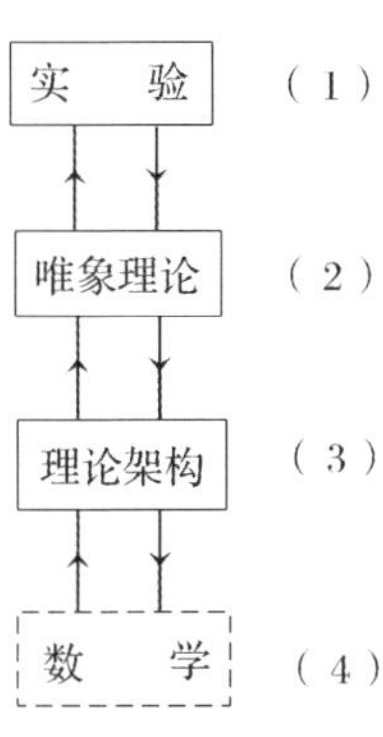

图1　物理学的三个领域

另一个例子:19世纪后半叶许多实验工作(1)引导出普朗克(**M. Planck**,1858—1947)1900年的唯象理论(2)。然后经过爱因斯坦(**A. Einstein**,1879—1955)的文章和上面提到过的玻尔的工作等,又有一些重要发展,但这些都还是唯象理论(2)。最后通过量子力学之产生,才步入理论架构(3)的范畴。

海森伯和狄拉克的工作集中在图1所显示的哪一些领域呢?狄拉克最重要的贡献是前面所提到的狄拉克方程(**D**)。海森伯最重要的贡献是海森伯方程[①],是量子力学的基础:

$$pq - qp = -i\hbar。\qquad (\mathbf{H})$$

这两个方程都是理论架构(3)中之尖端贡献。二者都达到物理学的最高境界。可是写出这两个方程的途径却截然不同:海森伯的灵感来自他对实验结果(1)与唯象理论(2)的认识,进而在摸索中达到了方程式(**H**)。狄拉克的灵感来自他对数学(4)的美的直觉欣赏,进而天才地写出他的方程(**D**)。他们二人喜好的、注意的方向不同,所以他们的工作的领域也不一样,如图2所示。[此图也标明玻尔、薛定谔和爱因斯坦的研究领域。爱因斯坦兴趣广泛,在许多领域中,自(2)至(3)至(4),都曾作出划时代的贡献。]

① 事实上海森伯并未能写下(H)。他当时的数学知识不够。(H)是在前两页脚注中所提到的二人文章与三人文章中最早出现的。

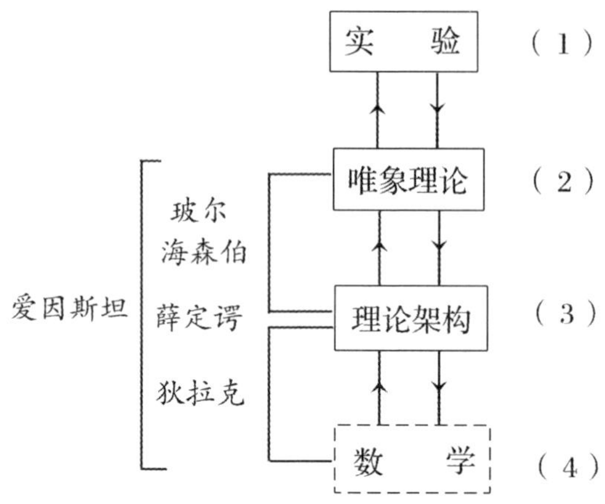

图2 几位20世纪物理学家的研究领域

海森伯从实验(1)与唯象理论(2)出发:实验与唯象理论是五光十色,错综复杂的,所以他要摸索,要犹豫,要尝试了再尝试,因此他的文章也就给读者不清楚,有渣滓的感觉。狄拉克则从他对数学的灵感出发:数学的最高境界是结构美,是简洁的逻辑美,因此他的文章也就给读者"秋水文章不染尘"的感受。

让我补充一点关于数学和物理的关系。我曾经把二者的关系表示为两片在茎处重叠的叶片(图3)。重叠的地方同时是二者之根,二者之源。譬如微分方程、偏微分方程、希尔伯特空间、黎曼几何和纤维丛等,今天都是二者共用的基本观念。这是惊人的事实,因为首先达到这些观念的物理学家与数学家曾遵循完全不同的路径,完全不同的传统。为什么会殊途同归呢?大家今天没有很好的答案,恐怕永远不会有,因为答案必须牵扯到宇宙观、知识论和宗教信仰等难题。

必须注意的是在重叠的地方,共用的基本观念虽然相同,但是重叠的地方并不多,只占两者各自的极少部分。譬如,实验(1)与唯象理论(2)都不在重叠区,而绝大部分的数学工作也在重叠区之外。另外值得注意的是即使在重叠区,虽然基本观念物理与数学共用,但是二者的价值观与传统截然不同,而二者发展的生命力也各自遵循不同的茎脉流通,如图3所示。

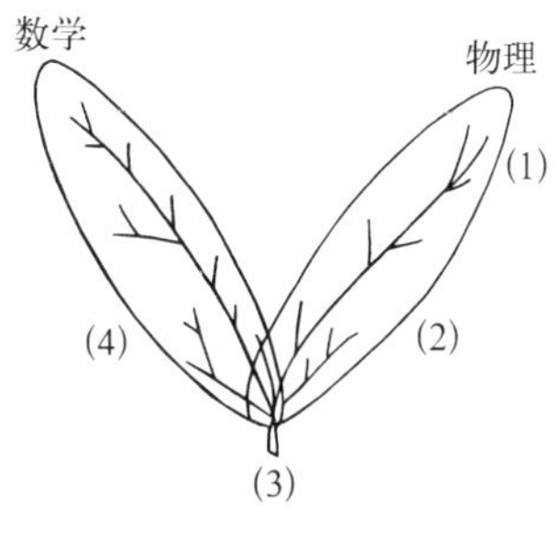

图3　二叶图

常常有年轻朋友问我,他应该研究物理,还是研究数学。我的回答是这要看你对哪一个领域里的美和妙有更高的判断能力和更大的喜爱。爱因斯坦在晚年时(1949年)曾经讨论过①为什么他选择了物理。他说:

> 在数学领域里,我的直觉不够,不能辨认哪些是真正重要的研究,哪些只是不重要的题目。而在物理领域里,我很快学到怎样找到基本问题来下功夫。

年轻人面对选择前途方向时,要对自己的喜好与判断能力有正确的自我估价。

四、美与物理学

物理学自(1)到(2)到(3)是自表面向深层的发展。表面有表面的结构,有表面的美。譬如虹和霓是极美的表面现象,人人都可以看到。实验工作者作了测量以后发现虹是42°的弧,红在外,紫在内;霓是50°的弧,红在内,紫在外。这种准确规律增加了实验工作者对自然现象的美的认识。这是第一步(1)。进一步的唯象理论(2)研究使物理学家了解到这42°与50°可以从阳光在水珠中的折射与反射推算出来,此种了解显示出了深一层的美。再进

---

① 节译自爱因斯坦的 ***Autobiographical Notes***,原文见 ***Albert Einstein, Philosopher – Scientist***, **ed. P. A. Schilpp, Open Court, Evanston**, Ⅲ(1949)。

一步的研究更深入了解折射与反射现象本身可从一个包容万象的麦克斯韦方程推算出来,这就显示出了极深层的理论架构(3)的美。

牛顿的运动方程、麦克斯韦方程、爱因斯坦的狭义与广义相对论方程、狄拉克方程、海森伯方程和其他五六个方程是物理学理论架构的骨干。它们提炼了几个世纪的实验工作(1)与唯象理论(2)的精髓,达到了科学研究的最高境界。它们以极度浓缩的数学语言写出了物理世界的基本结构,可以说它们是造物者的诗篇。

这些方程还有一方面与诗有共同点:它们的内涵往往随着物理学的发展而产生新的、当初所完全没有想到的意义。举两个例子:上面提到过的19世纪中叶写下来的麦克斯韦方程是在20世纪初通过爱因斯坦的工作才显示出高度的对称性,而这种对称性以后逐渐发展为20世纪物理学的一个最重要的中心思想。另一个例子是狄拉克方程。它最初完全没有被数学家所注意,而今天狄拉克流型(***Dirac Manifold***)已变成数学家热门研究的一个新课题。

学物理的人了解了这些像诗一样的方程的意义以后,对它们的美的感受是既直接而又十分复杂的。

它们的极度浓缩性和它们的包罗万象的特点也许可以用布雷克(**W. Blake**,1757—1827)的不朽名句来描述[①]:

To see a World in a Grain of Sand

---

① 陈之藩教授的译文(见他的《时空之海》,中国台北远东图书公司,1996,第47页)如下:

一粒砂里有一个世界
一朵花里有一个天堂
把无穷无尽握于手掌
永恒宁非是刹那时光

And a Heaven in A Wild Flower
Hold Infinity in the palm of your hand
And Eternity in an hour

它们的巨大影响也许可以用波普(**A. Pope**,1688—1744)的名句来描述①:

Nature and nature's law lay hid in night:
God said,let Newton be! And all was light.

可是这些都不够,都不能全面地道出学物理的人面对这些方程的美的感受。缺少的似乎是一种庄严感,一种神圣感,一种初窥宇宙奥秘的畏惧感。我想缺少的恐怕正是筹建歌德式(***Gothic***)教堂的建筑师们所要歌颂的崇高美、灵魂美、宗教美、最终极的美。

① 我的翻译如下:

自然与自然规律为黑暗隐蔽:
上帝说,让牛顿来!一切即臻光明。

科学是一中有多，艺术是多中见一。

——杜朗特《叔本华》

·许渊冲·

科学与艺术

我在《追忆逝水年华》中文本里说过："科学研究的是'真'，艺术研究的是'美'。科学研究的是'有之必然，无之必不然'之'理'；艺术研究的是'有之不必然；无之不必不然'之'艺'。"在英文本中又说过："中国诗词往往意在言外，英诗却是言尽意穷。"这就是说，中诗意大于言，英诗意等于言。如果言是一加一，意是二，那言和意相等的公式就是 1 + 1 = 2。如果言还是一加一，意却是三，那意就大于言了，所以公式是 1 + 1 = 3。"三"其实就是大于二的意思。如"春蚕到死丝方尽"，如只表示春蚕到死才不吐丝，那是 1 + 1 = 2；如还表示相思到死才罢，那就是 1 + 1 = 3；如再表示写诗要写到死，那更是 1 + 1 = 4 了。

这和奥本海默的话有无相通之处呢？奥本海默说：科学家设

本文作者许渊冲系北京大学教授，翻译家。1921 年 4 月 18 日生于江西南昌。早年毕业于西南联合大学外文系，1944 年考入清华大学研究院外国文学研究所，1983 年起任北京大学教授。长期从事文学翻译，译作涵盖中、英、法等多语种，擅长中国古诗词的英译，形成韵体译诗的独特方法与理论，被誉为"诗译英法唯一人"，译著包括《诗经》《楚辞》《李白诗选》《西厢记》《红与黑》《追忆似水年华》等。

法解释以前大家不理解的现象。如 1957 年,杨振宁解释了宇称不守恒定律;在 1957 年以前,这是大家不理解的现象;但到 1957 年以后,大家就理解了。理解就是言等于意:1 +1 =2。奥本海默说:诗人设法描述大家早就理解的东西,如李商隐的“春蚕到死丝方尽”,如只理解为春蚕吐丝到死为止,那是大家都理解的,言等于意:1 +1 =2;如更理解为相思到死,那就不是大家都理解的意思,意大于言:1 +1 >2 或 1 +1 =3;如还理解为诗人写诗不死不休,那更不是大家能理解的,意更大于言,所以说 1 +1 =4 了。

杨振宁为我的《追忆逝水年华》写了英文序言,我先在《英语世界》上发表,题目是“旧雨重逢”。8 月 21 日他来北京,我把《英语世界》给他,还给了他一张西南联大教学大楼的照片,问他记不记得:一楼左手是陈福田教授讲大一英文 **A** 组的教室,对面是钱锺书教授的 **B** 组,隔壁是潘家洵教授的 **C** 组,陈省身教授讲数学也在那个教室。而三楼大教室则是朱自清、闻一多等教授给我们讲大一国文的地方。我还问他:1939 年 1 月 2 日朱自清陪茅盾来大教室作报告,他听了没有?他记不清了,但对照片很感兴趣。

他这次来北京大学做《美与物理学》的报告,开始讲到 1933 年得诺贝尔物理学奖的狄拉克,说他有一次在普林斯顿大学讲演,讲后有人站起来说:“我有一个问题请回答:我不懂怎么可以从公式 (2)推导出公式(5)来。”狄拉克没有回答。主持报告会的人说:“狄拉克教授,请回答他的问题。”狄拉克说:“他并没有提出问题,只说了一句话。”这个故事说明狄拉克逻辑性强,因为听众不懂公式只是一句话,不是问题,所以他不回答。杨振宁说狄拉克的风格直截了当,不含渣滓,犹如“秋水文章不染尘”。

他又讲到海森伯在 1925 年引导出了量子力学的发展,直接影响了核子发电、原子武器、激光、半导体元件等。他的风格和狄拉克的完全不同:朦胧,不清楚,有渣滓。他自己说:“爬山的时候,你想爬某个山峰,但往往到处是雾……”杨振宁说:“我想不到有什么成语可以描述海森伯有时似乎是有点茫然乱摸索的特点。”

但是他说：狄拉克、海森伯方程的极度浓缩性和包罗万象的特点，也许可以用布莱克的不朽诗句来描述：

一粒沙中见世界，一朵花里见天堂。
一手掌握无限大，永恒不比片刻长。

而他们的巨大影响也许可以用波普的名言来描述：

自然规律暗中藏，天命牛顿带来光。

那天晚上，陈（佳洱）校长在勺园设宴招待振宁，作陪的有我和几位副校长。沈克琦副校长拿出一份西南联大优秀生的名单来，物理系 42 级是杨振宁，43 级是沈克琦，生物系 43 级是陈德明（曾任北大生物系主任），数学系 42 级是廖山涛（曾得第三世界科学院数学奖），43 级是王浩（曾得数学里程碑奖，相当于诺贝尔奖），外文系 42 级是张苏生，43 级是林同珠。廖山涛和我大一时都住北院 22 号宿舍，说一口湖南话，很不好懂；有一次我发现了用六条直线画二十个三角形的方法，要考考他，不料他却从理论上证明：只要不是平行线，都可以画出二十个的。振宁却说：山涛在美国读博士学位时，说一口湖南英语，也不好懂，幸亏他的导师陈省身是中国人，答辩才能通过。我就谈到和陈省身教授打桥牌的事：有一次我叫 3 **No Trumps**，他说：**Double**。我想他是数学教授，计算精确，就改叫 4 **Hearts**，不料他还是 **Double**，结果 **Down One**。但如果打 3 **No Trumps**，倒是可以打成的，可见我是在心理上打了败仗。又一次我同张苏生打桥牌，她的大一英文成绩比振宁和我都高 10 分，但打桥牌却缩手缩脚，有一次明明是 **Grand Slam** 的牌，她却只叫到 3 **No Trumps** 就刹车，气得她的 **Partner** 有苦说不出。可见学习能力和打牌的本领并不是成正比的。

宴席之前，北大送来一个蛋糕，祝贺振宁七十五岁生日。振宁说他的生日有三个:第一个是阴历的;到美国后,他把阴历八月改成阳历八月,这是第二个;回国后一查,才知道阴历折合阳历;应该是十月一日。所以今天是假生日,只能算是虚度七十五个春秋了。

宴席开始时,因为我是振宁大学同班,就由我来致祝酒词。我说:“振宁今天下午做了一个非常精彩的报告。狄拉克是科学的风格,海森伯是艺术的风格。振宁的报告沟通了科学和艺术,把真和美结合起来了。他说狄拉克的文章读起来有如‘秋水文章不染尘’;我看海森伯摸索前进的风格却像‘山在虚无缥缈间’。振宁用中国古诗和西方名诗来描述科学家,不但沟通了中西文化,而且把古代和现代结合起来了。他讲到海森伯开创的方向经过狄拉克等人的努力,最后完成了量子力学的架构,使物理学进入新时代,使我们看到科学是如何通过实验来发展理论的。总而言之,他的报告把古今中外科学的真和艺术的美合而为一,为建立 21 世纪的世界文化奠下了一块基石。”

振宁回美国后,11 月 15 日早上起来时觉得胸口隐隐作痛,致礼要他去看医生,检查结果是有三条血管已经堵塞了 70%,需要立刻住院进行心脏搭桥手术。手术进行了六个小时,改接了三条血管。后来他在香港中文大学的秘书黄小姐来信告诉我,说他的身体康复得很好。

1999 年 5 月 22 日,振宁在纽约州立大学石溪分校退休了。在荣休的宴会上,他致辞时引用了李商隐的诗句:“夕阳无限好,只是近黄昏”,并且译成英文:

The evening sun is infinitely grand,
Were it not that twilight is close at hand.

原诗每行五字,译成五个音步,不但内容准确,而且音韵节奏优美,显示了狄拉克的科学风格。我的译文却更接近海森伯的艺术风格:

The setting sun appears sublime,
But O, it's near its dying time!

他又引用了朱自清改作的诗句:“但得夕阳无限好,何须惆怅近黄昏?”并且译成英文如下:

Given that the evening sun is so grand,
Why worry that twilight is close at hand?

Given 是几何学上常用的词,说明了这是科学家的诗。我也把译文做了相应的修改:

If the setting sun is sublime,
Why care about its dying time?

11 月 4 日我同照君去美术馆看吴冠中的画展,遇见了杨振宁、熊秉明,还有法国驻华大使等人。那时我的《中国古诗词三百首》法文本出版了,得到诺贝尔文学奖评委的好评,说是“伟大的中国传统文化的样本”,令人赞赏钦佩。我送了一套给吴冠中、熊秉明和法国大使,并问振宁要不要?他点点头,微微一笑,要了一套,可见他不但能用英文译诗,连法文诗也能欣赏。法国大使说我译的古诗“冲淡典雅”,我听说法国总统希拉克也喜欢中国诗词,就请大使转交一套,大使说总统收到后一定非常高兴。我就对照君说:今天真是夕阳无限好,何需惆怅近黄昏了,并且译成法文:

Ce soir le soleil couchant est si beau.
Ne vous souciez donc pas de son tombeau!

美诞生于生命，诞生于生长，
诞生于运动，诞生于发展。

·吴冠中·

比翼连理

科学揭示宇宙物质之一切奥秘，艺术揭示情感的深层奥秘。揭秘工作，其艰苦、欢乐当相似。

我中学时代在浙江大学高工学电机科，后改行学艺，觉得拐了一百八十度的弯，从此分道扬镳，与科学永不相干了。近几年听李政道教授多次谈论科学与艺术的相互影响，促使我反思在艺术实践中的甘苦，感情的甘苦，而这些甘苦正是剖析艺术中科学性的原始资料。

一、错　觉

法国浪漫派大师热里柯（1791—1824）的《赛马》早已成为世界名画，人们赞扬那奔腾的马的英姿。然而照相发达后，摄影师拍摄了奔跑的马的连续镜头，发现热里柯奔跑的马的姿势不符合真实。画家笔底的马的两条前腿合力冲向前方或一同缩回，而拍摄出来的真实情况却是一伸一缩的。画家错了，但其作品予人的感

本文作者吴冠中（1919—2010）系著名画家。1942 年毕业于杭州艺术专科学校。1947 年入法国巴黎高等美术学院研习油画。回国后先后在中央美院、清华大学、北京艺术学院、中央工艺美院等校从事教学与创作，著作甚丰，并致力于艺术与科学相互影响的研究。

热里柯:《赛马》

受之魅力并不因此而消失。当看到桂林山水重重叠叠,其倒影连绵不绝,我淹没在山与影联袂挥写的线之波浪中了。拿出相机连续拍摄数十张,冲洗出来,张张一目了然,却都只记录了有限的山石与倒影,或近大远小的乏味图像,比之我的感受中的迷人胜影,可说面目全非了。我所见的前山后山、近山远山、山高山低,彼此间俯仰招呼,秋波往返,早就超越了透视学的规律。往往,小小远山,其体形神态分外活跃,她毫不谦逊地奔向眼前来,而近处傻乎乎的山石不得不让步。这"活跃",这"让步",显然是作者眼里、作者情怀中的活跃与让步,于是不同作者的所见及其不同的情怀营造了不同的画面。绘画与摄影分道扬镳了。其后,摄影也进入了艺术领域,作者竭力将主观意识输入机器,命令机器,虐待机器,机器成了作者的奴才。也可以说,摄影师想引诱机器出错觉。

画家写生时的激情往往由错觉引发,同时,也由于敏感与激情才引发错觉。并非人人都放任错觉,有人所见,一是一,十是十,同照相机镜头反映的真实感很接近,而与艺术的升华无缘。从艺六十余年,写生六十余年,我深深感到"错觉"是绘画之母,"错觉"唤醒了作者的情窦,透露了作者品位的倾向及其素质。儿童画的动人之处正是淋漓尽致地表达了天真的直觉感知。直觉包含了错觉。所谓视而不见，因一味着眼于自己偏爱的形象，陶醉了，便不及其余。“情人眼里出西施”“六宫粉黛无颜色”，别人看来是带偏见，但艺术中的偏见与偏爱，却是创作的酒曲。陈老莲的人物倔傲、周昉的侍女丰满、杰克梅蒂骨瘦如柴的结构、莫迪里阿尼倾斜脖子的惑人韵致——统统都是作者的自我感受，源于直觉中的错觉。

据说现在学画的年轻人大都不爱写生了，方便的照相机替代了写生的艰苦。我欣羡时代的前进，也用相机辅助过写生，但在拍回的一大堆照片素材中，往往选不出有用的资料，甚至全部作废，反不如寥寥数笔的速写对创作有助。因高质量的速写之诞生是通过了错觉、综合、扬弃等创作历程，其实已是作品的胚胎了。我期望绘画工作者仍用大量工夫写生，只有身处大自然中，才能发生千变万化的错觉，面对已定型的照片，感受已很少回旋余地。错觉，是被感情驱使而呈现之真形，是艺术之神灵。但别忘了打假，由于缺乏基本功，根本掌握不准形象，自诩变形，错觉被利用作伪劣假冒的幌子。

“对称”被公认为是美的一种因素，我国传统艺术处理中更大量运用对称手法。但对称中却隐藏着错觉，即对称而并非绝对对称才能体现美。弘仁（1610—1664）一幅名作山水基本运用了几何对称手法，李政道教授将这幅作品劈为左右各半，将右半边的正、反面合拼成一幅镜像组合，这回绝对地对称了，但证实这样便失去了艺术魅力。李政道教授大概是揭开了科学中对称含不对称的秘密而联系到艺术中的共性原理。

错觉的科学性，应是艺术中感情的科学因素。

二、艺与技

石涛（1642—约1718）十分重视自己的感觉，竭力主张每次依据不同的感受创造相适应的绘画技法，这就是他所谓“一画之法”的基本观点。别人批评他的画没有古人笔墨，他拒绝将古人的须眉长到自己的脸面上,凡主张创新的人们都引用他的名言:笔墨当随时代。他珍视艺术的整体效果,画面的局部绝对服从全局的需求,他大胆用拖泥带水皴、邋遢透明点,有意将自己的作品命名为"万点恶墨图"。艺术规律没有国界,不分古今,只是人们认识规律有早晚,有过程,有深浅。威尼斯画家弗洛内兹(1528—1588)以色彩绚丽闻名,有一次面对着雨后泥泞的人行道,他说:我可以用这泥浆色调表现一个金发少女。他阐明了一个真理:绘画中色彩之美诞生于色与色的相互关系中。某一块色彩孤立看也许是脏的,但它被组建在一幅杰作中时,则任何艳丽的色彩都无法替代其功能。同样,点、线、画、笔墨、笔触等技法优劣的标准,都不能脱离具体作品来做孤立的品评。缘此,多年前我写过一篇短文《笔墨等于零》,强调脱离了具体画面的孤立的笔墨,其价值等于零。

笔墨、宣纸或绢、国画颜料,其材质具独特的优点,同时有极大的局限,难于铺覆巨大面积。我自己长期探索用点、线、面、黑、白、灰及红、黄、绿有限数种元素来构成千变万化的画面,展拓画幅,在

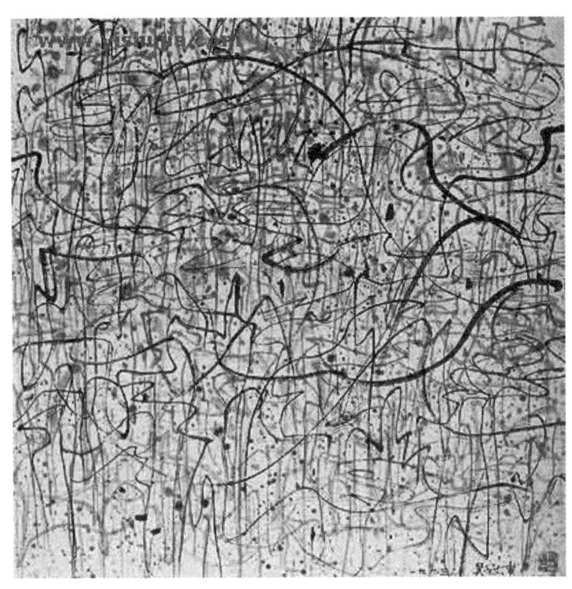

吴冠中:《春如线》

点、线的疏密组合中体现空间效应。我有不少作品题名“春如线”“点、线迎春”,都源于想凭这些有限元素的错综组合来抒写无限情怀。不意,物理学中复杂性对简单性正是一个新课题,自然中许多极复杂的现象却由最简单的因素构成。就因那次复杂性对简单性的国际学术研讨会,李政道教授选了我这方面的一幅作品用作招贴画,令我听到科学与艺术之间的呼应。

最近在清华大学生物研究所看微观世界,那些细菌、病毒、蛋白等各类原始生命状貌被放大后映在屏幕上,千姿百态,繁杂而具结构规律,仿佛是现代抽象艺术大展,大都很美,远胜于装腔作势的蹩脚美展。讲解的生物学教授们也感到很美,他们发现了深藏于科学内核的艺术世界,引起他们捕捉、分析科学中艺术身影的欲望。看完细菌、病毒等形象,大家有同感:美诞生于生命,诞生于生长,诞生于运动,诞生于发展。舞蹈和体育之美主要体现在运动。艺术创作之激情就因身心都已处于运动之中,“醉后挥毫”早就是中国传统中的经验之谈。激情中创作的作品必然铭记了作者心跳的烙印,所以从笔触、笔墨之中能够按到作者的脉搏,从其人的书法或绘画中可感受到此人的品位,这躲不过心电图的测试。

我们看到的病毒包括癌症、艾滋病等诸多恶症,单看它们活跃之美,并不能认识其恶毒的本质。真、善、美是人类社会的理想,我们为之提倡,但实际上,这三位一体的典型并不多,美的并不一定是善的,剧恶的艳花岂止罂粟,这当是美学家和社会学家们的课题了。

新的艺术情思催生出新的艺术样式,新的艺术技法。但材质、科技等的迅速发展却又启示了新的艺术技法,甚至促进了艺术大革新,这个严酷的现实冲击不是死抱着祖宗的家传秘方者们所能抵挡的。技、艺之间,相互促进,但此艺此技必然是随着时代的发展而发展的。

我写过一篇短文《夕阳与晨曦》,谈到夕阳与晨曦的氛围易混淆，然而人生的晨曦与夕阳却是那么分明，会有人错认青春与迟暮吗？由此感受我作了一幅画，画面乌黑的天空中有月亮的各种身影：满月、月半、月如钩——想暗示时间流逝之轨迹。处处闪烁着星星，但画面最下边却显露出半轮红日，谁也无法确认她是夕阳或晨曦。李政道教授见此画后，谈到屈原在《天问》中已发现地球是圆的，这促使我将此画改作成“天问”，以参加艺术与科学国际作品展，自己并写了画外话：

> 月亮嬗变脸，多姿多态。千里共婵娟，千里外的月亮倒都是同一面貌。夕阳矣晨曦，今天的晨曦本是昨天的夕阳，原来只有一个太阳。夜郎自大，我们先以为太阳绕着地球转，其实地球一向绕着太阳转。

吴冠中与李政道畅议科学与艺术

李政道教授发现屈原在《天问》中已感知地球是圆的，椭圆的。屈原推理：九天之际，安放安属？隅隈多有，谁知其数——就是说假定天空的形状是半球，若地是平的，天地交接处必将充满奇怪的边边角角。因此，地和天必不能互相交接，两者必须都是圆的，天像蛋壳，地像蛋黄（其间没有蛋白），各自都能独立地转动，这天地的转动间当构成无尽美妙的图画。

三、诗画恩怨

大漠孤烟直，表现大漠空无所有，只需要一线横跨画面；无风，孤烟上升，形成一道纵直线。长河落日圆，长河是一道弯弯的长曲线，落日是一个圆圈。王维这两句诗书写大漠的苍茫、浩瀚且华丽，发挥了形式美中直与曲的对照魅力。苏东坡品味出王维的诗中画和画中诗，但王维的画上却从不题诗，诗不是画的注脚，画不是诗的插图。后世在画面上直接题诗了，所谓诗画相得益彰，但，从何处相得？她们难得彼此知己，相逢对饮千杯少？遗憾多数情况却是同床异梦，话不投机半句多。画上题诗绝不等于画中有诗，甚至是诗画相悖，媒妁婚姻，彼此缺乏了解，谈不上水乳交融的爱情。贾岛以苦吟闻名，他的诗中潜藏着形式美感，他之苦吟也许苦于极难找到诗与画的交汇点。他的推敲之苦成了后人钻研艺术的一盏明灯。鸟宿池边树，鸟宿，是收缩的形象，近似一个圆圈。僧推月下门，推开门是一道线状的展开，展开的线状与收缩的圈状是形象对比，是绘画之美。僧敲月下门，敲门出声响，则联想到鸟宿悄无声，是动与静的对照，属音乐之美的范畴了。故推之敲之的问题是采用绘画美还是音乐美的选择，贾岛自己当时也许并未意识到这种区别，因而为之彷徨，推敲。诗、书、画三绝是传统中追求的目标，三绝结合在同一幅画中更属综合型的艺术珍品，但这样的珍品实属凤毛麟角。其反面，倒是画上乱题诗，诗情非画意，或误导了画境。画面题跋中也是精辟之论不多，废话不少。绘画是分割和利用平面的科学，画中任何一块面积都价值连城，不可轻易浪费。马蒂斯说画面上没有可有可无的部分，如不起积极作用，必起破坏作用。故传统绘画中的空白部分亦系整体构成中的组成因素，所谓计白当黑。如果要题诗，这诗和题诗的面积都早设计在整体布局中，而习惯性的为补白而题诗、题款，都源于画面已铸成缺陷。

不依赖文字的阐释，造型本身的诗和意境如何表达，这是美术家的专业，这个专业里的科学性须待更深的挖掘。德国的莱辛（1729—1781）通过对雕刻《拉奥孔》和诗歌《拉奥孔》的比较，明确前者属空间构成，后者系时间节律。我感到这亦是对画与诗做出的血淋淋的解剖。

结　语

人类生活在科学与艺术中，这两者的关系本来是和谐一体的，典型的例子是达·芬奇。徐霞客是文学家？科学家？都是。隋代李春建造的赵州桥是科学创举，更是艺术杰作。梁思成先生讲中国建筑史时，曾猜测河底里可能还有另一半拱形建筑，与水上的拱形合成一个鸡蛋，因而这个椭圆结构特别坚固。梁先生的这一思考本身就十分引人入胜。据科学家们说当他们掌握大量客观素材后，往往会突然觉察其间的特殊规律，一朝明语，因而发现新的科学论据，这情况正如艺术家一时灵感的喷发，其实都源于长期积累，一朝呈现，证明了真理的普遍性。

不知从什么时候起，艺术与科学逐步远离，对峙，尤其在中国，两者间几乎河水不犯井水，老死不相往来。错了，变了，新世纪的门前科学和艺术将发现谁也离不开谁。印象派在美术史上创造了划时代的辉煌业绩，正源于发现了色彩中的科学性；塞尚奠定了近代造型艺术的基石，当获益于几何学的普及。模仿不是创造，而创造离不开科学，其实创造本身便属于科学范畴。中国几百年来科学落后，影响到艺术停滞不前，甚至不进则退。传统画家中像石涛、八大山人、虚谷等，才华和悟性极高，但缺乏社会生活中的科学温床，其创造性未能获得更翻天覆地的发挥。这次艺术与科学的国际作品展及研讨会是盛大的联姻佳节，新生代将远比父母辈更壮健，智商更上层楼。

我生本无乡，心安是归处。
这是为什么？
为什么想知道为什么？

·刘巨德·

心通天宇的艺术与科学

科学家与艺术家经常生活在不可捉摸的境地。这两种人必须经常把新的和已经知道的东西协调起来，并且为在混乱当中建立新的秩序而奋斗。在工作和生活中他们应互相帮助并帮助一切人。他们能铺平沟通艺术与科学的道路，并且用多种多样、变化多端、极为宝贵的全世界共同的纽带把艺术和科学同整个广阔的世界联系起来。

争取做到这些，不是轻而易举的。我们面临的时刻是严峻的，但我们应该保持我们美好的感情和创造美好感情的才能，并在那遥远的不可理解的陌生地方找到这个美好的感情。

奥本海默上述震撼人心的话语，表达了科学家和艺术家最为崇高庄严的理想、情感和智慧；也体现了人类对真、善、美最伟大的

本文作者刘巨德系蒙古族著名画家。清华大学美术学院教授，中国美术家协会理事。作品甚丰，其中不少被国外著名博物馆收藏。在美术创作与美术教育领域耕耘的同时，努力探讨科学与艺术的关系。

追求和信仰。

在小小的蓝色地球上，当人类面对自己文明的历程思考时，不安地发现辉煌中有一片又一片人类理想与热情的废墟并列。特别是大工业时代机器历史留下的缺陷，给人类的心灵留下了层层凄凉和忧患。

人总想神有所归，心有所寄，虑有所定。“我生本无乡，心安是归处。”“这是为什么”和“为什么想知道为什么”已成为科学与艺术永无终结的追问。消除忧患，净化人性，建造人类精神家园已历史地交给“艺术与科学”来承担。不同的是科学家以博大的人性情怀拥抱自然之理，把认识抽象为自然定律，艺术家则以宇宙之理倾诉人性之情，把生命精神的思考谱写为人性和宇宙和谐的自律。正如李政道先生说：

> 科学的目标是准确的回答和求解。但是，科学家不可能找到所有答案，也没有最终答案，只能增加答案，而增加答案和了解客观世界的动力是美好的情感，没有情感就没有创造力。什么是生命的意义，什么是社会的意义，最重要的是美好的情感，这跟创造艺术的动力完全相同。

所以石鲁先生说：“艺术家就是科学家，艺术的规律都是科学的。”

与科学相比，艺术是通向宇宙的另一条路。大凡有所贡献的艺术家，其心灵无不上通天宇，下达人性；为高扬自然生命精神和人性生命精神的和谐而努力；为建造人类真、善、美的精神家园而献身。他们共同以崇高的人性精神爱抚自然，又以博大的宇宙精神爱抚人性；他们在造化的恩宠中，与天同乐于动，与地同悲于失。

天，在科学家和艺术家的心目中，大概是孕育智慧的最终本源。人的心灵一旦融入浩渺无垠的宇宙时空中，一切理性的美，情感的美，力量的美，即会荡起无限的波澜。人类在冥思中静悟，在直觉的非逻辑的感悟中发现，在诚实的实验中证实，在生命过程中感受善恶和美丑。天意与人意相连，催人至理，引人幻想，若将渺小融于宏大必给人意志；将人情化为天地之情，必给人大美和壮美，大可腾至天宇，小则入乎精微。艺术与天合气，与地合理，与人合情，艺术乐仁乐静自在心通天。故贝多芬讲："打进心坎的艺术来自天。"《乐记》云："圣人作乐以应天。"石涛说："天能授人以画""大知而大授，小知而小授也。"艺术的真谛在自然，"师法自然"注定是艺术与科学的永恒课题。

乐圣——贝多芬

(**Beethoven**,1770—1827)

自然内在的秩序严密神奇，大无外，小无内。人类已知越多，未知越大，激起人们探索的欲望也就愈强烈。这正如科学家兼艺术家和哲学家的爱因斯坦所说：

> 人们总想以最适当的方式画一幅简化易领悟的世界图像。
>
> 这就是画家、诗人、哲学家和自然科学家所做的，他们都按自己的方式去做。
>
> 于是，这个世界由方程、函数、形、色、观念、文字、音符等组成。

这个世界可以由音乐的音符组成，也可以由数学公式组成，我们试图创造合理的图像，使我们在那里就像感到在家里一样，并且可以获得我们日常生活中不能达到的安定。

爱因斯坦令人深思的话语不仅告诉世人科学、哲学、艺术的共

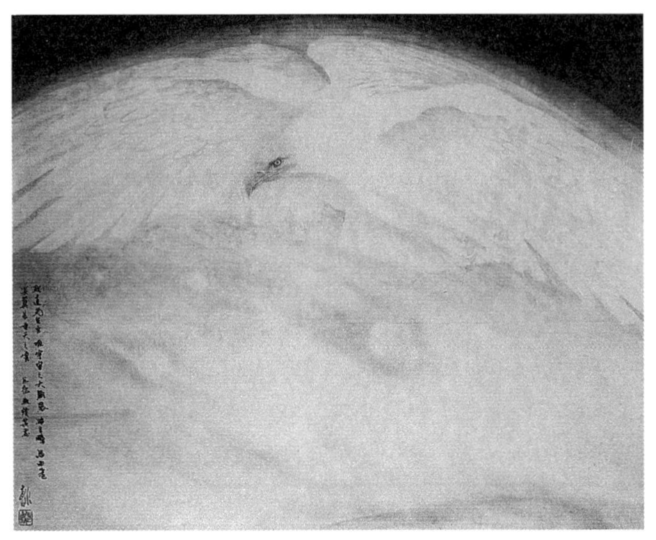

刘巨德:《唯宇宙之大膨胀,始生鹏》

同基础和目标,也说明惟科学、哲学、艺术的人造世界是人类安身立命的精神家园。

美术教育应重在美术文化的教育,不同哲学美学的继承和创新教育,真、善、美的理想和境界的教育,生命学的教育。美通于真,善达于美。人类在真、善、美的追求中,美不仅是原点,同时永远是终点。美如同人类心灵的情感种子,将永远为人类文明默默生根、开花和结果。

爱因斯坦认为,如果一个方程看上去不美的话,那理论一定有问题。终极设计者都会用美的方程来设计这个宇宙,美已成为探求理论物理学中最重要结果的一个指导原则。

走进生命研究中心,在电子显微镜下,观察视网膜神经水平细胞时,你会发现光的信号变为电和液体信号的过程中,细胞点线的对应与渐变是多么精密和美妙,几个层次的传递转换是多么有序和完美。万物从大到小,从活到死,都是那样美得令人惊叹、惊喜,并充满不解之谜。

包括一个水稻叶面的微观世界,几百倍、几千倍、上万倍的放大后，感觉一层又一层的微观世界在推进，每一层都有自己的完美结构和特征。它们是抽象的，但又是具体而真实的。从中我们发现科学和艺术不仅都关注生命的意义和价值，而且也都探索生命的结构和秩序。美位于真、善、美之首，美居于生命精神最深处。

人不可能超越自然，人只有深入大自然的心灵深处，倾听大自然的声音，体验大自然的律动，方能领悟美的真谛和精神。今天科学宏观和微观的无限视野已经为艺术打开了观照自然的心灵通道，使抽象艺术离开自然表面而接近自然原理的表现，在超越肉眼的电子显微镜下得到印证。可以说，西方现代抽象艺术将近一个世纪的探索，正处在微观世界中，中国绘画精神的奥秘也在生命结构秩序的自律中。

美没有标准，没有意志，没有终点，艺术与科学只有在拨开世俗物化的迷雾中，拜访那无人涉足的寂静与虚空，让人性与自然在爱与美的相互对话中，相互幻化，才可能有所发现和创造。

艺术和科学之道，均为寂寞之道，一般荆棘颇多，鲜花甚少。它需要宗教般的情感和精神，狂迷的心态和智慧，半出世半入世的超物我境界和力量，独立自由的直觉和想象。它既不迷途于功利，也不沉醉于自我，而是在自然与人性和谐的共性中，以共性创造个性。生命是整一的，又是独一无二的，强调自我边界是不可能的。无我之我，实属真正自我。当心灵虚静空明，“离形”“去知”，在超越肉体感官，摒弃理性逻辑已知的情况下，人性精神与天地精神畅游往来时，庄子恍兮惚兮之大美即会到来。这种状态下生命有序的膨胀歌唱时，聋人之心也可以听见，当生命悄悄走来时，盲人之觉也能明察。这种超越现象界的特殊内觉，使艺术家与科学家通过直觉和非逻辑的穿透力，可以直入客观本体，使主体精神与客观对象对应飞升到无限与永恒的境界中。可以说，20 世纪格式塔心理美学对有关艺术表现源于物质结构的力和情感活动呈现出来的力的统一论述，从科学的角度做出了近似的剖析。

中国传统文化和西方后现代文化的交流与碰撞，已引起国内外许多专家学者关注,它们之间惊人的亲和性和互补性,对世界新文化的诞生有着非常深远的意义。中国文化与西方文化相比,李政道先生认为,因为炎黄文化源于农业文明,重时节,好观天,有成熟的宇宙观和生命观,艺术、科学、哲学从开始就是一个统一体。这种统一无疑对21世纪的人类文明有着不可估量的现实意义。

特别现代工业文明给人类带来的"技术至上"和"以自我为中心"的危险处境,已引起西方大批学者对东方哲学精神的重新思考和关注。东西方文化的交融,自然科学和人文科学的平衡,科学、哲学、艺术的统一,已成为时代的呼唤。21世纪的艺术教育与艺术前景,必然取决于世界文化的这种精神趋向。

人类不仅共同为地球的生存环境之危机所制约,而且对生命的本质、社会的意义、生存质量的探索,在信息社会中,也必将难分彼此。艺术家、科学家、哲学家的传统角色,科学研究、艺术创造、设计功能的传统意义都将发生深刻的异变。科学家、艺术家、哲学家必将共同联手为净化人性,实现人类真、善、美的理想而奋斗,为超越和摆脱工业文明留下的忧患而努力。

伟大的艺术家、设计家、科学家、哲学家,实际都是伟大的思想家,他们都是超功利、超时空、超生死的追求生命真、善、美的实践者和体验者,他们都富有最美好的情感和创造美好情感的才能,他们是人类精神最优秀的儿女。

艺术之大美,尚以人生之善,通于宇宙之真。宇宙与人性生命精神的和谐,必给人美好的情感、理想和才能。

天地之镜,宇宙之鉴,科学、哲学、艺术如真、善、美的三女神,她们心通天宇,手盛无边,共利四海为悦,共给五洲为安。倘若没有她们的存在,人类会永远处于没有精神家园的流浪中;倘若没有她们的联手,人类可能永远会活在爱与恐惧的矛盾中。

在哺育人的天赋才智的多种多样的科学和艺术中,我们认为首先应该用全部精力来研究那些与最美的事物有关的东西。

——哥白尼《天体运行论》

·杨志达·

艺术——科学创新之翼

科学强调客观理性,重实验,重推理,主要靠理智,以抽象思维为主,探索自然的奥妙。

艺术强调主观感受,重想象,重美感,主要靠激情,以形象思维为主,探索人类感情的奥妙。

科学与艺术是人类文化长河的两个重要源头,都依赖于人类社会实践,主要靠人的头脑中创造力火花之闪现。创新是科学和艺术的共同灵魂,它们又共同追求真、善、美的普遍真理。

实际上,自人类文明萌生以来,科学和艺术就在互动中发展,而这种互动是从多角度、多层面进行的。有时这种互动表现较为直接,而更多则是间接的、深层次的互动。在科学与艺术互动发展的同时,人的自身机能也得到进一步完善,从而为科学和艺术的发展提供了最有活力的创造源泉。

正像科学是艺术创作的基因那样,艺术则是科学创造的依托。

艺术不仅是科学大师应具备的素质,更是科学创新中所必备的要素。每当我们关注那些成就卓越的科学大师时,就会发现,他们越是热爱和靠近艺术，他们从艺术宝库中获得的营养也就越丰富，他们也更容易创造出优异的科学成果。

古今中外，凡是在科学上有过重大创新的科学家，往往都具有较高的艺术修养，“艺术化”的科学大师比比皆是。爱因斯坦同时又是一位优秀小提琴演奏家，他热爱古典音乐和文学作品；牛顿也是一位艺术家，尤其擅长作诗；伽利略不仅是一位杰出的诗人，而且还是一位文笔犀利的文学评论家；提出行星运动三定律的开普勒也是一名音乐家，他在音乐上的造诣不亚于在科学上的成就；诺贝尔终身酷爱文学，曾写过许多诗作、小说和戏剧；曾发明浑天仪和地动仪的我国科学家张衡是东汉著名文学家，是脍炙人口的千古名篇《二京赋》的作者；而欧洲文艺复兴时期的达·芬奇，更是集画家、雕塑家、天文学家、武器制造家、发明家于一身的多才多艺的科学大师。

在世界当代物理学家中，莫累·盖尔曼是一位诗人；维克多·威斯考柏弗是钢琴家；罗伯特·威尔逊是一位雕塑家……他们还异口同声地称：不论在科学还是在艺术上，解决问题的过程其实是大同小异的。

在我国当代数学家和物理学家中，艺术天才也数不胜数。数学大师华罗庚写得一手好诗，曾写出不少优秀科普著作；著名数学家苏步青是一位颇有名气的诗人；我国“航天之父”钱学森特别热爱音乐。美籍华裔学者、诺贝尔物理学奖得主李政道教授，对诗词歌赋、国画、京剧都有特殊的爱好。

艺术，对科学创新到底起哪些作用呢？

首先，艺术对科学大师的世界观和人生观有着重大影响。艺术可美化人的心灵，提高人的精神境界。爱因斯坦在他的《我的世界观》一文中说：“照亮我的道路，并不断给我新的勇气去愉快地正视生活的理想，是善、美、真……要不是全神贯注于那个在艺术和科学研究领域永远也达不到的对象，那么人生在我看来就是空虚的。”他还认为，文学艺术的最大价值就在于它能提高人们的精神境界,确信“个人的生命只有当它用来使一切有生命的东西都生活得更高尚、更优美时才有意义。”

其次,科学研究本身就潜藏着奇妙的艺术因素。科学家若具有一定艺术素养,并能动用自身的“艺术细胞”,充分调动直觉、想象、形象等思维方式,并有意识地利用艺术特有的美感、幻想、和谐等灵智,其科研成果将会具有更高的创造性。

爱因斯坦一再强调“想象力比知识更重要,因为知识是有限的,而想象力概括着世界的一切,推动着进步,并且是知识进化的源泉。”他几乎每天都要拉心爱的小提琴,特别在他紧张思索光量子假说和广义相对论的日子里,那优美并充满想象力的旋律,对其科学思路和创造性思想起到了不可替代的催化作用。

世界上第一架飞机的发明者是美国莱特兄弟。他们自幼幻想要像鸟儿那样飞行,他们仔细观察鸟类在飞行中如何利用双翅和尾部控制在空中飞行时的平衡,在想象和实践中改进机翼的形状、角度与翼尖卷曲的程度,增加方向舵。第一架飞机正是通过形象思维创造出来的。

形象思维是抽象思维的活动模型,抽象思维是形象思维的某种典型状态和最后结果。这就决定了艺术活动常常促发科学创新。

画家达·芬奇等从绘画实践中对投影几何学创立作出了巨大贡献;巴尔扎克在其小说中最早提出“激素”的概念;小说家史特林堡在《科尔船长》中竟然提出直接从空气中制取氮气的可能性;德国诗人歌德发表诗体文的论文《植物的演变》;特别是法国作家凡尔纳,早在一个多世纪以前,就津津乐道地向人们描述了实际上并不存在的潜水艇、飞机、电动汽车、宇宙火箭、彩色摄影、有声电影和电视等;而现代的许许多多的科幻小说,谁又能说得清他们的创作会给科学家多少启发和灵智呢。

更让人惊奇的是,俄国作家陀思妥耶夫斯基早在一百多年前,在其长篇小说《卡拉玛佐夫兄弟》中,就写到了“卫星”。爱因斯坦在读这本小说时也受到了极大的启发。

哥白尼在其1543年公布的《天体运行论》中第一句话就是："在哺育人的天赋才智的多种多样的科学和艺术中，我们认为首先应该用全部精力来研究那些与最美的事物有关的东西。"他之所以用"日心说"代替托勒玫的"地心说"，就是深信自己的体系是最为完美的。美感实质上是一种深刻的思想，它常常能从整体上一下子把握事物的本质。爱因斯坦于1916年提出的广义相对论，至今还没有完全被人们所接受，科学家们进一步又提出了其他新的理论。但是，在各种理论之中，只有爱因斯坦的理论最简单也最巧妙，换句话说，最为优美雅致。许多科学家确信它的正确性，也正是它最富艺术美感。

直觉为艺术思维特征。然而，直觉也早已成为科学创造过程中的一种重要的思维方式。爱因斯坦曾反复申述"我相信直觉和灵感"。法国物理学家德布罗意写道："只有当科学家表现出所谓想象和直觉的能力，也就是摆脱严格推理的桎梏的能力，从而取得冒险的突进时，他才会达致辉煌的成就。"科学史上许多重大的发现与发明，如第一个人工合成药物"六〇六"的发明、相对论的启蒙思想、德布罗意波的发现，都与直觉思维有直接的联系。北京航空航天大学发明沙丘驻涡火焰稳定器（获国家发明奖一等奖）的高歌同志，在谈到其发明过程时，就肯定了直觉思维的作用。他曾在沙漠中看到不管风怎么吹，沙丘的特有形状都不会变形。他发明沙丘驻涡火焰稳定器首先是受到沙丘的启示，想到"若把火焰稳定器做成像沙丘的形状，是否能达到稳定火焰的目的呢"这一探索性结论。

许多事实表明，在科学大师的整个科学世界和全部科学创造过程中，艺术都在起着不可替代的巨大的启迪作用。它就像一股清澈的、汩汩奔流的泉水那样，永不停息地浇灌着科学园地，使之永远绿草如茵，繁花吐艳。

也正是在这个意义上，我们深信法国文学家福楼拜的预言：时代的前进将使艺术越来越"科学化"，而使科学越来越"艺术化"。

“既然梦中有科学发现，大家放下研究工作都去做白日梦好了。”请别误会！梦只能触发灵感，科学发现还得靠坚持不懈的工作。

·沈致远·

从梦蝶到梦蛇

说梦由来已久，两千多年前就有“庄生梦蝶”，尔后有“黄粱梦”“南柯梦”，等等，这些奇梦真有其事还是托梦寓意，就难以考证了。

文人之梦发自心灵，感人至深。“梦里不知身是客，一向贪欢”（李煜《浪淘沙》）；“夜阑卧听风吹雨，铁马金戈入梦来”（陆游《十一月四日风雨大作》）”；“打起黄莺儿，莫教枝上啼，啼时惊妾梦，不得到辽西。”（盖嘉运《伊州歌》）……华章佳句，不胜枚举。

科学家之梦激发灵感，对科学研究有帮助。

凯库勒
（**Friedrich Kekule**，1829—1896）

德国化学家凯库勒研究苯分子结构，苦思经年未得要领。一天下午他坐在壁炉边打瞌睡，梦见许多原子分

本文选自上海教育出版社2008年出版的《科学是大众的——沈致远科学散文》。

子在眼前飞舞……朦胧中忽见碳原子串成一条蛇,咬住自己的尾巴飞快地旋转。凯库勒醒来将梦中所见画在纸上,灵光一闪遽然顿悟:苯分子原来是由 6 个碳原子外接 6 个氢原子构成的环形结构。

俄国化学家门捷列夫
(**Dmitri Mendeleyev**,1834—1907)

俄国化学家门捷列夫亦有类似经历,在发现元素周期表之前夜他梦见一张表格,各种元素纷纷落入不同的格子中。无独有偶,德国神经生理学家洛威(**Otto Loewi**, 1873—1961)也曾从梦中得到灵感,醒来做实验证实,发现了神经信号之化学传递,获得了 1936 年诺贝尔生理学或医学奖。

“既然梦中有科学发现,大家放下研究工作都去做白日梦好了。”请别误会!梦只能触发灵感,科学发现还得靠坚持不懈的工作。

王国维论治学三境界之第三境界说得好:“众里寻他千百度,蓦然回首,那人却在灯火阑珊处。”(辛弃疾《青玉案》)如无那千百度,再怎么回首也找不到伊人。再者,如不经历前两境界——“昨夜西风凋碧树,独上高楼,望尽天涯路。”(晏殊《蝶恋花》)和“衣带渐宽终不悔,为伊消得人憔悴。”(柳永《蝶恋花》)怎能到达第三境界?

常人之梦对科学研究也有帮助。

1953 年,芝加哥大学博士研究生阿瑟林斯基(**Eugene Aserinsky**)在导师克莱特曼(**Nathaniel Kleitman**)指导下研究睡眠,他全神贯注观察睡着人的眼皮,期待看到某种慢动作。出乎意料!阿瑟林斯基发现睡着的人不时有“快速眼动”(**Rapid Eye Movement**,简称 **REM**)。这是划时代的重大发现,哈佛大学资深精神病专家、梦研究者霍勃生(**Allan Hobson**)说:“我们对发现 **REM** 感到欣喜,将使精神分析成为科学。”看来,平凡无奇的“小事”中就可能隐藏着重大的科学发现,科学家要有敏锐的目光去识别。

2003 年 6 月睡梦研究者在芝加哥举行大型学术会议,纪念 **REM** 发现 50 周年,回顾研究工作的进展。科学家发现,睡眠分为两个交替出现的时期:在 **REM** 期中,随着眼球的快速运动,脑电波呈现类似于苏醒时的快速波动;在非 **REM** 期中,眼球静止不动,脑电波呈现缓慢的长波。在非 **REM** 期做的梦短小乏味,在 **REM** 期做的梦漫长鲜活。我想,如“一枕黄粱”确有其事:黄粱未熟,卢生在梦中已身历数十年高官厚禄,那一定是发生在 **REM** 期,卢生飞快转动的眼珠望着荣华富贵如白驹过隙转瞬即逝。

据《新科学家》劳顿(**Graham Lawton**)报道,科学家利用先进的仪器对梦中大脑活动进行研究,他们发现,做梦时大脑中的活跃部位包括:视觉区、与感情有关的扁桃体、控制节奏的丘脑以及脑干等,这和梦境大都与视觉和感情有关相符合。与此同时,有关理性思维的前额叶、与注意力有关的顶额叶皮层等部位都很安静,这与梦境中常出现的无主见、有悖常理及时间错乱等特征吻合。

梦境中张冠李戴颠三倒四之怪事层出不穷:背景既像家乡又似异国,人物既像故人又似陌路,童年往事竟面目全非,死去亲人能直面交谈……尽管错乱,梦境之情节却并非完全生造,多半是记忆片断之杂乱拼凑。发现 **DNA** 双螺旋结构的遗传学家沃森认为,**REM** 期之大脑活动可能与消除无用记忆有关。随后科学家又发现,在 **REM** 期中有关技艺的记忆会得到巩固。近几年来,对非 **REM** 期大脑活动的研究也很活跃。

分子生物学家沃森
(**James Watson**)

梦中大脑的异常活动,或许能对科学家如何在梦中获得灵感提供线索。常规科学思维主要靠逻辑推理,但逻辑推理只是将事物之间隐含的关系挑明,原则上并无新意;突破要靠创造性思维,这就要跳出原先的思维模式。梦中大脑的异常活动可能会产生这种跳出效应,以激发灵感产生顿悟。朋友,如有重大难题殚精竭虑未解,是该跳出的时候了,不妨学学那三位幸运者,酣睡一宿做个美梦,兴许"蓦然回首"之灵感会眷顾。

日内瓦大学精神病学家施瓦兹(**Sophie Schwartz**)将精神病症状与梦境做比较:弗氏综合征(**Fregoli syndrome**)患者经常将外貌迥异者误认为熟人,这也是梦境中所常见,病因是前额叶皮层与识别面貌之大脑其他部位之间的联系损坏;重复性错构征(**Reduplicative paramnesia**)患者将从未到过的陌生地方误以为旧地重游,微视错觉(**Micropsia**)巨视错觉(**Macropsia**)患者将所见物体缩小或放大……这些认知错乱现象均会在梦境中出现。施瓦兹认为将两者进行对比,有助于了解梦境与大脑活动之间的关联。

施瓦兹说:"梦是我们获得有关认知信息的唯一来源。"这话可能有点夸张,但梦和大脑缺损导致的精神病确实是研究大脑活动机制的重要对象。成人的大脑包含约一千亿个神经元,由数百万亿个突触相连接,这可能是宇宙中最复杂的系统,研究之难可以想见。更麻烦的是,通常只观察大脑的正常活动,大脑缺损和梦中大脑活动为研究者提供了观察大脑异常活动的机会。大脑缺损不常见,梦则常人皆有,为研究大脑提供了方便。常人之梦对科学研究也有帮助,即此之谓也。

发现 **REM** 现象五十多年来,对梦的研究虽有进展,但"为什么会做梦"这个基本问题仍然未解,科学家还在梦寐以求。那就让他们去寻梦吧!

最著名的梦要数"红楼梦",多少人跟着续梦、解梦、评梦、探梦、考梦、说梦、吟梦、演梦……洋洋洒洒蔚为大观,超出曹雪芹原梦何止千百倍。古今中外,什么梦能有如此盛况?更奇的是红楼梦中梦:宝玉在可卿房中神游太虚幻境,大观园中人物之悲欢荣辱,公子一梦竟窥其大略,梦耶? 真耶? 令人难辨,却应了太虚幻境入口处的对联:“假作真时真亦假,无为有处有还无。”

我最欣赏的梦是“庄生梦蝶? 蝶梦庄生?”将天人关系说得如此超脱,意境又如此浪漫。有感于此,我写过一首小诗:

蝶　梦

蝶舞花丛中
窃笑庄生痴
物我本一体
何分彼与此

看来,是庄生梦醒的时候了。

我们无法达到的是永恒，
我们永远追求的也是永恒。
听到了永恒之声，便是听到了天籁。

·冯骥才·

天　籁

你仰头、仰头，耳朵像一对空空的盅儿，去承接由高无穷尽的天空滑下来的声音。然而，你什么也听不到。人的耳朵不是聆听天体而是听取俗世的；所以人们说茫茫宇宙，寥廓无声。

这宇宙天体，如此浩瀚，如此和谐，如此宁静，如此透明，如此神奇；它一定有一种美妙奇异、胜过一切人间音乐的天籁。你怎样才能听到它，你乞灵于谁？

你仰着头，屏住气，依然什么也没听到，却感受了高悬头顶的天体的博大与空灵。在这浩无际涯、通体透彻的空间里，任何一块云彩都似乎离你很近，而它们距离宇宙的深处却极远极远；天体中从来没有阴影，云彩的影子全在大地山川上缓缓行走，而真正的博大不都是这样无藏于任何阴暗的吗？

当乌云汇集，你的目光从那尚未闭合的云洞穿过极力望去，一束阳光恰好由那里直射下来，和你的目光金灿灿地相撞，你是否听到一种激动人心的灿烂的金属般的声响？当然，你没有听到任何

本文作者冯骥才系著名作家和画家。1942 年生于天津。1985 年后发表的一系列“文化反思小说”对文坛影响深远。已出版作品集 50 余种，不少作品获全国文学奖。在海外出版各种译本 30 多种，有英、法、德、意、日等十余种文字。

声音，还有那涌动的浓雾，不安的流光，行走的星球和日全食的太阳，为什么全是毫无声息？而尘世间那些爬行的蝼蚁、翕动的鼻翼、轻微摩擦纸面的笔尖为什么都清晰作响？如果你不甘心自己耳朵的愚蒙，就去听取天上那些云彩——

它们，被风撕开该有一种声音，彼此相融该有另一种声音，被阳光点燃难道没有一种声音？还有那风狂雨骤后漫天舒卷的云，个个拥着雪白的被子，你能听到这些云彩舒畅的鼾声吗？

噢，你听到了！闪电刺入乌云的腹内，你终于听到天公的暴怒；你还说空中的风一定是天体的呼吸，否则为什么时而宁静柔和时而猛烈迅疾？细密的小雨为了叫你听见它的声音，每一滴雨都把一片叶子作为碧绿的小鼓，你已经神会到雨声是一种天意！可到头来蒙昧的仍旧是你！只要人听到的、听懂的，全不是天体之声。

辽阔浩荡的天体，空空洞洞，了无内容，哪来的肃穆与庄严？但在它的笼罩之下，世间最大的阴谋也不过是瞬息即逝的浮尘。人类由于站在地上，才觉得地大而天小；如果飞上太空，地球不过是宇宙中一粒微小的尘埃。每个星球都有自己的性格，每个星球都有自己独特的声音。它们在宇宙间偶然邂逅，在相对时悄然顾盼，在独处中默默遐想，它们用怎样的语言来相互表达？多么奇异的天体！没有边际，没有中心，没有位置，没有内与外，没有苦与乐，没有生与死，没有昼与夜，没有时间的含义，没有空间的计量，不管用多巨大的光年数字，也无法计算它的恢宏……想想看，这天体运行中的旋律该是何等的壮美与神奇？

你更加焦渴地仰着头——

不，不是你，是约瑟夫·施特劳斯。他一直张着双耳，倾听来自宇宙天体深处的声音，并把这声音描述下来。尽管这声音并非真实的天籁，只不过是他的想象，却叫我们深深地为之感动。从这清明空远的音响里，我们终于悟到了天体之声最神圣、最迷人的主题：永恒！

永恒,一个所有地球生命的终极追求,所有艺术生命苦苦攀缘的极顶;它又是无法企及的悲剧性的生命境界。从蛮荒时代到文明社会,人类一直心怀渴望,举首向天,祈盼神灵示以永恒。面对天体,我们何其渺小;面对永恒,我们又何其短暂!尽管如是,地球人类依旧努力不弃,去理解永恒和走进永恒。我们无法达到的是永恒,我们永远追求的也是永恒。

听到了永恒之声,便是听到了天籁。

诗中也有科学，我们不妨换一个角度，用科学的眼光来审诗、选诗、注诗、评诗。

·叶永烈·

诗中有科学

俗话说："三句不离本行。"这话不假。

记得一位电影导演读唐诗，对杜牧的《山行》一诗进行分镜头："远上寒山石径斜"是远景，"白云生处有人家"是全景，"停车坐爱枫林晚"是中景，而"霜叶红于二月花"则是特写。他还认为李白的名作《静夜思》后两句属"主观镜头"——"举头望明月"是仰视镜头，"低头思故乡"是俯视镜头。

一位画家读古诗，则喜欢分析诗中的色彩，她以为"万绿丛中一点红""一枝红杏出墙来"，是强调了暖色调，而用冷色调为衬托。"白毛浮绿水，红掌拨清波"，把鹅在水中那鲜明的色彩写得多么逼真，而苏轼的"黑云翻墨未遮山，白雨跳珠乱入般"则是一幅水墨国画。

我也读古诗词。不过，我常常从科学的角度品诗、评诗，分析诗中的科学。

本文作者叶永烈（1940—2020）系著名作家。浙江温州人。上海作家协会一级作家。曾任上海市科普作协副理事长，世界科幻小说协会理事。1963 年毕业于北京大学化学系。19 岁写出第一部科学小品集《碳的一家》，20 岁为《十万个为什么》主要作者，21 岁写出《小灵通漫游未来》。已出版《叶永烈科普文集》23 卷。

我很喜欢李贺那首充满幻想色彩的《梦天》。诗人做起南柯之梦，翩翩然在太空中遨游，他"回头下望尘寰处"，看到什么景色呢？呵，"遥望齐州九点烟，一泓海水杯中泻"！原来，他看到中国九州就像九个烟点子似的，而大海仿佛杯中的一汪清水。此景此情，犹如宇航员杨利伟在太空中所见到的那样真切。然而，李贺生活在唐朝，终生未离开过地球，也从未听说过什么"宇宙航行"，况且他只活了二十七岁就结束了短暂的一生。我反复吟诵《梦天》，深深佩服这位青年诗人那丰富的科学想象力！

苏轼也是一位喜欢幻想的诗人。他在大醉之后，挥笔写下《水调歌头》，高歌"我欲乘风归去"，居然懂得那"天上宫阙""高处不胜寒"！苏轼同样终生生活在地球上，能够推测出太空中"高处不胜寒"，确实不容易。现代科学表明，在珠穆朗玛峰上，气温有时会低到零下几十摄氏度，而人造卫星在太空，背阳面的温度会低到零下一百多摄氏度，果真"不胜寒"！

我以为王之焕的名句"欲穷千里目，更上一层楼"，是严格符合几何定律的。确实，望远必须登高，登高方能望远。观察点越高，可见范围越大、越广，即所谓"会当凌绝顶，一览众山小"（杜甫《望岳》）。古时候，人们修造高高的烽火台，后来人们打仗首先抢占制高点，直到如今人们利用飞机、人造卫星那"高度优势"进行侦察、勘查、摄影，其中的科学原理，岂不与王之焕的诗句属于"同理"。

辛弃疾在农村闲居了二十多年，他的词中富有农业知识。《西江月》中的"稻花香时说丰年，听取蛙声一片"，揭示了"蛙声"与"丰年"之间的有机联系。青蛙俗称"护谷虫"，是一员捕虫大将。蛙声不息，除虫去害，便使稻花飘香，五谷丰登。在《鹧鸪天》中，辛弃疾写下了"陌上柔桑破嫩芽，东邻蚕种已生些"这样清新的句子，表明宋朝已经深知养蚕技艺，很善于掌握孵蚕、养蚕的季节。他在《菩萨蛮》中的名句"青山遮不住，毕竟东流去"，则是符合现代热力学定律，说明任何物体都有自动降低自身能量的趋势，即使是“青山”也无法遮住！

杜甫在《赠卫八处士》一诗中，有一句并不引人注目的诗——“夜雨剪春韭”。我觉得，从这五个字中，可以考证出许多关于唐朝种植韭菜的知识：一、韭菜俗称“懒人菜”。种一次，割多次。唐朝种韭菜，已懂得韭菜是多年生草本，可以剪了长，长了剪，而不是连根拔掉收下来；二、唐朝时已知春天的韭菜鲜嫩好吃，而且懂得在春雨绵绵的夜间去剪，那时剪下的韭菜水灵灵的，可作佳肴。

宋朝诗人范成大晚年隐居苏州石湖，对农业技术也很在行。他在《四时田园杂兴六首》中写过：“舍后荒畦犹绿秀，邻家鞭笋过墙来。”这说明那时候已经知道了“隔墙诱竹”这一有趣的科学现象：竹子是一种哪儿土壤肥沃就往哪儿生长的植物。邻家种竹，你倘若在墙边多施肥料，便可把竹“诱”过来！

像品茶似的，慢慢地回味着，才悟出茶道。细细地吟诵着古诗，常悟出许多诗句是与科学交织在一起：

“春种一粒粟，秋收万颗子”——李绅《古风》，说明了“春华秋实”这一植物生长规律；

“离离原上草，一岁一枯荣。野火烧不尽，春风吹又生”——白居易《古原草》，可以说是科学地写出了野草的生长规律和顽强的生命力；

“东南水多咸”——戴复古的《频酌淮河水》写出了中国东南沿海一带的水质情况；

“东边日出西边雨，道是无晴却有晴”——刘禹锡的《竹枝词》，从气象学的角度来看，那是对江南梅雨季节的逼真写照……

有趣的是，我还常发现，有的诗句从文学上讲是难得的佳句，从科学上考证则不尽然。如李白《将进酒》一诗开头两句，曾为多少人所传诵——“君不见黄河之水天上来，奔流到海不复回”，其实，“奔流到海”变为水蒸气后，还是“复回”了，依旧从“天上来”，落进黄河，再“奔流到海”，如此循环不已。

中国是诗的国度。多少年来，多少诗人“各领风骚数百年”，写下多少长短诗句。然而，人们习惯地只是从文学的角度审诗、选诗、注诗、评诗。其实，诗中也有科学，我们不妨换一个角度，用科学的眼光来审诗、选诗、注诗、评诗。

不仅中国如此。在两千四百多年前，古希腊哲学家德谟克利特曾经在一首诗中，提出了关于物质不灭的科学臆测——著名的物质不灭定律的雏形：

无中不能生有，
任何存在的东西也不会消灭。
看起来万物是死了，
但是实则犹生；
正如一场春雨落地，
霎时失去踪影；
可是草木把它吸收，长成花叶果实，
——依然欣欣向荣。

在公元前70年，古希腊诗人卢克莱修在他的诗中，则宣传了关于原子论的观点。

由此可见，诗中有科学，不论中外，都是古已有之。这说明诗与科学，很早就互相渗透，交融在一起了。

道生一,一生二,二生三,
三生万物。

——老子

·翟　墨·

有数,就有美

(一)

数,似乎是那么冰冷、枯燥、乏味;然而,你一旦结识了它,就会发现,它充满了情,充满了趣,充满了美。

数是度量。要寻找适度、和谐之美,离不开一定的测度与衡量。

数是秩序。数的不同排列与组合,不仅会引起形的改观,而且会引起质的变异。

数是规律。庖丁解牛何以那么得心应手、游刃有余?“口不能言,有数存焉于其间”。

人体美离不开数,结构美离不开数;层次美离不开数,数里藏着优美与壮美、滑稽与崇高、喜悦与悲愁……难怪希腊人有名言曰:“哪里有数,哪里就有美。”

(二)

“一,数之始也,物之极也。”(《广韵》)一是数的起点和终点,也是一切事物的开端和归宿。

起跑线上迈出的第一步,种子绽出的第一个芽蕾,新生儿的第一声啼哭……这个“一”虽然幼小稚嫩,却是美的胚芽,美的根本,它充满了生命和希望。

万事开头难,“一”的诞生意味着阻力的克服。世界上第一张照片展出时,被报纸愤怒抨击为“亵渎神明”和“欺骗”。电影第一次使用特写镜头时,观众吓得夺窗而逃,也备受攻击和责难。

世界正是在对无数“第一”的勇敢独创和艰苦开拓中走向进步,走向自由,走向美。

“吾道一以贯之。”(《论语·里仁》)“一”又是一切艺术创造的主宰和统帅,它像一条红线,串起千千万万颗美的珍珠。

一部小说,不论情节多么复杂,总有一条主线;一幅绘画,不论色彩多么丰富,总有一个基调。中国戏曲《坐楼杀惜》的“杀”,《徐策跑城》的“跑”……几乎都可用“一字诀”道出全剧的“戏眼”。

贯一为拯乱之药。“一”可以使乌合之众化为钢铁劲旅,显示出单纯、整齐、统一与力量之美。

有了一,就有二。一生二,二生三,三生万物,万物再归一。一又生出新的东西。如此往复,生生不息,以至无穷。所以画家石涛称它为“众有之本,万象之根”。

(三)

“天生之物,无一无偶,无一齐者。”(刘大櫆《论文偶记》)世界上一切事物都是矛盾的统一体,这统一物的矛盾,常常体现为“二”“四”“六”“八”之偶。

这“偶”,有时表现为中轴线两边的均衡对称。如合欢树的叶,蝴蝶的翅,人的耳目手足。——鼻口虽为一,但仍然有左右鼻孔与上下唇之分。

这“偶”,有时象征着相反相成的衬托或对比:“有无相生,难易相成,长短相较,高下相倾,音声相会,前后相随。”(《老子》)

“无独有偶”的观念几乎贯穿在各种艺术创造之中。北京紫禁城的建筑以天安门——地安门为中轴左右对称;中国古典小说

章法中有正对、反对,有一卷之中自为对,隔数十卷遥为对。中国的对联、诗词更讲究对仗,如有这么一副对联:

冻雨洒窗,东两点西三点,
切瓜分客,上七刀下八刀。

既对仗工整而又拆字为数,其构思之妙令人叹为观止!

这"偶"只是相对的,并非绝对平均的"一刀切"。薛雪《一瓢诗话》曰:"诗家最忌雷同,而大本领人偏多于雷同处见长。……惟其篇篇对峙,段段双峰,却大不异而异,同而不同,才是大本领,真超脱。"

这"偶"推演到极致,便是中国宇宙观、美学观的高度概括:太极图与八卦。

《易·系辞》上:"易有太极,是在两仪。两仪在四象,四象生八卦。"太极图的阴阳"鱼",八卦的阴阳"爻",都是以"阴阳"这一基本范畴派生出种种对立因素的复杂交织与运动变化,成为中国艺术美学原理的认识基础。

在"偶"中,有一个不对称的偏正平衡。它构成一个最美的比率,那就是黄金比——1∶0.618。实验证明,这个比率正同人在最愉快时的"信塔"胸电波高频与低频的比率相吻合。

更有趣的是,葵花子的巧妙排列,牵牛花藤的缠绕生长,自然界中许多美的生长曲线,都酷似数学上的对数螺旋线。而螺旋线的级数恰好相当于黄金率。

"凡一二之所不能尽者,则约之以三,以见其多;三之所不能尽者,则约之以九,以见其极多。"(汪中《述学·释三九》)

在文艺作品中,对"三"颇为厚爱:画树画三棵,画人画三个。尤其是戏曲,《三打祝家庄》《三顾茅庐》《三气周瑜》……

黑格尔在一定程度上看到了"三"的奥秘,把它概括为正→反→合的三段论。中国书论中也说:"初学分布,但求平正;既知平

正，各追险绝；既能险绝，复归平正。初谓未及，中则过之，后乃通会。”（孙过庭《书谱》）

但这不只是平面或直线地看问题。实际上，“三”既不是对“一”的完全重复，也不是对“一”的完全否定，而在似乎重复中有微妙的进展；在好像倒退中却向更高的层次递升——换言之，“三”是事物螺旋形上升的一个环节，波浪式发展的一个波段，也是艺术布局或进程中一个美的单元。

正因为此，一切事物不仅可以“一分为二”，而且可以“一分为三”。时间有“过去、现在、未来”，空间有“上、中、下”，哲学范畴有“一般、特殊、个别”……正确认识“三分法”，可以避免对“两分法”的片面理解，避免“非此即彼”地走极端。这便是美学里中和、含蓄之美的数学依据。

在文艺作品中还常用“五”“七”“九”表示多数或约数。其中，对“九”尤其青睐：九天九地、九流九派、九章九歌……其词之多，不可胜数！除了概示“极多”之外，九，还有自己独特的美学意义。

“日中则移，月满则亏”。九，接近十而不到十，这是矛盾最尖锐、考验最严重、决定胜负的关键时刻。把握住了九，就把握住了矛盾顶点前的最佳瞬间，就把握住了艺术魅力之所在。在这个意义上，可以说 $9>10$。因为 10 的绝对值虽然大于 9，但作为“数”，它不过是 1 的螺旋形复归，它所标志的瞬间和魅力已经开始从数的顶点跌落下来，像中而复斜的太阳满而复亏的月亮了。

作为形式美的数学法则，除了太极八卦之外，还有一个九宫格。九宫，是八卦之宫——四方八达加上中央，合为九宫。西方称它为“魔方阵”。它横、直、斜的数字相加都是十五。根据数字的单双，可以创造出许多方形图案，同太极图式的圆形图案相伯仲。

错综其数，参伍以变。数字的巧妙组合，可以产生层出不穷的审美情趣。

“七八个星天外，两三点雨山前。旧时茅店社林边，路转溪桥忽见。”(辛弃疾《西江月 · 夜行黄沙道中》)喜悦之情,跃然纸上。

“阑干十二独凭春,晴碧远连云。千里万里,二月三月,行色苦愁人。”(欧阳修《少年游》)孤苦之思,牵人愁肠。

“三万里河东入海,五千仞岳上摩天。遗民泪尽胡尘里,南望王师又一年。”(陆游《秋夜将晓出篱门迎凉有感》)悲壮之气,直冲云霄!……

我想到一帧艺术摄影——人行道上,一个妇女怀抱婴儿,在她身后依次跟着三个幼小的孩子。作者金伯谷把这盲目生育的母子抓拍下来,题为:《512|3 4|》。看着这独出心裁的幽默题目,我忍俊不禁地笑出声来。

数的规律与美的法则有着如此千丝万缕的联系。数是人们从生活中抽象出来的,它又反过来左右着人们进行新的美的创造。

是的。有数,就有美!

爱之,旋复敬之畏之,亦复亲之。

·邓高如·

圆的魅力

创世者,莫非你偏心?造物主,莫非你徇情?为何在缔造世间万物时偏就钟爱“圆”的模样?

举目观苍穹,上天是圆的;俯以察地理,地球是圆的;借助紫金山天文望远镜,欲穷千里目,放眼望宇宙:太阳、月亮、“牛郎”“织女”、北斗,一切天球地体,莫不是圆的!

回首看舍间,不少物什也呈圆形。案上的电灯、笔筒是圆的;筐里的鸡蛋、苹果是圆的;缸里的豆米芝麻是圆的;还有阳台上那盆含苞待放的栀子花,也微张花瓣奋力向圆发展哩!

不禁哑然失笑。

某人个子不高,却头圆肚圆,本是窈窕淑女不屑一顾的人物,然则一次郊游,田坎上几个村姑、嫂子窃窃夸赞:“圆的,大官!”此人惭愧之余近前盘问,一嫂子喜眉笑眼道来:“不是大官,也是像官。看你头圆、肚圆,一脸官相,还不像官?”真令人忍俊不禁:“圆,真有魅力啊!”

发生在身边的这件小事,却使我潜心观察起圆的艺术,萌发了研究“圆文化”的念头。

去问生物学家。他说:圆是生物选择、进化、生存的需要和结果。目前自然界绝大多数微生物如细胞、细菌之类都是圆的。可是很早很早以前,也多有条形的、方形的或者不规则形的。但经不住物质的摩擦、地球的引力,同类的相撞、打磨,久而久之,削其棱角,变成圆形、椭圆形、流线型了。放大到动物界说,你看水中的蝌蚪出世之初,拖着长长的尾巴,一摇三摆,形态可爱,曾几何时,尾巴脱光,变成圆乎乎的了!

去问物理学家。他说:自然界多数物体呈圆形,是力的“作用图”。车轮呈圆形便于滚动;苹果呈圆形,减少脱落;弹指即破的气球呈圆形,同样是要最大限度地减轻地球的引力,增大对外界的抗力,方能“好风凭借力,送我上青云”!

再去问工程技术人员,回答更使人茅塞顿开:物体多呈圆形,主要是为了实用需要。因为一切形态中圆形容积最大,肚量最宽,用材最少。他说数学家早已测出,一立方体的表面积要比一个容积相同的球体表面积多用 24% 的材料!难怪肚圆头圆者,穿衣用料却不比瘦高条多出什么!

问学归来,不亦乐乎,我倒头便睡,以解连日奔波之疲劳。“月朦胧,鸟朦胧”,朦朦胧胧见周公时,“哎哟”一声我醒了。原来翻身时碰着了别在床头上的绣花针。负痛之人,再难成眠,索性再想开去。由眼前的绣花针想到老奶奶做鞋使用的锥子,头圆了要磨光;石匠开山凿石用的凿子,用秃了要打尖;石油工人钻石油用的钻头钝了,可否也要换尖的呢?“青竹蛇儿嘴,黄蜂尾上针”,莫不保持其锋利。“尖”能穿云裂石,“锋”能所向披靡,“针”能灸病医疾。看来,自然界、人类社会在有“圆”之时,又确实不可少了“尖”“锋”二事。

由尖又想到方。文人学士的爱物——砚台、书报、纸张是方的;戏剧中帝王将相迈步是方的;追述古往,官印玉玺一概是方的;当今流行的货币虽然叫“圆”,当初也曾“外圆内方”,誉之为“孔方兄”。由此得知,“方”也有过辉煌的历史!这才是“横看成岭侧成峰,远近高低皆不同”哟!

于是,我斗胆说出:大千世界,应是“圆、尖、方”并存;人类社会,必然“麻、辣、烫”俱有。如果硬要问我爱哪头?我说:圆有圆的伶俐,尖有尖的锋芒,方有方的风范……

窗含西岭千秋雪，
门泊东吴万里船。

——杜甫

·宗白华·

空间的美感

建筑和园林的艺术处理，是处理空间的艺术。老子就曾说："凿户牖以为室，当其无，有室之用。"室之用是由于室中之空间。而"无"在老子又即是"道"，即是生命的节奏。

中国的园林是很发达的。北京故宫三大殿的旁边有三海，郊外还有圆明园、颐和园等皇帝的园林。民间的老式房子，也总有天井、院子，这也可以算作一种小小的园林。郑板桥曾这样描写一个院落：

> 十笏茅斋，一方天井，修竹数竿，石笋数尺，其地无多，其费亦无多也。而风中雨中有声，日中月中有影，诗中酒中有情，闲中闷中有伴，非唯我爱竹石，即竹石亦爱我也。彼千金万金造园亭，或游宦四方。终其身不能归享。而吾辈欲游名山大川，又一时不得即往，何如一室小景，有情有味，历久弥新乎！对此画，构此境，何难敛之则

本文作者宗白华(1897—1986)系著名哲学家、美学家、诗人。江苏常熟虞山镇人。1916年入同济大学医科预科学习。1920年赴德国留学。1925年回国后先后在南京、北京等地大学任教。是我国现代美学的先行者和开拓者。著有大量美学论著。

退藏于密,亦复放之可弥六合也。(《郑板桥集·竹石》)

我们可以看到,这个小天井,给了郑板桥这位画家多少丰富的感受!空间随着心中意境可敛可放,是流动变化的,是虚灵的。

宋代的郭熙论山水画,说“山水有可行者,有可望者,有可游者,有可居者”。(《林泉高致》)可行、可望、可游、可居,这也是园林艺术的基本思想。园林中也有建筑,要能够居人,使人获得休息。但它不只是为了居人,它还必须可游,可行,可望。“望”最重要。一切美术都是“望”,都是欣赏。不但“游”可以发生“望”的作用(颐和园的长廊不但领导我们“游”,而且领导我们“望”),就是“住”,也同样要“望”。窗子并不单为了透空气,也是为了能够望出去,望到一个新的境界,使我们获得美的感受。

园林中的窗与图案

窗子在园林建筑艺术中起着很重要的作用。有了窗子,内外就发生交流。窗外的竹子或青山,经过窗子的框框望去,就是一幅画。颐和园乐寿堂差不多四边都是窗子,周围粉墙上排列着许多小窗,面向湖景,每个窗子都等于一幅小画(李渔所谓"尺幅窗,无心画")。而且同一个窗子,从不同的角度看出去,景色都不相同。这样,画的境界就无限地增多了。

明代人有一小诗,可以帮助我们了解窗子的美感作用。

一琴几上闲,
数竹窗外碧。
帘户寂无人,
春风自吹入。

这个小房间和外部是隔离的,但经过窗子又和外边联系起来了。没有人出现,突出了这个小房间的空间美。这首诗好比是一张静物画,可以当作塞尚画的几个苹果的静物画来欣赏。

不但走廊、窗子,而且一切楼、台、亭、阁,都是为了"望",都是为了得到和丰富对于空间美的感受。

颐和园有个匾额,叫"山色湖光共一楼"。这是说,这个楼把一个大空间的景致都吸收进来了。左思《三都赋》:"八极可围于寸眸,万物可齐于一朝。"苏轼诗:"赖有高楼能聚远,一时收拾与闲人。"就是这个意思。颐和园还有个亭子叫"画中游"。"画中游",并不是说这亭子本身就是画,而是说,这亭子外面的大空间好像一幅大画,你进了这亭子,也就进入到这幅大画之中。所以明人计成在《园冶》中说:"轩楹高爽,窗户邻虚,纳千顷之汪洋,收四时之烂漫。"

这里表现着美感的民族特点。古希腊人对于庙宇四围的自然风景似乎还没有发现。他们多半把建筑本身孤立起来欣赏。中国古人就不同,他们总要通过建筑物,通过门窗,接触外面的大自然界。"窗含西岭千秋雪,门泊东吴万里船"(杜甫)。诗人从一个小房间通到千秋之雪、万里之船,也就是从一门一窗体会到无限的空间、时间。这样的诗句多得很。像“凿翠开户牖”(杜甫),“山川俯绣户,日月近雕梁”(杜甫),“檐飞宛溪水,窗落敬亭云”(李白),“山翠万重当槛出,水光千里抱城来”(许浑),都是小中见大,从小空间进到大空间,丰富了美的感受。外国的教堂无论多么雄伟,也总是有局限的。但我们看天坛的那个祭天的台,这个台面对着的不是屋顶,而是一片虚空的天穹,也就是以整个宇宙作为自己的庙宇。这是和西方很不相同的。

为了丰富对于空间的美感,在园林建筑中就要采用种种手法来布置空间,组织空间,创造空间,例如借景、分景、隔景等。其中,借景又有远借、邻借、仰借、俯借、镜借等。总之,为了丰富对景。

玉泉山的塔,好像是颐和园的一部分,这是“借景”。苏州留园的冠云楼可以远借虎丘山景,拙政园在靠墙处堆一假山,上建“两宜亭”,把隔墙的景色尽收眼底,突破围墙的局限,这也是“借景”。颐和园的长廊,把一片风景隔成两个,一边是近于自然的广大湖山,一边是近于人工的楼台亭阁,游人可以两边眺望,丰富了美的印象,这是“分景”。《红楼梦》小说里大观园运用园门、假山、墙垣等,造成园中的曲折多变,境界层层深入,像音乐中不同的音符一样,使游人产生不同的情调,这也是“分景”。颐和园中的谐趣园,自成院落,另辟一个空间,另是一种趣味。这种大园林中的小园林,叫作“隔景”。对着窗子挂一面大镜,把窗外大空间的景致照入镜中,成为一幅发光的“油画”。“隔窗云雾生衣上,卷幔山泉入镜中。”(王维诗句)“帆影都从窗隙过,溪光合向镜中看。”(叶令仪诗句)这就是所谓“镜借”了。“镜借”是凭镜借景,使景映镜中,化实为虚(苏州怡园的面壁亭处境逼仄,乃悬一大镜,把对面假山和螺髻亭收入镜内,扩大了境界)。园中凿池映景,亦此意。

无论是借景、对景,还是隔景、分景,都是通过布置空间、组织空间、创造空间、扩大空间的种种手法,丰富美的感受,创造了艺术意境。中国园林艺术在这方面有特殊的表现,它是理解中国民族的美感特点的一个重要的领域。概括说来,当如沈复所说的:“大中见小,小中见大,虚中有实,实中有虚,或藏或露,或浅或深,不仅在周回曲折四字也。”

这也是中国一般艺术的特征。

科学情怀

渴望看到这种先定的和谐，是无穷的毅力和耐心的源泉。

·爱因斯坦·

探索的动机

在科学的庙堂里有许多房舍，住在里面的人真是各式各样，而引导他们到那里去的动机实在也各不相同。有许多人所以爱好科学，是因为科学给他们以超乎常人的智力上的快感，科学是他们自己的特殊娱乐，他们在这种娱乐中寻求生动活泼的经验和雄心壮志的满足；在这座庙堂里，另外还有许多人所以把他们的脑力产物奉献在祭坛上，为的是纯粹功利的目的。如果上帝有位天使跑来把所有属于这两类的人都赶出庙堂，那么聚集在那里的人

本文是爱因斯坦于1918年4月在柏林物理学会举办的麦克斯·普朗克60岁生日庆祝会上的讲话。讲稿最初发表在1918年出版的《庆祝麦克斯·普朗克60寿辰：德国物理学会演讲集》（***Zu Max Plancks* 60 *Geburtstag*：*Ansprachen in der Deutschen Physikalischen Gesellschaft***）上。

就会大大减少。但是,仍然还有一些人留在里面,其中有古人,也有今人,我们的普朗克[1]就是其中之一,这也就是我们所以爱戴他的原因。

我很明白,我们刚才在想象中随便驱逐了许多卓越的人物,他们对建设科学庙堂有过很大的也许是主要的贡献;在许多情况下,我们的天使也会觉得难于作出决定。但有一点我可以肯定:如果庙堂里只有我们刚才驱逐了的那两类人,那么这座庙堂就决不会存在,正如只有蔓草就不成其为森林一样。因为,对于这些人来说,只要有机会,人类活动的任何领域他们都会去干;他们究竟成为工程师、官吏、商人,还是科学家,完全取决于环境。现在让我们再来看看那些为天使所宠爱的人吧。他们大多数是相当怪癖、沉默寡言和孤独的人,尽管有这些共同特点,实际上他们彼此之间很不一样,不像被赶走的那许多人那样彼此相似。究竟是什么把他们引到这座庙堂里来的呢?这是一个难题,不能笼统地用一句话来回答。首先我同意叔本华(**Schopenhauer**)所说的,把人们引向艺术和科学的最强烈的动机之一,是要逃避日常生活中令人厌恶的粗俗和使人绝望的沉闷,是要摆脱人们自己反复无常的欲望的桎梏。一个修养有素的人总是渴望逃避个人生活而进入客观知觉和思维的世界;这种愿望好比城市里的人渴望逃避喧嚣拥挤的环境,而到高山上去享受幽静的生活。在那里,透过清寂而纯洁的空气,可以自由地眺望,陶醉于那似乎是为永恒而设计的宁静景色。

除了这种消极的动机以外,还有一种积极的动机。人们总想以最适当的方式来画出一幅简化的和易领悟的世界图像。于是,他就试图用他的这种世界体系(***cosmos***)[2]来代替经验的世界,并来征服它。这就是画家、诗人、思辨哲学家和自然科学家所做的,

---

① 普朗克(**Max Karl Ernst Ludwig Planck**,1858—1947),德国物理学家,因发现能量基本量子,荣获 1918 年诺贝尔物理学奖。

② “***cosmos***”原来的意思是“宇宙”,是指广包一切、秩序井然的整个体系。

他们都按自己的方式去做。各人都把世界体系及其构成作为他的感情生活的支点，以便由此找到他在个人经验的狭小范围里所不能找到的宁静和安定。

理论物理学家的世界图像在所有这些可能的图像中占有什么地位呢？它在描述各种关系时要求尽可能达到最高标准的严格精确性，这样的标准只有用数学语言才能达到。另一方面，物理学家对于他的主题必须极其严格地加以限制：他必须满足于描述我们的经验领域里的最简单事件；企图以理论物理学家所要求的精密性和逻辑完备性来重现一切比较复杂的事件，这不是人类智力所能及的。高度的纯粹性、明晰性和确定性要以完整性为代价。但是，当人们畏缩而胆怯地不去管一切不可捉摸和比较复杂的东西时，能吸引我们去认识自然界这一渺小部分的究竟又是什么呢？难道这种谨小慎微的努力结果也够得上宇宙理论的美名吗？

我认为，是够得上的。因为，作为理论物理学结构基础的普遍定律，应当对任何自然现象都有效。有了它们，就有可能借助于单纯的演绎得出一切自然过程（包括生命）的描述，也就是说得出关于这些过程的理论，只要这种演绎过程并不太多地超出人类理智能力。因此，物理学家放弃他的世界体系的完整性，倒不是一个有什么基本原则性的问题。

物理学家的最高使命是要得到那些普遍的基本定律，由此世界体系就能用单纯的演绎法建立起来。要通向这些定律，并没有逻辑的道路；只有通过那种以对经验的共鸣的理解为依据的直觉，才能得到这些定律。由于有这种方法论上的不确定性，人们可以假定，会有许多个同样站得住脚的理论物理体系。这种看法在理论上无疑是正确的。但是，物理学的发展表明，在某一时期，在所有可想象到的构造中，总有一个显得比别的都要高明得多。凡是真正深入研究过这问题的人，都不会否认唯一决定理论体系的，实际上是现象世界，尽管在现象同它们的理论原理之间并没有逻辑的桥梁；这就是莱布尼兹（**Leibnitz**）非常中肯地表述的“先定的和谐”①。物理学家往往责备认识论者对这个事实没有给予足够的注意。我认为，几年前马赫同普朗克之间所进行的论战的根源就在于此。

参加 1927 年索尔贝会议的物理学家们

（前排左二普朗克、左三居里夫人、左五爱因斯坦；中排右一玻尔、右二玻恩、右三德布罗意；后排右六薛定谔）

渴望看到这种先定的和谐，是无穷的毅力和耐心的源泉。我们看到，普朗克就是因此而专心致志于这门科学中的最普遍的问题，而不使自己分心于比较愉快的和容易达到的目标上去。我常常听到同事们试图把他的这种态度归因于非凡的意志力和修养，但我认为这是错误的。促使人们去做这种工作的精神状态是同信仰宗教的人或谈恋爱的人的精神状态相类似的；他们每天的努力

---

① “先定的和谐”（***harmonia praestabilita***）是莱布尼兹所用的术语。他说一切“单子”之间，特别是心同物之间，存在着一种预先被永远确定了的和谐。

并非来自深思熟虑的意向或计划，而是直接来自激情。我们敬爱的普朗克就坐在这里，内心在笑我像孩子一样提着第欧根尼的灯笼[1]闹着玩。我们对他的爱戴不需要作老生常谈的说明。祝愿他对科学的热爱继续照亮他未来的道路，并引导他去解决今天物理学的最重要的问题，这问题是他自己提出来的，并且为了解决这问题他已经做了很多工作。祝他成功地把量子论同电动力学和力学统一于一个单一的逻辑体系里。

---

① 第欧根尼（**Diegenes**）是公元前四世纪的希腊犬儒学派的哲学家，他衣食极简陋，常露宿或住在大木桶里。据说他曾在白昼提着灯笼到处寻找诚实的人。

照亮我的道路,并且不断地给我新的勇气去愉快地正视生活的理想,是善、美和真。

·爱因斯坦·

我的世界观

我们这些人总有一死。人的命运是多么奇特呀!我们每个人在这个世界上都只作一个短暂的逗留;目的何在,却无所知,尽管有时自以为对此若有所感。但是,不必深思,只要从日常生活就可以明白:人是为别人而生存的——首先是为那样一些人,他们的喜悦和健康关系着我们自己的全部幸福;然后是为许多我们所不认识的人,他们的命运通过同情的纽带同我们密切结合在一起。我每天上百次地提醒自己:我的精神生活和物质生活都依靠着别人(包括活着的人和已死去的人)的劳动,我必须尽力以同样的分量来报偿我所领受了的和至今还在领受着的东西。我强烈地向往着俭朴的生活,并且时常为发觉自己占有了同胞的过多劳动而难以忍受。我认为阶级的区分是不合理的,它最后所凭借的是以暴力为根据。我也相信,简单淳朴的生活,无论在身体上还是在精神上,对每个人都是有益的。

我完全不相信人类会有那种在哲学意义上的自由。每一个人的行为,不仅受着外界的强迫,而且还要适应内心的必然。叔本华

本文最初发表在1930年出版的《论坛和世纪》(***Forum and Century***),84卷上。当时用的标题是《我的信仰》(***What I believe***)。

（**Schopenhauer**）说，

人能够做他所想做的，但不能要他所想要的。[1]

这句话从我青年时代起，就对我是一个非常真实的启示；在我自己和别人生活面临困难的时候，它总是使我们得到安慰，并且永远是宽容的源泉。这种体会可以宽大为怀地减轻那种容易使人气馁的责任感，也可以防止我们过于严肃地对待自己和别人；它还导致一种特别给幽默以应有地位的人生观。

要追究一个人自己或一切生物生存的意义或目的，从客观的观点看来，我总觉得是愚蠢可笑的。可是每个人都有一定的理想，这种理想决定着他的努力和判断的方向。就在这个意义上，我从来不把安逸和快乐看作是生活目的本身——这种伦理基础，我叫它猪栏的理想。照亮我的道路，并且不断地给我新的勇气去愉快地正视生活的理想，是善、美和真。要是没有志同道合者之间的亲切感情，要不是全神贯注于客观世界——那个在艺术和科学工作领域里永远达不到的对象，那么在我看来，生活就会是空虚的。人们所努力追求的庸俗的目标——财产、虚荣、奢侈的生活——我总觉得都是可鄙的。

我对社会正义和社会责任的强烈感觉，同我显然的对别人和社会直接接触的淡漠，两者总是形成古怪的对照。我实在是一个“孤独的旅客”，我未曾全心全意地属于我的国家、我的家庭、我的朋友，甚至我最接近的亲人；在所有这些关系面前，我总是感觉到有一定距离并且需要保持孤独——而这种感受正与年俱增。人们会清楚地发觉，同别人的相互了解和协调一致是有限度的，但这不足惋惜。这样的人无疑有点失去他的天真无邪和无忧无虑的心

---

① 叔本华这句话的德文原文是：***Ein Mensch kann zwar tun, was er will, aber nicht wollen, was er will.***

境；另一方面，他却能够在很大程度上不为别人的意见、习惯和判断所左右，并且能够不受诱惑要去把他的内心平衡建立在这样一些不可靠的基础之上。

我的政治理想是民主主义。让每一个人都作为个人而受到尊重，而不让任何人成为崇拜的偶像。我自己受到了人们过分的赞扬和尊敬，这不是由于我自己的过错，也不是由于我自己的功劳，而实在是一种命运的嘲弄。其原因大概在于人们有一种愿望，想理解我以自己的微薄绵力通过不断的斗争所获得的很少几个观念，而这种愿望有很多人却未能实现。我完全明白，一个组织要实现它的目的，就必须有一个人去思考，去指挥，并且全面担负起责任来。但是被领导的人不应当受到强迫，他们必须有可能来选择自己的领袖。在我看来，强迫的专制制度很快就会腐化堕落。因为暴力所招引来的总是一些品德低劣的人，而且我相信，天才的暴君总是由无赖来继承，这是一条千古不易的规律。像欧洲今天所存在的情况，使得民主形式受到了怀疑，这不能归咎于民主原则本身，而是由于政府的不稳定和选举制度中与个人无关的特征。我相信美国在这方面已经找到了正确的道路。他们选出一个任期足够长的总统，他有充分的权力来真正履行他的职责。另一方面，在德国的政治制度中，我所重视的是，它为救济患病或贫困的人作出了比较广泛的规定。在人类生活的壮丽行列中，我觉得真正可贵的，不是政治上的国家，而是有创造性的、有感情的个人，是人格；只有个人才能创造出高尚的和卓越的东西，而群众本身在思想上总是迟钝的，在感觉上也总是迟

沉思中的爱因斯坦

钝的。

讲到这里，我想起了群众生活中最坏的一种表现，那就是使我所厌恶的军事制度。一个人能够洋洋得意地随着军乐队在四列纵队里行进，单凭这一点就足以使我对他轻视。他所以长了一个大脑，只是出于误会；单单一根脊髓就可满足他的全部需要了。文明国家的这种罪恶的渊薮应当尽快加以消灭，由命令而产生的勇敢行为，毫无意义的暴行，以及在爱国主义名义下一切可恶的胡闹，所有这些都使我深恶痛绝！在我看来，战争是多么卑鄙、下流！我宁愿被千刀万剐，也不愿参与这种可憎的勾当。尽管如此，我对人类的评价还是十分高的，我相信，要是人民的健康感情没有被那些通过学校和报纸而起作用的商业利益和政治利益加以有计划的败坏，那么战争这个妖魔早就该绝迹了。

我们所能有的最美好的经验是神秘的经验。它是坚守在真正艺术和真正科学发源地上的基本感情。谁要是体验不到它，谁要是不再有好奇心也不再有惊讶的感觉，他就无异于行尸走肉，他的眼睛是迷糊不清的。就是这种神秘的经验（虽然掺杂着恐怖）产生了宗教。我们认识到有某种为我们所不能洞察的东西存在，感觉到那种只能以其最原始的形式为我们感受到的最深奥的理性和最灿烂的美——正是这种认识和这种情感构成了真正的宗教感情；在这个意义上，而且也只是在这个意义上，我才是一个具有深挚的宗教感情的人。我无法想象一个会对自己的创造物加以赏罚的上帝，也无法想象它会有像在我们自己身上所体验到的那样一种意志。我不能也不愿去想象一个人在肉体死亡以后还会继续活着；让那些脆弱的灵魂，由于恐惧或者由于可笑的唯我论，去拿这种思想当宝贝吧！我自己只求满足于生命永恒的神秘，满足于觉察现存世界的神奇的结构，窥见它的一鳞半爪，并且以诚挚的努力去领悟在自然界中显示出来的那个理性的一部分，即使只是其极小的一部分，我也就心满意足了。

科学的道路永远没有什么终点，即便那些不畏艰险勇于攀登的人，也往往无法达到光辉的顶点。

·刘向晖·

科学的道路

古希腊时期，托勒密国王希望能轻轻松松就学好几何学，便向欧几里得打听学习几何学的捷径，欧几里得回答：“几何无王者之路。”就是说，无论是皇亲国戚还是平民百姓，在科学的道路上完全平等。马克思将科学的入口处同地狱的入口处相提并论，认为从事科学需要有种义无反顾的精神。那么，科学的道路究竟如何呢？

首先，科学需要无私奉献的精神，科学家必须准备为科学奉献自己的闲暇、金钱、爱情乃至生命。

对科学家而言，没有什么8小时工作制或者什么双休日，何时休息完全视工作需要而定。一个实验结果的获得有时候要求科学家通宵达旦地守候在实验室里，在费米领导的伊利诺伊州加速器实验室，研究人员挑灯夜战是家常便饭，他们的妻子因此成了为科学独守空房的“回旋加速器寡妇”。即使不做实验的时候，科学家们也常常会随时随地见缝插针地思考他们手头正在研究的问题。阿基米德在澡盆中发现了浮力定律；安培把路边一辆马车的后挡板当成黑板在上面演算起来；门捷列夫在睡梦中还念念不忘元素周期表。

从事科学研究需要大笔经费，而经费有时候需要科学家自己来筹集,为科学"衣带渐宽"在科学史上并不少见。英国人巴贝奇(**Charles Babbage**,1791—1871)是一位数学奇才,他在19世纪二三十年代就已经设计出了可以用程序控制的全自动计算机,为了试制出样品,使计算机从梦想变为现实,巴贝奇花费了银行家父亲的大笔财产,终因财力不济,功败垂成。1991年巴贝奇200周年诞辰之际,伦敦博物馆依照原设计造出了巴贝奇计算机的样机,发现它能达到的精度是惊人的。1983年攻克了世界难题"斯坦纳系列"的我国著名数学家陆家羲长期在包头九中任教,研究工作得不到单位支持,他购买书籍、进北京查资料、参加学术会议完全靠自己负担经费,使本来就不宽裕的生活更加艰难,工作辛劳、生活清贫使陆家羲英年早逝,年仅48岁。

一些科学家对科学情有独钟,以致终身未婚,例如大科学家牛顿、达朗贝尔,物理学家卡文迪许,大数学家魏尔斯特拉斯、哈代,大化学家诺贝尔、道尔顿,以及历史上最伟大的女数学家埃米·诺特和护理学的创始人南丁格尔等。近代化学的奠基人道尔顿曾经对他的朋友说:"没有时间交女友,谈爱情。"发明飞机的威尔伯·莱特认为自己"无法既照顾妻子又照顾飞机"。更多的科学家为了能集中精力攻克科学难关,放弃了大部分社交生活,"躲进小楼成一统,管他冬夏与春秋"是他们生活的写照。

巴贝奇设计的"分析机"——人类计算机的重要一步

人最宝贵的是生命,但科学家们为了从事研究甚至不惜将生命置之度外。科学家们在科学探索中经常面对一些新的化学物质或物理现象,在这些事物的背后可能潜伏着令人难以察觉的危险。居里夫人是科学史上的传奇人物,她的事迹鼓舞了一代又一代的科学家。居里夫人发现了镭的强放射性之后,科学界一些权威人士对此表示怀疑,驳斥他们的最好方法就是设法提炼出金属镭。从1898年开始,居里夫妇经过45个月的辛苦劳动,进行了无数次的熔解、蒸发、分离和提纯,终于从几十吨铀沥青矿渣中,提炼出了0.12克氯化镭。居里夫人由于长期在毫无防护的条件下从事放射性的研究,射线严重损害了她的健康,1934年7月,居里夫人死于由辐射引起的白血病。在居里夫人遗留下来的笔记本上,至今仍能观测到相当强度的核辐射。最早发现天然放射性现象的法国科学家贝克勒尔出身于以研究荧光现象和铀盐闻名的科学世家,也是由于长期受到放射性的伤害,于1908年为科学献出了生命,终年56岁。因发现人工放射性同位素荣获1935年诺贝尔化学奖的小居里夫人也是由于长期接触放射性物质而使身体受到损害,患了不治之症的白血病。1956年,小居里夫人也追随母亲而去,终年59岁。科学史上,李比希学派是成就最卓著的化学学派,李比希曾告诫每一位选择化学为一生事业的年轻人,研究化学意味着英年早逝,因为研究化学总要接触到一些新的化学物质,它们可能带有剧毒,也可能使人慢性中毒或引发癌症。目前仍有一些物质的危害刚刚被揭示出来,如氟利昂和二噁英,许多时候,科学家们不惮用性命去冒风险,表现出一种藐视死神的大无畏精神。古罗马以37卷《自然史》流芳百世的老普林尼深入维苏威火山爆发现场进行实地观测,最终为火山灰掩埋。富兰克林1752年公然向雷公挑战,在雷雨天将风筝放入天空,沿湿透的麻绳引来的雷电将他击倒在地,大难不死的富兰克林成功地揭开了雷电的秘密,后来发明了对付雷害的避雷针。

遗憾的是,在科学中辛勤的耕耘并不能保证有丰硕的成果。科学研究中包含着许多不确定因素,科学家们常常不知道从事的课题能否取得成功,何时能取得成功。我们知道,费马大猜想从1637年提出到1995年被证明,经过了358年的漫长岁月。358年中,费马大猜想吸引了无数专业数学家和数学爱好者,他们为证明费马大猜想耗费了大量心血,然而在向费马大定理进军的途中,里程碑式的贡献却屈指可数:

(1) 1753 年,欧拉成功地证明了指数为 3 时费马大定理成立。

(2) 1850 年,德国数学家库默证明了费马大定理对所有正则素数成立,而正则素数的个数为无穷多。库默因此摘取法国科学院专为解决费马大定理设置的征文奖。

(3) 1983 年,德国数学家伐尔廷斯证明了费马大定理中的等式至多有有限个解,因此荣获为青年数学家设立的最高奖——菲尔兹奖。

(4) 1995 年,英国数学家威尔斯最终证明了费马大定理成立,荣获数学的最高成就奖——沃尔夫奖。

法国数学家费马

(**P. Fermat**,1605—1665)

人们常说,成功就在坚持不懈的努力当中,然而在科学探索中并不尽然。哥德尔业已证明在数学中存在着不可判断的命题,并且还不存在有效的方法事先知道某问题是否不可判断。事实上,具体到费马大定理而言,大名鼎鼎的数学史家克莱因在 1980 年出版的《数学:确定性的丧失》中还担心费马大猜想属于不可判断的问题,由此可见那些敢于挑战历史难题的数学家的勇气。

科学研究好比一场竞赛,失去先机将使工作毫无价值。20 世纪 30 年代,华罗庚寄给西方学术刊物的论文一一被退回,原因很简单,因为当时华罗庚消息闭塞,他重复了许多国外数学家已经发表的成果。那么,假如不问收获只问耕耘的话,科学研究的过程是不是非常激动人心呢?也不是,每一位科学家都希望每天都能观察到前人没有注意过的现象,了解到前人所不知道的原理,然而这样的机会毕竟非常罕见。科学家有时候也要面对大量枯燥乏味的艰苦劳动，就像当时居里夫妇为提炼镭所做过的一样。近代天文学的始祖第谷·布拉赫以惊人的毅力，在弗恩岛坚持天文观测20年之久，积累了大量准确的观测资料，正是通过对这些资料的分析；开普勒提出了行星运动三定律。

最后需要指出的一点是，科学的道路永远没有什么终点，即便那些不畏艰险勇于攀登的人，也往往无法达到光辉的顶点。科学史上常有这样的时候，少数科学家面对辉煌的科学成就踌躇满志，迫不及待地宣布科学上已经没有什么重大课题了，然而历史一次次嘲笑了这些人的自负，回答他们的是一次次的科学革命。牛顿是人类有史以来最伟大的科学家之一，他对自己有一个评价，说他就像一个在海边玩耍的孩子，偶尔会捡到几块美丽的贝壳，然而面对的永远是浩瀚真理的海洋。

科学的道路既然如此崎岖难行，还会不会有人心甘情愿地从事科学呢？近年来我国一些新闻媒体举办的民意测验表明，社会上最受人们尊重的职业始终是科学家。美国《新科学家》杂志为纪念创刊75年，采访了75位有代表性的科学工作者，其中包括分形几何学的创始人芒德布罗。科学家们的回答各种各样，但共同的一点是，他们对自己的职业非常满意，没有一个人因为选择了科学而后悔。为什么？关键的一点在于，科学是追求真理的事业，在科学上取得的点滴成果都毫无疑问地构成人类进步的阶梯，甚至失败的尝试也会为后人留下宝贵的精神财富。科学事业未必显赫一时，但将永远存在。科学不断更新着人们的思想观念，使人们摆脱愚昧无知。科学还不断地改变着人们的生活方式，使人们摆脱贫穷落后。李比希研究开发的化肥养活了目前世界上大多数人口，弗莱明发明的青霉素挽救过成千上万人的生命，我们很难想象，如果没有那么多人献身科学，我们今天的生活将会怎样。

科学正是这样一条光荣的荆棘路，选择科学就选择了风雨兼程，但同时也选择了生命的永恒。

我们都要保留一个怀疑求真的态度,要靠实践来发现事物的真相。

·丁肇中·

真正的格物致知精神

我父亲是受中国传统教育长大的,我受的教育一部分是中国传统教育,一部分是西方教育。多年来,我在学校里接触到不少中国学生,因此,我想跟青年朋友们谈谈学习自然科学的中国学生应该怎样了解自然科学。

在中国传统教育里,最重要的一部书就是《四书》(约公元前400年),《四书》之一的《大学》里这样说,一个人教育的出发点是"格物"和"致知"。就是说,从探察物体而得到知识。用这个名词来描写现代学术发展是再适当也没有了。现代学术的基础就是实地的探察,就是我们现在所谓的实验。

但是,传统的中国教育并不重视真正的格物和致知。这可能是因为传统教育的目的并不是寻求新的知识,而是适应一个固定

本文作者丁肇中系著名物理学家。中国科学院外籍院士。1936年1月27日生于美国密歇根州安阿伯镇。1956年入美国密歇根大学,1959年获物理学学士和数学学士,1962年获密歇根大学物理学博士学位。先后在德国汉堡德意志电子同步加速器中心、美国麻省理工学院、纽约布鲁克海文、欧洲核子研究中心进行实验研究工作。1976年获诺贝尔物理学奖。1976年获美国政府的 **Lawrence**(劳伦斯)奖,1977年获美国工程科学学会的 **Eringen**(爱林根)奖章,1988年获得意大利政府的 **Degasperi**(德加斯普里)科学奖。任我国多所大学名誉教授。本文节选自上海教育出版社1999年版的《新世纪的嘱托——院士寄语青少年》。

的社会制度。《大学》本身就说，格物致知的目的，是使人能达到诚意、正心、修身、齐家、治国的田地，从而追求儒家的最高理想——平天下。因为这样，格物致知真正的意义被埋没了。

物理学家丁肇中

大家都知道明朝的大理学家王阳明（1472—1529），他的思想可以代表传统儒家对实验的态度。有一天，王阳明要依照《大学》的指示从“格物”做起。他决定先要“格”院子里的竹子。于是，他搬了一条凳子坐在院子里，面对着竹子硬想了七天，结果因为头痛而宣告失败。这位先生把探察外界误认为探讨自己。王阳明的观点，在当时的社会环境里是可以理解的，因为儒家传统的看法认为天下有不变的真理，而这真理是“圣人”从内心领悟的。圣人知道真理以后，就传给一般人。所以经书上的道理是可“推之于四海，传之于万世”的。经验告诉我们，这种观点是不能适用于现在的世界的。

我是研究科学的人，所以我想谈谈实验精神在科学上的重要性。

科学进展的历史告诉我们，新的知识只能通过实地实验而得到，不是由自我检讨，或哲理的清淡就可以求到的。

实验的过程不是消极的观察，而是积极的、有计划的深测。比如，我们要知道竹子的性质，就是专门栽种竹子，以研究它生长的过程，要把叶子切下来拿到显微镜下去观察……绝不是袖手旁观就可以得到知识的。

实验的过程不是毫无选择的测量，它需要有细致的和具体的计划。特别重要的，是要有一个适当的目标，作为整个探索过程的向导。至于这个目标怎样选定,就是靠实验者的判断力和灵感。一个成功的实验需要的是眼光、勇气和毅力。

由此我们可以了解,为什么基本知识上的突破是不常有的事情。我们也可以了解,为什么在历史上,学术的进展往往只靠很少数人的关键性的发现。

在今天,王阳明的思想还在继续支配着一些中国读书人的头脑。因为这个文化背景,中国学生大都偏向于理论而轻视实验,偏向抽象的思维而不愿动手。中国学生往往念书成绩很好,考试几乎都能得一百分,但是面临着需要出主意的研究工作时,就常常不知所措了。

丁肇中与钱三强(右)、王竹溪(中)和赵忠尧(左)谈笑风生

在这方面,我有个人的经验为证。我是受传统教育长大的。到美国进大学念物理的时候,起先以为只要很“用功”,什么都遵照老师的指导,就可以一帆风顺了,但是事实并不这样。一开始做研究,我马上发现不能光靠教师,需要自己作主张、出主意。当时因为事先没有准备,不知吃了多少苦。最使我彷徨和恐慌的,是当时的唯一办法——以埋头读书应付一切,对于实际的需要是多么的无助!

我觉得真正的格物致知的精神,不但是在研究学术中不可缺少,就是在应付今天的世界环境中也不可或缺。在今天一般的教育里,我们需要培养实验的精神。就是说,不管研究科学,研究人文学,或者在个人行动上,我们都要保留一种怀疑求真的态度,要靠实践来发现事物的真相。现在世界和社会的环境变化得很快,世界上不同文化的交流也越来越密切。我们不能盲目地接受过去认为的真理,也不能等待“学术权威”的指示。我们要有自己的判断力,要自己去判断。在环境剧变的今天,我们应该重新体会到几千年前经书里说的“格物致知”真正的意义。这意义有两方面:第一,寻求真理的唯一途径是对事物客观的探索。第二,探索的过程不是消极的袖手旁观,而是有想象力、有计划的探索。希望我们年轻的一代对于“格物”和“致知”有新的认识和实用,使得实验精神真正地变成中国文化的一部分。

东方和西方的科学真理是一样的,美丽和博爱也是如此。

·乔治·萨顿·

东方和西方的科学

你听过美国西部牛仔的故事吧。一天,一位牛仔突然来到了科罗拉多大峡谷的边缘,感叹:“上帝,这里发生了什么事情!”你知道,如果这位牛仔指的是在一定时间内迅速完成的事情,那么他错了。在这个意义上,大峡谷什么也没发生。同样,科学的发展虽然比大峡谷的断裂快得多,但它是一个渐进过程。它看上去是革命的,因为我们没有真正看到这个过程,只看到巨大的成果。

从实验科学的角度(特别是在其发展的现阶段)来看,东方和西方是极端对立的。然而,我们必须记住两件事。

第一件事是有关科学的种子,包括实验科学和数学。科学全部形式的种子是来自东方的。在中世纪,这些方法又被东方人大大发展了。因此,在很大程度上,实验科学不只是西方的子孙,也是东方的后代,东方是母亲,西方是父亲。

第二件事,我完全确信正如东方需要西方一样,今日的西方仍然需要东方。当东方人像我们在16世纪那样,一旦抛弃了他们经院式的、论辩的方法,当他们一旦真正被实验精神所鼓舞的时候,谁知道他们能为我们做什么,谁又知道他们为反对我们而做什么呢?当然,就科学研究领域来说,他们只能是与我们一起工作的,但是他们的应用可以是大不相同的。我们不要重蹈希腊人的覆辙，他们认为希腊精神是绝无仅有的，他们还忽视犹太精神，把外国人一律视为野蛮人，他们最后衰亡，一落千丈，就像他们的胜利顶峰曾高耸入云一样。不要忘记东西方之间曾经有过协调，不要忘记我们的灵感多次来自东方。为什么这不会再次发生？伟大的思想很可能有机会悄悄地从东方来到我们这里，我们必须伸开双臂欢迎它。

对于东方科学采取粗暴态度的人，对于西方文明言过其实的人，大概不是科学家。他们大多数既无知识又不懂科学。也就是说，他们丝毫也不应享有那种将他们吹嘘得天花乱坠的优越性，而且如果听其自便，他们关于这种优越性的支离破碎的愿望，要不了多久就要破灭。

我们有理由为我们的美国文明而骄傲，但是它的历史记载至今还是很短的。只有 300 年！和人类经验的整体相比是何等渺小，简直就是一会儿，一瞬间。它会持久吗？它将进步，将衰退，抑或灭亡？我们的文明中有许多不健康的因素，如果我们想在疾病蔓延起来以前根除它们，必须毫不留情地揭露它们，但这不是我的任务。如果我们希望我们的文明能为自己辩护，我们必须尽最大力量去净化它。实现这项任务的最好的办法之一是发展不谋私利的科学；热爱真理——像科学家那样热爱真理，热爱真理的全部，愉快的和不愉快的、有实际用途的和没有实际用途的；热爱真理而不是害怕真理；憎恨迷信，不管迷信的伪装是多么美丽。我们文明的长寿至少还没有得到证明，其延续与否，还不一定。因此，我们必须谦虚。归根结底，主要的考验是经历沧桑而存活下来，这一点我们还没有经历过。

新的鼓舞可能仍然需要，而且确确实实仍然来自东方，如果我们觉察到了这一点，我们会聪明一些。尽管科学方法取得了巨大的胜利，但它也还不是十全十美的。当科学方法能够被利用，并且是很好地被利用的时候，它是至高无上的。但是，若不承认这种利用也会产生两种局限，则是愚蠢的。第一，这种方法不能永远使用。有许多思想领域(艺术、宗教、道德)不能使用它,也许永远不能应用于这些领域。第二,这种方法很容易被错误地应用,而滥用这取之不尽用之不竭的资源的可能性是骇人听闻的。

十分清楚,科学精神不能控制它本身的应用。首先,科学的应用常常握在那些没有任何科学知识的人手中,犹如不经过教育和训练而去驾驶一辆能导致各种破坏的大马力汽车。即使是科学家,在一种强烈的感情影响下,也可能滥用他们的知识。科学精神应该以各方面不同的力量给自身予辅助,用宗教和道德的力量来给予帮助。无论如何,科学不应傲慢,不应气势汹汹,因为和其他人间事物一样,科学本质上也是不完满的。

东方和西方正像一个人的不同神态,代表着人类经验的基本和互相补充的两个方面。东方和西方的科学真理是一样的,美丽和博爱也是如此。人,到处都是一样的,只不过是这种特点稍稍显著一些或是那种特点突出一些罢了。

东方和西方,谁说二者永不碰头?它们在伟大艺术家的灵魂中相聚,伟大的艺术家不仅是艺术家,他们所热爱的也不局限于美;它们也在伟大的科学家头脑中相会,伟大的科学家已经认识到:真理,不论是多么珍贵的真理,也不是生活的全部内容,它应该以美和博爱来补充。

我们怀着感激之情回忆起我们得之于东方的全部东西——道德热忱、黄金规则、我们引以为荣的科学的基础——这是巨大的恩惠。没有什么理由说它在将来不该无限增加。我们不应该太自信,我们的科学是伟大的,但是我们的无知之处更多。总之,让我们发展我们的方法,改进我们的智力训练,继续我们的科学工作,慢慢地、坚定地、以谦虚的态度从事这一切。同时,让我们更加博爱,永远留意周围的美,永远留意我们人类同胞或者我们自己身上的美德。让我们摧毁那些恶的东西,那些损坏我们居住环境的丑的事物,那些我们对别人做的不公正的事情,尤其是那些掩盖各种罪恶的谎言。我们也应该谨防摧残或伤害那善良、天真事物中最弱小的东西。让我们捍卫我们的传统、我们对往昔的怀念,这些是我们最珍贵的遗产。

我们理所当然地要按照事物的本来面目认识事物,但是我的灵魂的最高意向、我对那看不见的事物的怀恋之情、我对于美与公正的渴求,这些也都是真实的和珍贵的东西。那些我所不能理解的东西并不一定是不真实的。我们必须准备经常去探求这些感觉不到的真实,正是它赋予我们的生活以高尚的情操和最根本的方向。

光明从东方来,法则从西方来。让我们训练我们的灵魂,忠于客观真理,并处处留心现实生活的每一个侧面。对于不骄傲的、不采取盛气凌人的"西方态度"而记得自己最高思想的东方来源的、无愧于自己的理想的科学家来说,尽管不一定会更有能力,但他将更富有个性,能更好地为真理服务,能更完满地实现人类的使命,也将是一个更高尚的人。

万千物种形态性状复杂无比，深入到分子水平却出人意料地简单——竟然只需四个字母来表示！

天工之妙，妙不可言。

· 沈致远 ·

天道崇简

恒河沙数，“一沙一世界”；万绿丛中，“一叶一菩提”。宇宙万物如此复杂，老子却说：“道生一，一生二，二生三，三生万物。”

道为何物？道是宇宙之本源。

两千多年来科学的进展使人们越来越体会到：天道崇简。

不信吗？请看事实。

天文学是最早发轫的科学之一。人们夜观天象，想了解天宇星辰的运行规律。古希腊天文学家托勒玫（**Claudius Ptolemaeus**，约 90—168）的“地心说”认为：众星均由东向西绕地作圆周运动，其轨道称为“均轮”。此说对恒星而言大致与观测结果相符，但对行星就出毛病了，行星在天穹上的视觉轨道有时会出现由西向东的逆行。为了维护地心说，只好在行星的均轮上加“本轮”作修正，而且越加越多，竟用了 80 个本轮才跟那时粗糙的天文观测凑合。“地心说”这种均轮加本轮的复杂体系好比是一件拼拼凑凑

本文选自上海教育出版社 2002 年出版的《科学是美丽的——科学艺术与人文思维》。

的“百衲衣”,却让罗马教廷奉为金科玉律。西班牙国王阿尔方索十世不以为然,评论说:“如果全能的主在创造万物之前先和我商量,我能提供更简单的方案。”

直到16世纪,哥白尼(**Nicolaus Copernicus**,1473—1543)提出“日心说”,其简单明了远胜于叠床架屋的地心说。但他慑于教廷之威势不敢公开,直到临终前才在病榻上签字发表。70年后伽利略(**Galileo Galilei**,1564—1642)利用望远镜观察到金星的盈亏现象,给“地心说”致命一击,确立了“日心说”。开普勒(**Johannes Kepler**,1571—1630)在此基础上,根据大量观测数据总结出行星运动三定律,据此可以精确地计算出行星的运行轨道,根本不需要什么均轮本轮,较之“地心说”大为简化。天道崇简初试锋芒!

开普勒的三定律固然漂亮,其不足之处是只知其然而不知其所以然——行星为什么会这样运行?开普勒没能作出回答。牛顿(**Isaac Newton**,1643—1727)根据伽利略在地面上做的力学实验,深入分析开普勒三定律,总结出牛顿力学的两个方程:一是万有引力方程,据此可以精确计算所有星体(不仅限于行星)之间的吸引力;另一是运动方程,据此可以精确计算物体(不仅限于星体)的运动状态。牛顿力学不仅揭示出开普勒三定律之所以然,而且概括了当时所知的一切物体的机械运动规律,奠定了经典物理学的基础。有人说:“牛顿将天上与人间和谐地统一起来了。”牛顿理论既简单又深刻,适用范围非常广泛。由此,人们对天道崇简有了更深的认识。

物理学家和数学家牛顿

牛顿经典理论主宰了三百多

年。20 世纪初冒出一个爱因斯坦(**Albert Einstein**,1879—1955),敢向经典理论挑战。在 1915 年发表的广义相对论中,他从物质能量及时空结构等基本原理出发,导出一个非常简洁的方程,不仅可以算出引力,而且还可以算出在引力作用下物体的运动状态。就天体物理学而言,爱因斯坦一个方程相当于牛顿两个方程;更重要的是,它不仅比牛顿经典理论更精确、更深刻,而且还开拓了新疆域。广义相对论解释了以前无法理解的水星轨道“进动”,计算出经过太阳附近时星光弯曲的正确数值,还发展出大爆炸宇宙起源说和进化宇宙学,预言了黑洞的存在及其性质,如此等等,均非牛顿经典理论所能望其项背。

从“地心说”修修补补仍然捉襟见肘的几十个虚拟轮子,到广义相对论包罗万象的一个简洁方程,人们看到了天道崇简在天文学和物理学中的巨大威力。

物理学家爱因斯坦

化学的发展也证明了天道崇简。在分子水平上,化合物何止千百万种,这是复杂。深入到原子水平后,发现所有这些化合物均由九十几种元素所构成,这是简单。门捷列夫周期表揭示出这些元素之间的规律性,更是一目了然。

再来看生物学的发展史。19 世纪前,生物学基本上是描述性的,按植物和动物的形态性状加以分门别类。林耐(**Carl von Linne**,1707—1778)的植物分类学包括成千上万种植物,如果再加上动物和微生物,生物大家庭真的是子孙繁衍,种族兴旺,生物学家穷毕生之精力也难窥全豹。这是生物学的复杂性。英国出了个达尔文(**Charles Robert Darwin**,1809—1882),他周游世界,对各地的生物物种进行周密的调查研究,回去以后又考察了家养动物,提出“物竞天择，适者生存”，创立了进化论，认为现有物种均由少数几个祖先逐渐进化而来。进化论揭示出千万种不同的生物物种之间亲缘关系，使生物学大为简化。

英国博物学家达尔文

遗传学的发展提出了基因说，揭示了生物遗传进化的机制。1953 年沃森（**James Watson**，1928—）和克利克（**Francis Crick**，1916—2004）根据富兰克林（**Rosalind Franklin**，1920—1958）的 **X**-光衍射实验发现了 **DNA**（脱氧核糖核酸）的双螺旋结构，将基因落实到分子水平。原来，所有生物的遗传密码均由 **A**、**C**、**G**、**T** 四个核苷酸“字母”拼写而成。想想看，生物界千万种物种无比复杂的形态性状，深入到分子水平却非常简单——竟然只有四个字母！天工之妙，妙不可言。

“人类基因谱好比一部天书，这能说是简单吗？”认识到天书由四个字母写成就是极大的简化，否则，连字母也不识，怎能读懂这部天书？再说，人体的整个机体可以由一个细胞核中的若干对 **DNA** 链所携带的遗传信息构建而成，认识到这一点不也就是极大的简化吗？

“你说天道崇简，那么大千世界中无穷无尽的复杂性从何而来？”

问得好！宇宙万物的基本单元和基本规律是非常简单的，多样性和复杂性源出于这些单元之间的各种组合及其变化。比如下围棋，棋局的变化层出不穷，弈棋的谋略高深莫测，这是复杂；棋子只有黑白两种，规则只有一条——被围住的子拿掉，这是简单。复杂源出于简单，围棋是这样，宇宙亦如是。

“人的大脑可能是宇宙万物中最复杂的，可否将之简化？”

这个问题极具挑战性,科学家一直在寻求答案。解剖学家研究大脑的结构,脑神经学家研究大脑的机制,心理学家研究大脑的功能,认知学家试图揭开认知、思维和自我意识之奥秘。如今大脑结构的研究已深入到分子水平,大脑机制的研究已能测出各个部位脑电流极其细微的变化,心理学的研究更是分门别类精益求精。总之,展现在这些科学家面前的是一幅越来越复杂的大脑精细图像,遗憾的是对最关键的自我意识问题仍然众说纷纭,莫衷一是。期盼着有朝一日豁然开朗:原来自我意识之奥秘不在大脑之细部而在其整体,自我意识的本质远比原先想象的图像简单。我并非这方面的专家,没有资格评判,只能期盼。

天道崇简在社会人文领域中是否也适用?很值得探讨。

天道崇简,科学家正朝这个方向奔驰。天文学家、物理学家、化学家、生物学家着了先鞭,起步慢的认知学家正在扬鞭。最悠闲的是老子,他老人家骑在青牛背上,还在喃喃吟诵:“道生一,一生二,二生三,三生万物。”

高尚的文明要求每一个人相应地具备哲学的头脑，科学的眼光，正确的信仰，以及一颗人文关怀的大善之心。

·詹克明·

一名科学工作者的忧虑

从事科研工作已37年。作为一名自然科学学者，我非常热爱基础科学(即所谓“纯科学”)，几十年来一直密切跟踪数理化天地生各门学科的最新进展。许多新理论一出来就强烈地吸引了我，我总是尽可能地追根溯源，力图从原始公式推导入手去弄懂它。如分子轨道对称守恒原理，耗散结构理论，混沌理论，分形几何学，板块漂移理论，宇宙大爆炸理论，富勒烯分子结构……它们中的大多数都获得了诺贝尔自然科学奖。科学已深深地弘润着我的整个生命，这是一种时时更新不断充实的生命内容，是一种大疑大惑大解大悟的乐在其中，一种哲理的融会贯通。我更深爱科学了。与此同时，作为一名理论科学工作者，我也十分关注那些与科学密切相关的技术进步，尤其是那些显著改变人类命运的，具有深远影响的重大技术发明。

没想到，像我这样一位关注了一辈子科学技术的人，到头来反而让我对它的发展前景，以及它对未来人类生存之影响产生了深切的忧虑。眼前严酷的现实是催人深省的，出于一名科学工作者的良知，我深切地体会到，人类作为一个从自然环境中剥离出来的智能物种，其生存必须与大自然保持和谐，其发展也必须把握适度。再也不能让科学技术这驾马车由着性子狂奔了。科学技术的发展必须自觉地处在清醒的人文理性的驾驭之下。

技术的“双刃性”来自于
人性善恶的两重性

常见人说:“科学是一把双刃剑。”这其实是一种误解,看来他们是把“科学”与“技术”混为一谈了。科学旨在“求真”,其使命全在于探索未知。真正的科学毫不功利,绝不可能是“双刃剑”。代表人类最高智慧的科学能给人一种正确的眼光,它的先进思想主要是通过自然哲学影响人文理念的。19 世纪科学上的三大发现(细胞、能量守恒与转化定律、进化论)直接导致了自然辩证法的诞生;相对论从根本上改变了人们的时空观;现代宇宙学使人们更加清楚了自己在宇宙中的定位。科学能够让人类走出愚昧,它丝毫不会伤及人类。

而旨在“求利”的生产技术倒可以成为“双刃剑”,它既可造福人类,又能加害人类。尤其是近一个世纪以来科学技术的飞速发展,掌握了强大技术手段的人类,拥有着足够的实力,使其可以“逼迫自然”,向自然“强索”。连连得手的人类在一个世纪里创造的财富远远超过了其在历代产品之总和。遗憾的是,这种“胜利”在提高人类富裕程度的同时也严重地恶化了人类所依存的自然环境,产生了许多全球性的凶险顽症,既迫在眉睫又难以治愈,如水源缺乏,土地沙化,能源枯竭,资源匮乏,环境污染,人口爆炸……随着生存环境的迅速恶化也加剧了地区与地区、国家与国家之间的紧张关系。有专家预言:“20 世纪的许多战争都是因石油而起,而到 21 世纪,水将成为引发战争的根源。”

也许我们将不得不面对一种“另类”的“世界大同”。

早在公元前 4 世纪,古希腊的柏拉图、亚里士多德就曾经提出过早期的乌托邦理论。近几个世纪更是有许多位志士仁人相继提出过“世界大同”的美好理想。托马斯·莫尔的《乌托邦》,康帕内拉的《太阳城》,阿·赫胥黎的《美好的新世界》,康有为的《大同书》,**H. G.** 韦尔斯的《近代乌托邦》,毛泽东的"环球同此凉热",以及新近的"计算机乌托邦"……这些"世界大同"的美好憧憬像海市蜃楼那样浮幻在不可企及的茫茫彼岸。与此相反的是,有越来越多我们不愿看到的"另类"世界大同却实实在在地落在世人头上。活动范围业已遍及全球的人类,在相互联系日益广泛的今天,几乎所有大的灾害都殃及全世界,让整个人类共同承担其恶果。电脑病毒、艾滋病、疯牛病、毒品泛滥;二氧化碳浓度增高导致的全球"温室效应";氟利昂过量使用导致的大气臭氧层出现空洞;海水温度升高导致了引起全球性气候异常的厄尔尼诺效应;推广优良稻种造成的物种单一化导致了一遇病虫害全球作物同时遭殃;经贸全球一体化,一个地区的金融危机会像多米诺骨牌那样一倒一大片;甚至在"语言"上也是如此,据说世界现存约 6000 种语言,在新世纪刚开始就有一半面临消失,200 年后将仅存一二成,余皆消亡。这种"另类"的世界大同更能显露出技术的"双刃"特征。

按照德国著名哲学家、诗人海德格尔的观点:"技术乃达到某种目的的手段",因此"技术"方面出现的恶果理应追问到"目的"层面。而作为一种人类行为,"目的"的确立大抵来自于某种"欲望"的驱使。这种"欲望"又涉及人性的善恶。由于人类本性中根深蒂固地存在着一种永无餍足的贪婪,也就是在任何时候人的欲望都不会得到满足。再加上人类自身又是一个人口迅速膨胀的群体,无限的物质追求与不加限制的人口繁衍,这两大无限的"乘积"强加在一个土壤、资源、水源、能源都非常有限的地球上,又怎么会不出乱子呢?

英国著名历史学家阿·汤因比教授在《展望 21 世纪》这本"对话录"中曾多次涉及这方面的内容,他认为"人类本来是贪欲的存在,因为贪欲是生命特质的一部分""贪欲本身就是一个罪恶,它是隐藏在人性内部的动物性的一面”。从某种意义上来说,人类是一个追求“过剩”的生物物种。大自然中所有动物从不追求过分剩余(最多是储点越冬食物或“隔宿之粮”),“耶稣赞美鸟和野花没有经济上的企求”。可以说,整个人类文明史就是一部不断扩大着的,追求“过剩”的历史。人类从“狩猎”过渡到“畜牧”阶段,就是人类为追求“过剩”所迈出的第一步。在原始贪欲的勃发中,一旦“狩猎”超出“吃饱”之必需,所余之物,死则贮之,活则畜之,畜多则牧,畜牧生息(繁殖幼仔),从而产生了人类最早的“经济上的企求”。

技术原本应该是“中性”的,它之所以成为“双刃剑”完全在于人性本身的善恶两重性。汤因比说:“一切力量——也包括进步的科学技术所产生的力量——在伦理上都是中性的。因使用方法不同,它可以成为善的东西,也可以成为恶的东西。”从技术发展史上来看,每当一种新技术出现,几乎同时会孪生出“造福”与“为祸”两种性质截然相反的结局。重核裂变被发现后立刻出现了“原子弹”与“核电站”;计算机国际互联网络的实现,人们同时接受了快捷便利的信息通联与无孔不入的计算机病毒;人工合成氨技术成功后,同时生产出农业化肥与制造炸弹的炸药;药物合成既产生了治病的临床药物又产生了危害生命的海洛因……我们不该一味地责怪技术,而应该追究人类的本性。要想克服日益严重的技术负面恶果,避免人类物种过早夭折,不可能完全依靠科学,也不可能全部冀希于技术进步,更不能全都指望疏阔的法律条款、国际公约,或是相信约束力十分有限的道德良知。要想拯救人类绝对不能忽视从心灵上抑制人性恶的一面。从一般意义上来说,这理当属于“宗教”范畴。正像汤因比所言:“要消除对于人类生存的威胁,只有通过每一个人的内心的革命性变革。这种心灵的变革也无论如何要借助宗教来实现。”“对人的本性来说,宗教是必不可少的一部分。”

人与自然的关系归根结底是一个宗教问题

在《旧约全书·创世纪》的第一章，上帝按照自己的形象造出了人，“使他们管理海里的鱼、空中的鸟、地上的牲畜和全地，并地上所爬的一切昆虫”，“将遍地上一切结种子的菜蔬，和一切树上所结有核的果子，全赐给你们作食物”。这样，《圣经》就从宗教教义上规定了人与自然界其他生物之间的隶属关系，明确了人享有主宰大自然所有其他生灵的统治特权。人类只是把自己的“管理”范围理解为“食用”范围。可见“吃”也暗含着某种宗教信仰。你赞成有权统吃自然界一切生灵，不管主观上意识到与否，实际上就是接受了《圣经》上规定的人与自然的关系准则，哪怕你并不是一名教徒。只要你是人类中的一员，打从降生那天起，你就天然地成为我们这个星球上“特权阶层”中的成员。当然，作为某种禁忌，“不吃”同样也可以是一种宗教。人没有权力“吃人”，这几乎是所有宗教的共识，尽管人体同其他生物体同样都是碳水化合物，其蛋白质同样是由 20 种氨基酸连接而成。这里有着约定俗成的宗教禁忌。

“科技信仰”实际上也是一种宗教。按照汤因比的观点，“它是 17 世纪基督教衰退后新兴起来的三个宗教之一”。这种过于迷信技术力量，带有反自然倾向的宗教观，虽然可以制造一时的辉煌，但由于它背离正确的人文理念，不顾人类长远发展，终将走向日暮途穷。应该说，许多败落相现在就已经显露出来了。

从文明发展史来看，倘若追溯到史前时代，人类精神文明的“元胎”原本就是宗教。它囊括一切，包容一切，将今天已经分门别类的所有文明品种之萌芽全部融成一体综合其中。在当时，科学、哲学、医学、天文、音乐、舞蹈、戏剧、绘画、雕塑、伦理、法律……全都总揽于原始宗教之中。古老的世界三大宗教以及我国各少数民族的宗教史诗中都涉及天地起源、万物起源、人类起源这类科学的根本问题。史前人类岩画中的生殖崇拜、太阳崇拜以及祭祀舞蹈也多带有原始宗教性质。图腾崇拜集美术、雕塑、抽象艺术于一体，带有面具的宗教群舞更是戏剧的前身。尤其值得注意的是，天文学起源于占星术，数学起源于数术，地理学源于堪舆之术，化学起源于岐黄炼丹之术，医学更是从巫术脱胎而来，带有明显的宗教“胎记”。五千年前的古巴比伦医学认为疾病总是与诸神、鬼怪、星辰有关（有两千块楔形文字泥板为证）。3500年前的古埃及医学是神庙学校秘密教义的产物，最早的医学文献也写在纸草经卷当中。古印度直到公元前790年婆罗门医学才从吠陀医学中衍生出来，医生也从僧侣阶层中分离出来。古希腊的祭司就是医生。我国的中医同样是诞生于巫术的丛林草莽之中。宗教的“宗”字有“根本”“本旨”之意，它恰如其分地反映出原始宗教包罗万象，乃是文明之宗的这一特征。

人类文明发祥于宗教，随着文明的逐渐演进，分门别类的专业从宗教中分化出来。这种分化一直在不断地进行，不仅越分越细，各专业也日趋独立，沿着各自的轨道互为辐射发散，彼此绝少交叉往来。这种“重分化、少综合”的倾向，正是当今诸多弊端的根源。其中最显著的病症当属“技术发展”与“人文理念”的脱节。人类文明当前的许多重大问题都必须追寻到本源的综合上，追寻到人与自然的根本关系上，追寻到涉及人性的宗教范畴才能谋求彻底解决。当前人类活动业已扩展到整个地球，不同的地域文明逐渐融合，走向信息、商品、资源、人才的全球一体化。这种“合”的势头非常有利于人们从“综合”着眼来研究问题，解决问题。世间的事“分久必合，合久必分”，一种更加健全的人类文明必将在“合”的大趋势中诞生。

阿·汤因比曾经设想过：“人类未来的宗教究竟是怎样的宗教？”他认为：“产生并支持新文明的未来宗教，必须赋予人类明辨和克服严重威胁人类生存的各种罪恶力量。这些罪恶当中最可怕的是那些从人类历史中沿袭下来的陈旧东西。这就是与生命本身具有同样古老历史的贪欲，以及与文明具有同样古老历史的战争和社会的不公正,还有与这些几乎同样可怕的新罪恶,这就是人为满足自己的欲望,应用科学和技术所造成的人为的环境。”

当前,彻底消解人与自然之间日益紧张的关系,实际上是树立一种正确信仰的问题。首先是如何对待“自然”的问题。汤因比认为:“人类本来是怀着敬畏之心看待自己的环境的,应该说,这才是健全的精神状态。”遗憾的是,掌握了现代科学技术的人类,自以为对大自然的了解已经透彻得一览无余,人们已不再敬畏自然,进而还要藐视自然,主宰自然。也许只有一些对自然有着精深理解的人如今还能对无比严格,无比艰深,无比庄严,无比美妙的大自然保持着一种由衷的敬畏之心,对大自然还怀有一种虔诚的宗教感情。他们深切地认识到人与自然始终是处在一种“有限”与“无限”,“暂时”与“永存”的关系。

人类应该确立与自然“和谐”的信仰,注重科学技术与人文理念的“综合”。这“和”“合”二字在民间又称之为“和合二仙”。但愿他们能够保佑人类走出技术的阴影和人性的暗区,自觉地将人类的生存与发展纳入大自然的普遍和谐中,在大自然协调统一的庄严秩序中发挥人类的智慧与创造能力。

人类应该重塑一种新型的,面向未来的高尚文明。这种文明是以整个人类为本,以整个地球为基点的文明。这是一种顾及亿万年未来的发展,顾及子孙万代生存,顾及地球所有生灵安居的文明;是一种顾及地球资源长远利用,顾及这个星球的海洋、陆地、大气、极地、外层空间多重环境的文明;是一种注重综合,注重物质与精神协调发展,注重人与人之间真诚、友善、和睦相处,处处充满着各种层次美的文明。这种文明绝对排斥奢欲、野蛮、颓废、怠惰、愚昧、不公正等现有的种种恶俗。这种文明也要求每一个人相应地具备哲学的头脑,科学的眼光,正确的信仰,以及一颗人文关怀的大善之心。

新发明给我们带来的舒适要比鸽子给我们的多。但是，新发明能给春天增添同样多的光彩吗？

·奥尔多·利奥波特·

一座鸽子的纪念碑

我们树立了一个纪念碑，作为追念一个物种的葬礼，它象征着我们的悲哀。我们悲痛，是因为活着的人们将再也看不见这胜利之鸟的气势磅礴的方阵，它们曾在三月的天空为春天扫清道路，把战败了的冬天从威斯康星所有的树林和草原中驱逐出去。

还记得青年时代熟识候鸽的人仍然活着，那些在年轻时曾被鸽群呼啸着的有力的风摇撼过的树木也还活着。然而10年后，就将只有最老的橡树还记得；时间再长一些，就将只有那些山岗还记得。

在书中和博物馆里总会有鸽子，但这是一些模拟的和想象中的形象，它们对一切的艰难和一切的欢乐全然无知。书中的鸽子不能从云层中突然窜出来，从而使得鹿要疾速地去寻找一个躲藏的地方；也不会在挂满山毛榉果实的树林的雷鸣般掌声中振翅飞翔。书中的鸽子不可能用明尼苏达的新麦做早餐，然后又到加拿大去大吃蓝草莓；它们不懂得季节的要求；它们既感觉不到太阳的

本文作者奥尔多·利奥波特(1887—1948)系美国生态学家、土地伦理学家和科普作家，也被称为“美国环境伦理的播种者”。著有《荒野的呼唤》《沙郡岁月》《野生动物管理》等著述和五百多篇随笔。

亲吻，也感觉不到寒风的凛冽和天气的变换；它们在没有生命的情况下永存着。

我们的祖父在住、吃、穿上都不如我们。他们用以和命运作斗争的努力，也是那些从我们那里剥夺了鸽子的努力。大概，我们现在悲痛，就是我们不能从内心确信我们从这种交换中真有所得。新发明给我们带来的舒适要比鸽子给我们的多。但是，新发明能给春天增添同样多的光彩吗？

英国博物学家、进化论奠基者达尔文

自从达尔文（**Charles Robert Darwim**，1809—1882）给了我们关于物种起源的启示以来，到现在已有一个世纪了。我们现在知道了所有先前各代人所不知道的东西：人们仅仅是进化长途中其他生物的同路者。时至今天，这种新的知识应该使我们具有一种与同行的生物有近亲关系的观念，一种生存和允许生存的欲望，以及一种对生物界复杂事务的广泛性和持续性感到惊奇的感觉了。

总之，在达尔文以后的这个世纪里，我们确实应该清醒地认识到，当人类现在正是探险船船长的时候，人类本身已经不是这条船唯一的探索目标了，而且还应该认识到，他先前所担负的责任，就其意义而言，只是因为必须要在黑暗中鸣笛罢了。

照我看来，所有这些都应该使我们醒悟了。然而，我担心还有很多人未能醒悟。

由一个物种来对另一个物种表示哀悼，这究竟还是一件新鲜事。杀死最后一只猛犸象的克罗－马格诺人想的只是烤肉；射杀最后一只候鸽的猎人,想的只是他高超的本领;用棍棒打死最后一只海雀的水手根本什么也没想……而我们,失去我们的候鸽的人,在哀悼这个损失。如果这个葬礼是为我们进行的,鸽子是不会来追悼我们的。因此,我们超越野兽的客观证据正在于这一点,而不是在杜邦先生的尼龙,也不在万尼瓦尔·布什先生的炸弹上。

这个纪念碑,就像一只立在这个悬崖上的游隼,它将瞭望这个广阔的山谷,并将日日夜夜,年复一年地注视着它。在一个又一个的三月里,它将看大雁飞过,看着它们向河水诉说冻原的水是怎样清澈、冰冷和寂静。在一个又一个的四月里,它将看着红色的蓓蕾长出来,然后又消失。在一个又一个的五月里,它将看着那布满千百个山丘的橡树披着翠绿;探询着什么的林鸳鸯将在这些椴树中搜寻带洞的树枝;金色的黄森莺将从河柳上抖下金色的花粉;白鹭将在八月的沼泽做短暂的停留;鸻鸟将从九月的天空传出哨音;山核桃将啪嗒啪嗒地打在十月的落叶上;冰雹将在十一月的树林中引起骚乱。但是,再没有候鸽飞过来。因为没有鸽子,所以留下来的只是这个悄然无声的、用青铜制成的矗立在这块岩石上阴沉的形象。旅行者们将会来读它的碑文,然他们的思想是不会得到鼓舞的。

经济学的说教者会跟我们讲,对鸽子的悼念只不过是一种怀旧的感情,如果捕鸽人不把鸽子消灭掉,农民们为了自卫,最终也将当仁不让地来执行消灭鸽子的任务。

这是那些非常特别的确有根据的事实之一,却没有理由来这样说。

候鸽曾经是一种生物学上的风暴。它是在两种对立的不可再容忍的潜力——富饶的土地和空气中的氧——之间发出的闪电。每年,这种长着羽毛的风暴都要上下呼啸着穿过整个大陆,它们吸吮着布满森林和草原的果实,并在旅行中,在充满生命力的疾风中消耗着它们。和其他的连锁反应现象一样,鸽子只有在不减弱其自身的能量强度时,才能生存。当捕鸽者减少着鸽子的数目,而拓荒者又切断了它的燃料通道的时候,它的火焰也就熄灭了,几乎无一点星火,甚至一缕青烟。

今天,橡树仍然在空中炫耀着它的累累硕果,但长着羽毛的闪电已不复存在了。蚯蚓和象鼻虫现在肯定是在慢腾腾地和安安静静地执行着那个生物学上的任务,然而那一度曾是个从空中发出雷霆的鸽子的任务。

问题并不在于现在已经没有鸽子了,而在于,在巴比特时代以前的千百年中,它一直是存在着的。

晚年达尔文

鸽子热爱它的土地:它生活着,充满着对成串的葡萄和果仁饱满的山毛榉坚果的强烈渴求,以及对遥远的里程和变换的季节的藐视。只要威斯康星今天不提供免费食品,明天它就会在密歇根、拉布拉多,或者田纳西搜寻和找到它们。鸽子的爱是为着眼前的东西,而且这些东西过去是在什么地方存在过的。要找到这些东西,所需求的仅仅是一个自由的天空,以及振动它的双翅的意志。

爱什么?是现在世界上的一个新东西,也是大多数人和所有的鸽子们所不了解的一个东西。因此,从历史的角度来看看美国,从适当的角度去相信命运,并去嗅一嗅那从静静流逝的时代中度过来的山核桃树——所有这些,对我们来说都是可能做到的,而且要取得这些,所需要的仅仅是自由的天空,以及振动我们双翅的意志。我们超越动物的客观证据正是在这些事物中,而并非在杜邦先生的尼龙中。

通向自然的道路实际上正在变得更加艰难和更加遥远。

·韩少功·

遥远的自然

城市是人造品的巨量堆积,是一些钢铁、水泥和塑料的构造。标准的城市生活是一种昼夜被电灯操纵、季节被空调机控制、山水正在进入画框或阳台盆景的生活,也就是说,是一种越来越远离自然的生活。这大概是城市人越来越怀念自然的原因。

城市人对自然的怀念让人感动。他们中的一些人,不大能接受年迈的父母,却愿意以昂贵的代价和不胜其烦的劳累来饲养宠物。他们中的一些人不可忍受外人的片刻打扰,却愿意花整天整天的时间来侍候家里的一棵树或者一块小小的草坪。他们遥望屋檐下的天空,用笔墨或电脑写出了赞颂田园的诗歌和哲学,如果还没有在郊区或乡间盖一间木头房子,至少也能穿上休闲服,带上食品和地图,隔那么一段时间(比方几个月或者几年),就把亲爱的大自然定期地热爱一次。有成千上万的旅游公司正在激烈竞争,为这种定期热爱介绍着目标和对象并提供周到的服务。

他们到大自然中去寻找什么呢?寻找氧气?负离子?叶绿

本文作者韩少功系当代作家。1953年生于湖南长沙。1978年考入湖南师范学院中文系。毕业后相继任《主人翁》《海南纪实》《天涯》杂志主编、社长。主要作品有《韩少功中短篇小说集》《北门预言》《马桥词典》等。

素？紫外线？万变的色彩？无边的幽静？人体的运动和心态的闲适？……事实上，人造的文明同样可以提供这一切，甚至可以提供得更多和更好，也更加及时和方便。氧吧和医院里的输氧管可以随时送来森林里的清新。健身器上也可以随时得到登山时大汗淋漓的感觉。而世界上任何山光水色的美景，都可以在电视屏幕上得到声色并茂地再现。但是，如果这一切还不足以取消人们对投奔自然的冲动，如果文明人的一个个假日仍然意味着自然的召唤和自然的预约，那么可以肯定，人造品完全替代自然的日子还远远没有到来。

而且还可以肯定：人们到大自然中去寻找的，是氧气这一类东西以外的什么。

也许，人们不过是在寻找个异。作为自然的造化，个异意味着世界上没有一片叶子是完全相同的，没有一个生命的个体是完全相同的。这种状况对于都市中的文明人来说，当然正在变得越来越稀罕。他们面对着千篇一律的公寓楼，面对着千篇一律的电视机、快速食品以及作息时间表，不得不习惯着自己周围的个异的逐渐消失。连最应该各个相异的艺术品，在文化工业的复制技术下，也正在变得面目相似，无论是肥皂剧还是连环画，彼此莫辨和新旧莫辨都为人们所容忍。现代工业品一般来自批量生产的流水线，甚至不能接受手工匠人的偶发性随意。不管它们出于怎样巧妙的设计，它们之间的差别只是类型之间的差别，而不是个异之间的差别。它们的品种数量总是有限，一个型号下的产品总是严格雷同和大量重复，而这正是生产者们梦寐以求的目标：严格雷同就是技术高精度的标志，大量重复就是规模经济的最重要特征。第一千个甲型电话机必定还是甲型，第一万辆乙型汽车必定还是乙型，它们在本质上以个异为大忌，整齐划一地在你的眼下哗哗哗地流过，代表着相同的功能和相同的价格，不可能成为人们的什么惊讶发现。它们只有在成为稀有古董以后，以同类产品的大面积废弃为代价，才会成为某种怀旧符号，与人们的审美兴趣勉强相接。它们永远没法呈现出自然的神奇和丰富——毫无疑问，正是那种造化无穷的自然原态才是人的生命起点，才是人们一次次校正人生的人性尺标。

也许，人们还在寻找永恒。一般来说，人造品的存在期都太过短促了，连最为坚固的钢铁，一旦生长出锈痕，简直也成了速朽之物，与泥土和河流的万古长存无法相比。它甚至没有遗传的机能，较之于动物的生死和植物的枯荣，缺乏生生不息的恒向和恒力。一棵路边的野草，可以展示来自数千年乃至数万年前的容貌，而可怜的电话机或者汽车却身前身后两茫茫，哪怕是最新品牌，也只有近乎昙花一现的生命。时至今日，现代工业产品在更新换代的催逼之下，甚至习惯着一次性使用的转瞬即逝，纸杯、易拉罐，还有毛巾和袜子，人们用过即扔。这种消费方式既然是商家的利润所在，于是也很快在宣传造势中成为普遍的大众时尚。在这个意义上，现代工业正在加速一切人造品进入垃圾堆的进程，正在进一步削弱人们与人造品之间稳定的情感联系。人们的永恒感觉，或者说相对恒久的感觉，越来越难与人造品相随。激情满怀一诺千金之时，人们可以对天地盟誓，但怎么可以想象有人面对一条领带或者一只沙发盟誓？牵肠挂肚离乡背井之时，人们可以抓一把故乡的泥土入怀，但怎么可以想象有人取一只老家的电器零件入怀？在全人类各民族所共有的心理逻辑之下，除了不老的青山、不废的江河、不灭的太阳，还有什么东西更能构成一种与不朽精神相对应的物质形成？还有什么美学形象更能承担一种信念的永恒品格？

如果细心体会一下，自然能使人们为之心动的，也许更在于它所寓含着的共和理想。在人们身陷其中的世俗生活中，文明意味着财富的创造，也意味着财富的秩序和规则。人造品总是被权利关系分割和网捕。所有的人造品都是产品，既是产品就有产权，就与所有权和支配权结下了不解之缘。不论是个人占有还是集团占有，任何楼宇、机器、服装、食品从一开始就是物各有主，冷冷地阻止着权限之外的人僭用，还有精神上的亲近和进入。正因为如此，人们很难怀念外人的东西，比如怀念邻家的钟表或者大衣柜。人们对故国和家园的感怀，通常都只是指向权利关系之外的自然——太阳、星光、云彩、风雨、草原、河流、群山、森林以及海洋，这么多色彩和音响，尽管也会受到世俗权利的染指，比如局部地沦为庄园或者笼鸟，但这种染指毕竟极其有限；大自然无比高远和辽阔的主体，至少到目前为止还无法被任何人专享和收藏，只可能处于人类公有和共有的状态。在大自然面前，私权只是某种文明炎症的一点点局部感染。世俗权利给任何人所带来的贫贱感或富贵感、卑贱感或优越感、虚弱感或强盛感，都可能在大山大水面前轻而易举地得到瓦解和消散。任何世俗的得失在自然面前都微不足道。古人已经体会到这一点，才有“山水无常属，闲者是主人”一说，才有“山可镇俗，水可涤妄”一说。这些朴素的心理经验，无非是指大自然对所有人一视同仁的慷慨接纳，几乎就是齐物论的哲学课，几乎就是共和制的政治伦理课，指示着人们对世俗的超越，最容易在人们心中轰然洞开一片万物与我一体的阔大生命境界。

当然，这一切并不是自然的全部。人们在自然中可以寻找到的，至少还有残酷。台风、洪水、沙暴、雷电、地震，无一不显露出凶暴可畏的面目——人们只有依靠文明才得以避其灾难。自然界的生物链存在方式则意味着，自然的本质不过是千万张欲望的嘴，无情相食，你死我活。敦厚如老牛也好，卑微如小草也好，每一种生物其实都没有含糊的时候，都以无情食杀其他生命作为自己存在的前提。即便在万籁俱寂的草地之下也永远进行着这种轰轰烈烈的战争。文明进程之外的原始初民，同样是食物链中完全被动的一环。山林部落之间血腥的屠杀，也许只是一种取法自然并且大体上合乎自然的方式，只能算做野生动物那里生存斗争的寻常事例。他们还缺乏文明人的同类相悯和同类相尊，还缺乏减少流血的理性手段——虽然这种理性的道德和法律也可以在世界大战一类事故中荡然无存，并不总是特别地牢靠。

由此看来，文明人所热爱的自然，其实只是文明人所选择、所感受、所构想的自然。与其说他们在热爱自然,毋宁说他们在热爱文明人对自然的一种理解;与其说他们在投奔自然,毋宁说他们在投奔自然所呈现的一种文明意义。他们为之激情满怀的大漠孤烟或者林中明月,不过是自然这面镜子里社会现实处境的倒影,是他们用来批判文明缺陷的替代品。他们的激情,不能证明别的什么,恰恰确证了自己文明化的高度。换一句话说,他们对待自然的态度,常常不过是对现存文明品质的某种测试:他们正是敏感到文明的隐疾,正是敏感到现实社会中的类型原则正在危及个异,现时原则正在危及永恒,权利原则正在泯灭人类的共和理想,才把自然变成了一种越来越重要的文明符号,借以支撑自己对文明的自我反省,自我批判以及自我改进。他们对自然的某种绿色崇拜,不仅仅是补救自己的生存环境,更重要的,是补救自己的精神内伤。

迄今为止,宗教一直在引导着文明对自然的认识。教堂总是更习惯于建立在闹市尘嚣之外,建立在山重水复之处,把人们引入自然的旅途。真正的教徒总是容易成为素食者,至少也有戒杀惜生的信念和习惯。迄今为止,艺术也一直在引导着文明对自然的认识。音乐、美术以及文学的创作者们,无一不在培育着人类对一花一草一禽一畜的赞美和同情,无一不明白情景相融和情景相生的道理,总是把自然当作人类美好情感的舞台和背景。他们如果不愿意止于拒绝和批判,而有意于更积极的审美反应,有意于表达更有建设性的精神寄托,他们的眼光就免不了要指向文明圈以外,指向人造品的局限视界以外,不论是用直接或间接的方式,他们的诗情总是不由自主地在自然的抚慰之下或拥抱之中得到苏醒。他们的精神突围,总是有地平线之外某些自然之境在遥遥接应。赤壁之于苏东坡,草原之于契诃夫,向日葵之于凡·高,黄河之于冼星海,无疑都有精神接纳地的意义。正是在这里,宗教和艺术显示了与一般实用学问的差别,显示了自己的重要特征。它们追问着文明的终极价值,它们对精神的关切,使它们更愿意在自然界伸展自己的根系。

作为一种文明活动，它们当然并不代表人与自然的唯一关系。在更多的时候，以利用自然、征服自然、改造自然甚至破坏自然为特征的人类生存方式构成了文明的主流。现代的商家甚至可以从人对自然的向往中洞察到潜在的利润，于是开始了对感悟和感动的技术化生产，开始制作自然的货品，拓展自然的市场。宗教已经受到了市场的鼓励，其活动场所正在成为旅游者的诸多景点，其活动规程正在成为吸引游客的诸多收费演出。艺术同样已经受到了市场的鼓励，正以奇山异水奇风异俗的搜集和展示，成为各种文字和图像的创作动力，制作出吸引远方客人的导游资料或代游资料。文化搭台经济唱戏，艺术门类正在被日益壮大的旅游业一一收编，正在主宰着人与自然的诗学关系，正在搜索着任何一块人迹罕至的自然，运用公路、酒吧、星级宾馆、景区娱乐设施把天下所有的自然风光一网打尽，并且制作成快捷方便的观赏节目；至少也可以用发达的现代视像技术，用风光照片、风光影视片以及异国情调小说一类产品，把大自然的尸体囚禁在广为复制的各种媒体上，变成工业化时代的室内消费。

旅游正在成为一场悄然进行的文化征讨。它是强势文明区与弱势文明区互为"他者"的观赏与交流，它的后果，一般来说是强势文明的一体化进程无往不胜一统天下，也是文明向自然成功地实际扩张、延展和渗透。它带来了新的市场、利润以及物质繁荣，当然是人类幸福，但它一旦商业化和消费化，似乎也可能带来物质生产方式对人类精神需求的挤压和侵害。对于当今的很多文明人来说，有了钱就有了自然，通向自然之路已经不再艰难和遥远。问题在于：在这种工业技术所覆盖的自然里，我们还能不能寻找到我们曾经熟悉的个异、永恒以及共和理想？还能不能寻找到大震撼和大彻悟的无声片刻？这种旅游业正在帮助人类实现着对自然的物质化占有，与此同时，这是不是也可能在遮蔽和销毁着自然对于人类的精神性价值？

如果说微笑中可以没有友情，表演中可以没有艺术，那么旅游中当然也可以没有自然。这是一个游客匆匆于今为盛的时代,是一个什么都需要购买的时代:自然不过是人们旅游车票上的价位和目的地。这个目的地正在扑面而来,已经送来了旅游产品的嘈杂叫卖之声、进口啤酒的气息、五颜六色的泳装和太阳伞。也许,恰好是在这个时候,某一个现代游客会突然感觉到:他通向自然的道路实际上正在变得更加艰难和更加遥远。他会有一种在旅游节目里一再遭遇的茫然和酸楚:童年记忆中墙角的一棵小草,对于他来说已经更加遥不可及再会无期。

只要我能成功地理解昆虫语言的真实意思,和她们对话将使我的独居生活充满魅力。

·法布尔·

生命诗篇

到向往已久的爱拉特来还愿,这正是我所期望的:一小块废弃的、贫瘠的、被烈日烤焦了的土地,周围有围墙,可以避免公路造成的影响;它深受蓟属植物、黄蜂和蜜蜂的喜爱。在这里,没有过路人引起的麻烦,我可以与砂泥蜂和飞蝗泥蜂讨论,加入它们困难的对话,它们的问答经历了语言试验。在这里,没有费时的远距离探险,没有费神的无聊闲谈,我可以实施计划,设置埋伏,可以在一天的任何时间观察效果。到向往已久的爱拉特来还愿,是的,这正是我的期望,我的梦想,我永远的珍爱,总是逐渐消失在迷蒙的未来之中。

在旷野中建立实验室真是历尽千辛万苦,何况还要为生活奔忙。我足足为之奋斗了40年。我怀着坚韧不拔的勇气,与日常琐事抗争,终于建成了盼望已久的实验室。我在残酷的工作中不屈

本文作者法布尔(**Jean-Henri Casimir Fabre**,1823—1915)是法国昆虫学家,著名的科普作家。一辈子观察并研究昆虫,所著《昆虫记》被译成数十种语言传播世界各国。《昆虫记》不仅是一部研究昆虫的科学巨著,更是一部充满人文情怀讴歌生命的诗篇,难怪后人称法布尔为"科学诗人""昆虫荷马"。本篇选自《法布尔观察手记——昆虫家族神奇的本能》(武英译,海南出版社 1999年9月版)第一章《哈马斯》。

不挠,这些我不想多说,总之实验室建成了。更为重要的是——也许有了一点闲暇时间。我说也许,是因为我的腿仍然被几条囚犯的锁链束缚着。

愿望实现了,多少有点晚。啊,我可爱的昆虫!我真害怕桃子已经端到面前,我却因为没有了牙齿而无法享用。是的,真有点晚了:外面广阔的地平线已经收缩为低矮无聊的天篷,一天天越来越狭窄。当我问自己是否值得经历这样的生命时,我对过去一无反悔,也不想找回失去的东西;什么也不后悔,甚至我的第一个青春;我别无他求,我已为实验耗尽了精力。

在我遭受的各种损失面前,始终耸立着一堵基础牢固的高墙:我热爱科学真理。这就足够了。啊,忙忙碌碌的昆虫们,在你们的历史中我能添上恰如其分的几页吗?我的实力不会欺骗我那良好的意愿吧?真的,为什么我曾这么长时间离开你们?

朋友们曾为此责备我。呃,请告诉昆虫,它们是你们的朋友,也是我的朋友,告诉它们我不是健忘,没有不耐烦,也没有忽视:我关心着你们。我坚信节腹泥蜂的洞穴能向我们泄露很多秘密;砂泥蜂的追逐中有新奇的内容。但时间打败了我:我孤身一人,被人遗忘,饱经风霜。在获得哲理之前,人必须生存。告诉它们这一点,它们就会谅解的。

昆虫学家法布尔

另一些人曾指责我的风格,说我不够严肃。不对!我的风格比干巴巴的教科书好得多。对这些人来说,如果有一页纸读起来不那么令人心智衰竭,他们就害怕,以为那样就不能阐述真理。要是我也使用他们的词汇,只会深感头脑含混不清。来吧,你们中的一个或全体——你，带刺的勇士，还有你，翅鞘武装者——加入我的辩护者行列，做我的证人吧。说出我们一起生活的亲密术语，讲出我对你们的耐心观察，以及我陈述你们行为时的认真精神。你们将异口同声地证明：是的，我的文字是观察事实的精确描述。尽管我没有写下虚伪的公式，也没装出料事如神的样子，却没有添油加醋，也不偷工减料。无论轮到谁向你们提问，都会得到同样的回答。

然后，亲爱的昆虫们，如果你们没能使那些“好人”相信这些，那是因为你们不必承担这乏味的担子；轮到我时，我将对他们说：

> 你们撕裂动物而我研究活体；你们把它变成悲惨而可怜的物体，而我使它变得可爱；你们在拷问室和解剖室工作，而我在蓝天下观察，倾听知了歌唱；你们用细胞和原形质做化学实验，而我在昆虫高尚的行为中研究它们的本能；你们窥探死亡，我观察生命。为什么我不应该写下我的思想呢？野猪已经弄脏了清澈的溪流；在年轻人辉煌的研究中，凭借改良细胞结构，已经把自然史变成了令人憎恶的冷冰冰的东西。那么，如果我为学者、为哲学家写作，总有一天，他们会在某种程度上试图阐明困难的直觉问题；我也为年轻人写下以上所有情况，是想使他们热爱自然史，而你们过去一直在使他们憎恨它。这就是为什么在维护真理的精确性时，我避免使用你们的科学文式，它总是像从易洛魁人[①]的方言中借用而来的！

但现在我先不谈这些：我想说说那一小片我所珍爱的土地。长期以来，我一直计划建立生命昆虫学实验室；终于，从一个孤零

① 北美印第安人。

零的小村庄,我获得了这片土地。这是一片和谐的土地[1],本地把这样一个名字赋予了一片未开垦、多砾石、被遗弃的区域。这里太荒凉了,地上长着麝香草属植物,不能耕作;但春天有羊群经过,这时偶尔会下几场雨,几棵小草冒了出来。

在我的哈马斯,尽管地面的少量红土被大量石头覆盖,还是曾经有过初步耕作,这里原来种过葡萄。事实上,为了种树,我们曾四下挖掘,结果到处都翻出了以前遗留下来的树干,它们已经随着时间流逝而半炭化了。所以,三股叉是唯一能穿透这片土壤的务农工具。早先的植物已经消失,我真为此惋惜。再没有百里香,没有薰衣草,没有笨重的大红栎。矮栎曾形成树林,我们穿过它时,略微加大了工作进程。因为这些植物,特别是前两种,可能有利于向蜜蜂和黄蜂提供食物,所以一旦用叉子挖掘出来,我就让它们重新在地上站立起来。

在我到来之前,这里是一片在前人第一次挖掘之后,长时间再没有动过的、自生自灭的土壤。我们首先遇到的是绊根草,经过三年执着的战斗,仍没能彻底清除掉。接下来的车菊花,它的每一枝和整体都带有尖刺或狼牙棒样的刚毛,看上去很可怕。最多的是黄花属矢车菊、山地矢车菊、星状蓟属植物和粗矢车菊。在遍地的乱丛中,生长着茂盛的西班牙紫万年青,就像一根四周布满橙黄色花朵的枝型吊灯架,它的穗状花像钉子一样坚硬;它笔直而唯一的茎高耸着,有 3 至 6 英尺高,插入一大堆丛生的粉红色石竹花之中。你很难解除紫万年青的武装。我们也不能忘记较次要的蓟属植物族。多刺的或“残酷的”蓟属植物武装到了牙齿,植物采集者对它根本无从下手;矛尖荆棘枝叶茂盛,每个枝条顶端都带有坚硬的矛尖;而黑色的矢车菊集中在一起形成尖尖的结。在这一切植物中间,沿着地面爬满了蓝色的露梅,伸展钩刺武装自己。要到带刺的丛林去,碰到黄蜂找食,你必须穿长筒靴子,或用漂亮的小牛

① 斯里南周围的乡村。

皮把自己裹住才行。只要地面保有少量残余的春雨,这些粗鲁的植物就展示它们的魅力。在地面覆盖的藏红花色地毯上,在大片黄花矢车菊中,钻出了牡蛎植物的金字塔和棉蓟细嫩的枝条;但是,当干旱的夏季到来时,我们只能看到荒凉的被遗弃的残垣,用一根火柴就能一把火烧光这片土地。这就是我所拥有的、天赐的伊甸园。我从此要和昆虫一起,生活在这里。40 年不懈的努力使我赢得了她。

伊甸园,从她对我的影响而言,这样称呼一点也不过分。她是蜜蜂和黄蜂的乐园,而没有人愿意在这片该诅咒的土地上耕作播种。她长出蓟属植物和矢车菊,把周围所有蜜蜂和黄蜂都吸引到我身边。在我捕捉昆虫的经历中,从来没有在一小块地方看到过这么多昆虫;条条大路通向这里,这里是昆虫的集合地。汇集的昆虫有捕捉猎物的猎手、运作黏土的建筑师、棉布厂的织工、花瓣和树叶的采集者、纸板建筑师、搅拌灰泥的泥瓦匠、钻木的木匠、处理金箔皮的师傅和许多其他工匠。

这一位是谁?一只黄斑蜂。她刮掉矢车菊蛛网似的黄花蔓,揉成软团,用上颚尖骄傲地运走。她要把它转入地下,放到化棉包中,维持密库和卵的供应。另外,这些迫不及待大肆掠夺的是谁?她们是切叶蜂,她们的腹部有黑的,白的或血红色的收割刷。她们将要离开蓟属植物丛,到附近的矮灌木中去,从树叶上割下卵形的小片,做成适当的容器盛装收获物。这些身着黑色天鹅绒服装的是谁?是石蜂,她们用水泥和碎石工作。在哈马斯的石头上,很容易找到石峰的建筑物。还有那些嗡嗡叫着突然起飞的是谁?是条壁蜂,她们生活在旧墙缝和附近阳光充足的堤岸上。

现在来的是壁蜂。有一只正在把巢穴建在空蜗牛壳螺旋形的阶梯上;另一只正在向一小块干燥的黑莓灌木丛的木髓进攻,把它们分成许多层,为幼虫开辟一个圆柱形的寄宿处;第三只使用芦苇的天然巷道;第四只是某些石蜂空廊的免费租户。雄性长须蜂有骄傲的角;多毛足蜂的后腿上携带许多刚毛刷作采集工具;姬花蜂的种类极多;还有瘦腹的隧蜂等,不一而足。如果继续这些关于我的蓟属植物客人的报告,几乎要囊括所有采蜜族。佩里茨教授是一位知名的昆虫学家,我委托他为我的战利品命名时,他曾问我是否有什么特殊的捕捉工具,居然能送他这么多稀有品种,甚至新种。我根本没有什么捕猎经验,也缺乏捕猎热情,因为我更感兴趣的是参与昆虫的工作,而不是用针把它们钉在箱子里。我捕猎成功的全部秘诀,仅仅在于我种植了浓密的蓟属植物和矢车菊。

由于一个非常幸运的机会,这个采蜜大家庭形成了完整的狩猎族。我为了在哈马斯建起围墙,在各处堆积了大量沙子和石头堆。围墙建筑进展缓慢,从第一年起昆虫就开始占用围墙材料。石蜂选择石头间的空隙作为宿舍,成群密集地挤在一起过夜。强健的大眼蜥蜴随便选个洞,躺在里面等待过路的金龟子;在处于紧张状态时,他也会袭击吃惊的人和狗。白色的僧衣配着黑色的翅膀,坐在石头尖上哼着乡下小调。他的巢肯定就在附近石堆的什么地方,里面有天蓝色的蛋。后来小耶稣随石头堆一起不见了,我很为他惋惜:不然他会有个好邻居的。然而我却一点也不留恋大眼蜥蜴。

沙子庇护了各种动物群体。这里,土蜂正在清扫洞穴的门栏,身后扬起弯弯曲曲的灰尘;北法砂泥蜂正在用触角拖拽绿蚱蜢;大唇泥蜂正在贮存她的独占物——青竹蝉。让我悲叹不已的是,筑墙的泥瓦工程以驱逐运动类昆虫而告结束;但如果我想召回她们,只需要重建沙堆,她们很快就会回来。

猎手并没有消失,只是改换了门庭。我看到砂泥蜂在振翼鼓翅,有一种在春天,其余的在秋天,她们在花园小径两边和草坪上寻找毛虫。玳瑁蜂行动时很警觉,拍打着翅膀在每个角落到处寻找蜘蛛,其中最大的那些会伏击狼蛛。在哈马斯,狼蛛的巢穴并不多见,那是一眼垂直的井,带有用丝束住的牛毛草构成的井栏。你可以看到洞底巨大的蜘蛛像小钻石一样闪烁的眼睛,多数人都会害怕这家伙。对玳瑁蜂而言,这是多么恐惧而又多么危险的狩猎啊！还有亚马孙蚁，在夏天某个炎热的下午，长长的集团军离开营房，行进到很远的野外去捕捉奴隶。如果有时间，我们可以尾随部队，观看她们的袭击。还是在这里，把一堆草变成腐土的是1.5英寸长的大型土蜂，她的飞行很优美，向草堆俯冲获取丰富的猎物，那是叶状触角金龟，犀金龟和花金龟的幼虫。

这是怎样的研究对象啊！而且还有更多的呢！旧房屋就像这片土地一样被完全废弃了。人离开之后，和平就有了保障，动物们匆匆忙忙地捕捉任何东西。黄莺在矮丁香中显示才干；黄雀在丝柏木厚厚的庇护所中安家落户；麻雀从每条石板下运来碎屑和稻草；金丝雀飞到水榆树顶上叽叽喳喳地叫个不停，她柔软的巢比半个杏还要小；小型鸺鹠总是在晚上发出单调的声音；猫头鹰一路嘶嘶叫嚣着匆匆飞来，它是鸟的智慧女神雅典娜。

房子前面有个大池塘，由水道连接起来向村民供水。在恋爱季节，青蛙和蟾蜍从半英里外甚至更远的地方汇集而来。有的黄条蟾蜍像盘子那么大，背上带有狭窄的黄色条纹，也到这里来洗澡约会。夜幕降临时，沿着池塘有希望看到产婆蟾，雄性携带着成串的胡椒粒大的卵，把它们缠绕在后腿上，就像和蔼可亲的家长从远处带来了精致的小襁褓，把它们撒到水里，然后退到一块平坦的石头上，发出铃铛般的叫声。最后，当树叶丛中没有了呱呱的叫声时，那是树蛙正以最优美的姿势纵身跳入水中。在五月间，天一黑下来，池塘就成了震耳欲聋的交响乐舞台：你根本不可能在桌边交谈，也没法入睡。我们必须用也许有点太严厉的手段来对付这种窘况。有什么办法呢？那些想睡觉而不能的人只好变得无情。

更为大胆的黄蜂把我的住房据为己有。在我的门栏上，有一块垃圾的污物，那里舒适地安置着白带砂泥蜂：我进门时，必须小心别弄坏她的藏身处，别碰了那些正在全神贯注于工作的“矿工”。从我上次看到这莽撞的猎蟋蟀者，已经过去了长长的四分之一个世纪。当初我跟她相识后，常常到几英里以外去拜访她，每次都意味着在火热秋阳下的远征。今天我在门栏下发现了她，我们成了亲密的邻居。我紧闭窗户为干泥蜂提供了温度适宜的公寓，土筑的巢固定在石灰石墙上。为了进家，这位蜘蛛女猎手总是开着一个小洞，以防窗框上发生什么事故。在窗户凹凸的窗棂上，一些流浪的石蜂修筑了一组小室；在窗板的外部，一只蜾蠃筑造了圆顶小土屋，在顶上修了一个短铃铛口状的颈。普通黄蜂和长脚胡蜂是我的食客：她们来访问我的餐桌，看看供应的葡萄是否像她们希望的那么成熟。

显而易见，这里伙伴众多，而且可以选择，要列出的名单远没有完成。只要我能成功地理解她们语言的真实意思，和她们的对话将使我的独居生活充满魅力。我昔日亲爱的小虫儿们，我的老朋友，还有其他近日的新交，都在这儿捕食、找寻和建设。此外，要是我们想观赏其他景色，大山①只有百步之遥，那里生长着缠结的杨梅，岩蔷薇花和乔木石楠花；有土蜂喜爱的沙质表层；也有各种黄蜂和蜜蜂开发的泥灰岩山坡。正是因为预见到有如此丰富的资源，我才选择山村而放弃住在城镇，来到斯里南，给萝卜松土，为莴苣菜浇水。

世界上许多地方都建立了动物实验室。在大西洋和地中海沿岸，人们解剖小型海洋动物，但我们对此不感兴趣。他们花费大笔财富购置高倍显微镜、精密解剖仪器、捕捉设备、船具、雇用捕鱼工人，建造水族馆，来发现蛭的卵黄结构，我却从来无法领悟这种问题的全部重要性。他们还轻视小型陆地动物，而这些动物每日每时都在和我们接触，以无法估量价值的文献向我们引证了大量心理学知识；它们破坏谷物，也经常对公共财产构成威胁。我们什么时候才能有一个昆虫学实验室，不是研究死的，浸在酒精液中的昆虫，而是活的昆虫？什么时候才能有一个昆虫学实验室，研究昆虫的本能、习惯、生活方式、工作和争斗，以及那个微小世界里的繁殖呢？在这个实验室里，农学和哲学可以对研究结果进行最严格的

① 指6270英尺高的旺图山，阿尔卑斯山的一个边远山峰。

评估。彻底弄清葡萄破坏者的历史,可能比知道这种或那种曼脚亚纲动物的神经末梢重要得多。通过实验界定智力和本能的界限;通过比较动物进化的事实,证明人类的推理能力是否不可还原:所有这些,当然应该比数清浮游甲壳动物的触角更为优先。这些无尽的问题需要一支工作大军,而我们没有这样一支大军。现在的时尚是注重软体动物和植虫类。许多拖网船向海洋深处探索,而我们生活的土地却在同等程度上被忽视。在等待时尚变化时,我开放了哈马斯生命昆虫学实验室,这个实验室无须花费纳税人一分钱。

一个人的伦理行为应当有效地建立在同情心、教育以及社会联系和社会需要上。

——爱因斯坦

·卡尔·萨根·

给一年级小学生上课

一位一年级的小朋友要我去跟他的班级谈谈。他对我说,他的同学们对天文学一无所知,但很想知道一点。征得他的老师同意后,我来到了加利福尼亚州米尔瓦利他的学校里,随身带了二三十套各种天体的彩色幻灯片,有从太空看到的地球、月球、各大行星、爆炸星、星云、星系,等等。我想,这些幻灯片将会使孩子们感到惊讶、好奇,并且或许在一定程度上能起到教育的作用。

但是,在我开始向这些胖胖的、小脸上闪耀着晶亮眼睛的孩子们放映幻灯片之前,我想给他们讲科学上发现了什么,科学家是怎样作出这些发现的,这两者之间有着很大的不同。概括地介绍一些结论是相当容易的,但是,要讲清科学家在开始发现某个有价值的现象之前曾犯过的种种错误;走过的种种弯路;忽视过宝贵的线

本文作者卡尔·萨根(**Carl Sagan**,1934—1996)系美国康奈尔大学天文学教授,世界著名科普作家。一生研究成果惊人,注重对生命起源、外星球智能生命探索等,发表了大量科普文章,还写了30部著作,其中《伊甸园的飞龙》荣获美国普利策奖。

索;做出过重大的牺牲;付出过艰辛的劳动;痛苦地放弃掉原先一度引他发现过某些有趣事物的想法,等等,却是相当困难的。

我用下面的话来开头:“现在你们大家都已经听到过地球是圆的,每个人都相信地球是圆的。但是为什么我们相信地球是圆的呢?你们中间有谁能证明地球是圆的呢?”

在人类的大部分历史上,人们曾经一直虔诚地认为地球是平的。——谁要是在种植季节站在内布拉斯加州的小麦田边,这一点对他来说是再清楚不过的了。“地球是平的”这一概念在我们今天的语言里依然存在,例如有一句成语就叫作“天涯海角”。我打算先让我的那些一年级小学生们瞠目结舌一阵,然后再向他们讲解,经过了怎样艰难的历程才使人们普遍认识到地球是圆的。但是,我低估了米尔瓦利的这批一年级小学生了。

“我说,”一位穿着一件火车司机制服式连衣裤的孩子责问,“一艘船在离你远去时,你最后看到的是船的桅杆,就是上面张着帆的那根东西,这该怎么说?难道这不是说海洋是弯曲的吗?”

“月食呢?月食是因为太阳在地球的后面,地球的影子落在月亮上,对吗?嗳,我见过一次月食。地球的那个影子是圆的,不是直的。所以地球应该是圆的。”

“还有更好的证据,比这好得多。”另一个孩子提出,“那个环绕地球航行的老麦吉罗①怎么样?如果地球不是圆的,就不能环绕地球航行,对吧?而且现在大家一直在环绕地球航行和飞行。如果地球不是圆的,你怎么能环绕地球飞行呢?”

“嗨,听着,孩子们,你们不知道有地球的照片吗?”第四个孩子补充道,“宇航员已经到过天上,拍了地球的照片。你们可以看看地球的照片,那上面地球都是圆的。你们用不着去讲那些可笑的理由。你们可以看到地球是圆的。”

---

① 指葡萄牙航海家麦哲伦,此处小孩把名字读错了。

接着是决定性的一下子。一位穿着围裙的小女孩(有人最近带她到旧金山科学博物馆参观过)脱口而出道:“那么傅科摆[①]试验呢?”

面对这种情况,我只能老老实实地接下去讲述那些现代天文学的发现。这些孩子不是职业天文学家、大学教师或是物理学家之类人物的子女,他们显然是普普通通的一年级小学生。我真希望这些孩子(如果他们能经得住12~20年僵化“教育”的话)能快快成长,开始做一番大事业。

天文学在公立学校里是不教的,至少在美国是如此。除了少数突出的例外,一名学生可能从一年级读到十二年级而根本不接触这方面的任何研究成果或推理过程。正是这些研究成果和推理过程告诉我们,我们是在宇宙中的什么地方,为什么在这个地方,可能正在向哪里移动。他在一般中学里也不会接触宇宙远景的问题。

古希腊人把天文学列为自由民必须受教育的几门课程之一。我在和一年级小学生、“嬉皮士”成员、国会议员和出租汽车司机等的讨论中发现,他们对天文问题心中都蕴藏着极大的未经启发的兴趣和激情。美国大多数报纸每天都有一个由报业辛迪加在各报统一刊登的占星学专栏,但究竟又能有几家报纸每天有一个天文学专栏,或一个科学专栏呢?

占星学说什么它影响到人们的生活,但这是骗人。科学倒确实能影响人们的生活,而且几乎是直接影响着生活。科学幻想小说和《2001:太空奥德赛》之类电影之所以受到普遍欢迎,就是群众中蕴藏着这种未经挖掘的巨大科学热情的明证。科学和技术从好的方面和坏的方面在很大程度上支配、形成并控制着我们的生活。我们应该努力地去懂得一些科学技术。

---

① 1851年,法国物理学家傅科在巴黎大教堂的穹顶下安了一个巨摆,进行实验,以证明地球是在自转。

人类文明的每一步进展都会扰动大自然的固有和谐，带来相应的负面影响。

·詹克明·

“霍姆斯马车”随想

理念中的“霍姆斯马车”堪称世上最理想的设计。它所有部件的选材都能相互匹配，做到恰到好处。以致当马车使用大限来临之际，它的轮子正常地转过最末一圈之后，车轮、车辕、底盘、弹簧、车轴……一下子全都同时崩坏，没有哪一个零件比其他部分设计得更为牢靠耐用。就像一双鞋子，最理想的材料搭配当是——鞋底磨穿的同时，刚好鞋面破裂、鞋带磨断、缝线开绽。倘若底穿之时，鞋面仍旧完好，或是鞋面露出脚趾，而鞋底却依然坚固，这都是不般配的设计，造成用材等级上的浪费。

人类文明的快速发展，搅扰了人体原有的“霍姆斯马车”式的均衡。

如果按照这个原则来衡量咱们人类自身机体的构成，就可以发现，在总体设计绝妙完美之余，尚存几例明显的不谐之处。首先是咱们的牙齿。

牙齿寿命短于人类平均寿命

当前人类牙齿的寿命大都短于人类平均寿命。有不少人不到60岁满口牙齿就已全部落光。按照联合国世界卫生组织（**WHO**）规定，他们尚在“中年”之列（**WHO** 将中年的上限定在59岁）。

倘若是一头狮子"中年无齿",它不仅丧失捕猎本领,恐怕连吃现成猎物的能力都没有了,唯一的结局只有等死。作为老人应该感到庆幸,只有我们人类拥有养老资格。除人以外,没有任何动物(动物园的除外)能够安享晚年。历代文人墨客频频称颂乌鸦有反哺之情(三国时期魏国杜挚的《降吴表》,晋朝李密的《陈情表》,以及唐朝诗人白居易的《谢官状》中都谈及"乌鸟之情")。近人丰子恺居士著名的佛学画册《护生画集》(第5集)中也有《反哺》图一幅(画中两只小乌鸦衔食归巢哺喂老鸦)。但这些只能算是一种传说,迄今尚无这方面科学考察的正式报道。作为一般性规律,动物群中的老弱个体永远是猛兽追捕的首选目标。也正是这种血淋淋的悲惨晚景使得它们种群矫捷强健、疾速奔腾,永远维持着一个生机勃勃的整体。生存竞争的残酷现实,常常容不得恤老悯弱。草莽江湖,谁能由己?没一副硬心肠焉能立足?

我们的身体虽然进入了高度文明的电子时代,但我们的牙齿依旧停留在原始文明的石器时代。我们人类到现在还只有一套恒齿。对应于石器时代的人均寿命,这一套恒齿的使用期该是足够了。由于医疗的发达,现代人的寿命延长了,按照人类现在的平均寿命,我们至少应该进化出第二套恒齿,才能符合"霍姆斯马车"的设计原则。环顾左邻右舍,老鼠的牙齿一直不停地快速生长。大象一生可以享有6套恒齿供其更替(虽然几乎没有哪头大象能活到享尽这6套恒齿)。为什么造物主偏偏没有为人类再设计出第二套恒齿呢?

大脑设计大大超前

与牙齿的滞后相反,咱们人类大脑的设计似乎又大大地超前。

现代医学以"脑死亡"为标志来定义人体死亡。但是当人体衰老垂危之时,有相当多数人的大脑还处在正常工作时期,死亡降临,犹如一台还在正常工作着的电脑,一下子被拔掉了电源,内储信息立即全部丧失。人死如灯灭,只是他带走的可能是一门世上独有的绝技;一函通晓数国语言的“活字典”;一部哲学巨著的全部腹稿;一整套无比精深,也许只有他一人才能懂得的科学公式推导;一件也许全世界只有他一人才知道的重大历史事件真相。只要一想到爱因斯坦、王国维、陈寅恪、钱锺书的逝世,就会明白他们这些头脑带走了什么。每一位杰出人物的死亡都是一件独特“文物”的毁灭。有些“文物”也许是几千年的文明史中仅存的一件孤品。更有一些伟大的学者、伟大的科学家、伟大的思想家,他们的去世无异于大火焚毁了一座藏有大量孤本、善本、宋版书的图书馆。这种“火灾”的发生既无法阻止,也无法救助。人们只能像公元前 47 年的古埃及人那样,站在港湾的船上无助地看着亚历山大图书馆腾起的火焰。超越了“霍姆斯马车”原则的先进大脑让人类损失了多少比钻石还要宝贵的智慧啊!

一个人死亡时,现代医学已经能够将一些完好的器官移植到其他机体上继续发挥作用。唯独大脑尚不能移植(几十年前曾报道过苏联科学家成功地将一只狗的头颅移接到另一只狗颈部,而且居然还活了不长的时间;并且附了张“一狗二头”的照片)。即使有朝一日,人类医学可以移植一个天才的头脑,想必它也会是信息全部被“清空”的白纸一张。

许多杰出的学者,随着时间的延展,在他们的大脑中必然会有越聚越多的积累,辉煌的晚年正是他们处在最佳思维状态时期:有着最开阔的视野,最丰富的信息储存,最深刻的阅历,最成熟的思考,最强盛的综合能力,以及最艰深的学术体系构筑。英国一位著名的脑科学教授苏珊·格林菲尔德(此人 1994 年成为 165 年来登上英国皇家学会圣诞讲坛的第一位女性)就曾指出:“政治家、商业巨头、教会负责人和政治领袖常在六七十岁时可能达到他们权力的顶峰。在古罗马,你只有到 60 岁之后才有可能成为法官。”没有长寿命的支撑,这些人物又怎能成得了气候?可叹的是,许多造诣高深、雄才大略的天才,往往由于身体大限早于大脑寿期,不得不临终抱憾,撒手而去。如同热带水果移栽温带,果实尚未全熟,朔风已起,仓促坠地。也许当今人们吃到的许多这类“水果”都带点“半生催熟”味道。倘能充分假以天年,没准大师、泰斗们会提供给我们一些真正在采摘之前就已完全“树熟”的极品果实。诚如老子所言——“大成若缺”,一些真正伟大的作品常常因为人类身体与头脑的不匹配而来不及完成。马克思去世时《资本论》只亲手完成了第一卷。曹雪芹的《红楼梦》只留下八十回的残卷。舒伯特 **B** 小调《未完成交响曲》(第 8 交响曲)也只谱成了两个乐章。托尔斯泰算是长寿的,倘若他在 50 岁前去世就不会有《战争与和平》,60 岁前去世就不会有《安娜·卡列尼娜》,70 岁前去世就不会有《复活》。他在 82 岁去世的那一年还完成了最后的巨著《人生之路》。要是他不在此后的“流浪之旅”中染上急性肺炎而在一个小站的站长室里孤寂辞世,真不知他还会写出什么伟大的作品。真的,他去世时思维十分健全,这样的头脑又带走了什么呢?

俄国文豪列·尼·托尔斯泰

人脑设计之超前,还表现在我们大脑还有相当大的余量有待开发。据专家说它才使用了一小部分,仅就其现有容量而言还远未用足。当今世界,脑力资源的开发其实远比任何物质资源开发都要重要得多,也方便得多。人们往往跋山涉水,深入不毛之地去寻觅矿产资源,却忽视了身边脑力资源的充分开发。现在一部台式个人电脑,就其功能种类与技术指标而言,已远远超过二十世纪六七十年代一座占地几大房间的那种庞然大物般的计算机。别的暂且不论,仅就材料一项,高技术含量的脑力资源开发可抵得上多少倍的物质资源开发?

人脑之所以能有如此多的余量,完全应该归功于造物主给大脑设置了一个绝妙的重要功能,那就是——忘记!它被区分为“长期记忆”与“短期记忆”,使我们大脑能够适时抹去日常生活中极大量的繁琐信息。确切地说,“忘却”是一种“精神代谢”。一个不会忘却的大脑,如同一个人只管进食,不会排泄。大脑哪怕再扩大10倍(达到13.5升)也无济于事。

“忘却”也许是一种比“记忆”要高级得多的复杂功能。忘其该忘,记其当记,要做到这种“合理忘记”也许比照单全收的“囫囵记忆”要难上千百万倍。哪怕是低级的电脑也具有记忆功能,但要求它们具有合理忘记功能,恐怕目前最高级的电脑也难以实现。

人体器官不谐之责在人类自身

人类文明进化真的必须以人体机能退化为代价吗?

倘若扪心静思,把人体器官部分不谐之设计责任全部归为大自然,倒也不甚公平。这里面咱们人类自身的责任也许更大些。

就拿牙齿来说。人类之初曾有过一个生食猎物阶段,啖肉嚼筋,茹毛饮血之时,牙齿何等刚健。以后有了火,烧烤爊煮之食又何其美味,何等好嚼。大凡生命之体,少用则废退,多用则兴发。老鼠牙齿之所以能高速更新,就是因为它时常啃嗑硬物所致。咱们人类用火之后,食不厌精,脍不厌细,爆炒烹炸,丝片末丁,汤浆羹膏,烹调之技益工;再加上碾米机、磨面机、粉碎机、膨化机、烘烤箱、微波炉的广泛使用;对其他弱小生命再实行点“人类沙文主义”,抢其未孵之蛋,夺其幼崽之奶,窃其哺儿之蜜,榨其茎叶之汁。食物变得越来越好嚼,越来越好消化,让咱们的牙齿越来越省力,越来越轻松。这难道不会让人类的牙齿出现退化倾向?我们又怎能再奢望人类牙齿与躯体寿命的延长而同步进化?远的不说,且看山区老农的牙齿就比大都市同龄老人强健很多。更遑论上古先民?

人类平均寿命也只是在近一两世纪才大大增长。从生物进化的大时间尺度来看,百年只是瞬间。自然进化的渐进步伐怕是永远跟不上人类文明令人炫目的变幻速度。

人类创造了越来越多的人工制品。人类自身也变得越来越依赖这些人工制品才能生存。一个值得人们深思的问题是:随着人类文明的迅速扩展,随着人类对自己文明产品依赖程度的日渐加深,我们人类的某些机能是否也会不同程度地出现相应的退化呢?

英国著名历史学家汤因比说过:“一般说来,当一个新的能力开始补充旧的能力时,旧能力就有退化的倾向。”他并且举出了实例证实自己的论点:“在已经能够读写的各民族中,出现了记忆力减退的现象。而收音机和电视机作为传递信息的手段被应用后,读和写的能力似乎又有衰退的趋势。”人类的各民族确实都有过一段超强记忆时期。许多民族都拥有过大部头口头传说的史诗性巨作。如古希腊著名的荷马史诗《伊利亚特》《奥德赛》。古代印度的长篇史诗《罗摩衍那》和《摩诃婆罗多》。中国藏族民族史诗《格萨尔王传》,蒙古族民族史诗《江格尔》,柯尔克孜族民族史诗《玛纳斯》。这些口头流传的长篇史诗,除《伊利亚特》(15693 行)和《罗摩衍那》(约 48000 行)外,其余每部均在 20 万行以上(《格萨尔王传》约 50 万行)。在文字尚未流行时代,一些来自民间的“荷马”,全凭记忆就能胸藏二十几万行史诗,连续传唱几个月不竭,这该需要多么强的记忆力啊!享受现代文明之人当中,又有哪一个能做得到?

著名的电影艺术大师赫尔佐格甚至极而言之:“电影是文盲的艺术。”现如今,不是文盲的人也乐于花两三个小时观赏一部由名著改编的影视快餐,懒得费时费力再去啃长篇原著。长此以往读的功能又怎能不退化?人类文化由原始的岩画、图形文字发展到现代文字,而今天的现代人却又躲避文字回归画面,总不能说这也算是“返璞归真”吧!倘若今后电脑准确高效地实现了“人 - 机对话”,由人口授,“电脑小姐”就能自动将声音变成文字(如果需要还可自动译成 26 种文字),哪个作家还肯用笔?到那时说不定连幼儿园小朋友都会有小说集问世(童心自有童趣),把东北某市正准备出版的“中国第一部小学生中篇小说四人集”创造的“作家最低年龄”记录远远抛在后面——谁能说话,就能出书,缺少的只是读书的眼睛。

每一种类人工制品的出现都会引起我们机体功能的部分退化(至少是使其进化速度变缓)。除了上述牙齿、记忆的例证外,几乎每一类机器的发明都会带来人体相应部分的机能衰退。火药枪械的出现,像李广那样能拉硬弓射穿巨石,像关羽那样凭臂力能挥舞 82 斤大刀,像斯巴达克思那种具有高超角斗能力的人均不见了。起重机等利用滑轮、杠杆原理之力学机械的广泛使用,人类的“体能”普遍退化。自动化生产流水线的大量出现,比起原本个人技艺全面,车、钳、镗、刨样样都拿得起来的老工人来说,在线工人的“技能”普遍退化。现代仪器逐渐向智能化方向发展。以前要想解析一张三核系统的共振谱图,专家们必须精通谱图理论,具有丰富的解谱经验,进行大量的繁复计算才能完成。如今仪器都带有计算机自动解谱功能,再大的多核系统,一个完全不懂谱学原理的初学者都可以轻易高效地解谱了。真不知将来智能器械在一切领域普遍地使用,人类在“智能”上是不是也会出现某种退化。“体能”“技能”“智能”……再后面又是什么呢?总有一天我们会“无路可退”,洗尽浮躁,冷静反思检讨人类文明进程之得失,说不定反倒会让我们成熟起来。复又“置之死地而后生”。

生活越优裕 人类越脆弱

闲看周围,几种“社会型动物”都有“兵蚁”“兵蜂”之类的专职斗士,但从未见过有“医蚁”“医蜂”之职守。可见“战争 ”是打动物那里传袭下来的,而“医疗”却是咱们人类独有之文明。

现代人类越来越像是自产自销的“人工产品”。他们必须在特定的生产环境(产院)里降生,“产”妇的产品(“产”儿)“产”出后,需同时设立一个遍布全球的“特约维修网点”——医院,对其随时跟踪维修。“维修车间”里刀、钳、锯、钻等维修工具一应俱全;原装配件(人体器官移植)、代用配件(假牙、尼龙血管、骨头钢钉、心脏起搏器)样样齐备;补液、堵漏、灌气、缝合、胶合(还可装“拉链”)等修复技术精湛……这样的维修网完全可以和名牌汽车的全球维修网站相媲美。人类文明程度越高,对医疗的依赖也就越大。生活条件越是优裕,人也就变得越脆弱,变成越来越难维修的“老爷机器”,需要配置越来越多的高级修理工——医生。

人类用自己创造的人工制品总体为自己打造了一个“甲壳”。人类只能生活在这个“甲壳”中,不仅我们自己再也无法从这个“壳”中走出,我们的子孙也许世世代代永远离不开这个“壳”了。按照“生物分类范畴”,总有一天,我们会被归类为——脊索动物门、脊椎动物亚门、哺乳纲、灵长目、类人猿亚目、人科、人工甲壳属。甲壳进化得越“硬”,人类就可变得越“软”。人类文明在发展,这个“壳”也在扩展,如同鹦鹉螺那“对数螺线”型的美丽外壳,随着机体的长大,用弧形隔板分割出一个比一个大的小室,我们就像那柔软的螺体,只生活在最新构筑的那间最大的气室之中。

人类文明的发展模式多少有点像传说中的“狗熊掰棒子”,新穗不停地更替腋下的旧穗。任何时候两腋之下都只是挟着刚掰下的那两根。人比狗熊聪明之处仅仅在于挟着的玉米穗一次次越掰越大——会选择才有进步。问题在于,我们所丢弃的旧物,它有没有某些独特优点是新物难以取代的? 汤因比对此作了清醒回答:“新的能力恐怕不可能有全面地代替旧能力的作用。”事实上,人类取得每一项新进展都要面对一次“熊掌”与“鱼”的选择。“得到”的同时就意味着必须作出某种放弃。就像螃蟹蜕壳,披上新壳的同时必须告别温馨的旧壳。新壳毕竟能提供更大的发展空间。每走一步都是对原地的放弃,在前进的道路上我们割舍了多少值得留恋的东西啊! 用惯了电脑打字的子孙后代,他们之中很难再出怀素、米芾、张旭、王羲之那样的大书法家了。制成光盘的电子书籍不仅让人嗅不到“书香”,而且再也没有一卷在手或躺或卧的惬意或是正襟危坐朱笔细批的情趣了。游览名山,缆车及顶,虽可做到一日几游,但再也没有徒步攀登,沿途石窟礼佛、观碑赏景,远近高低各不同的诗意感受了。电脑合成技术,任何人都可以天衣无缝地制作自己火箭登月,或是与总统亲切握手的“历史镜头”,这个越来越虚幻的世界还有什么东西具备值得你充分信任的可靠依据?科技文明的进展反而导致“信任程度”的迷失,倘“真”的科学却为做“假”提供了最有效的手段,“以子之矛攻子之盾”,几乎达到了足以乱真的极致,想来令人汗颜。智慧与狡狯如同一张纸的正反面,我们永远得不到只有一面的纸。拓扑学的“牟比乌斯带”(将纸条的两端扭转半周反面对接),一只蚂蚁沿着纸带一直向前走,无须经过纸带边缘就能将其“正面”与“反面”全走一过。但你摸摸纸带,分明还是两面。

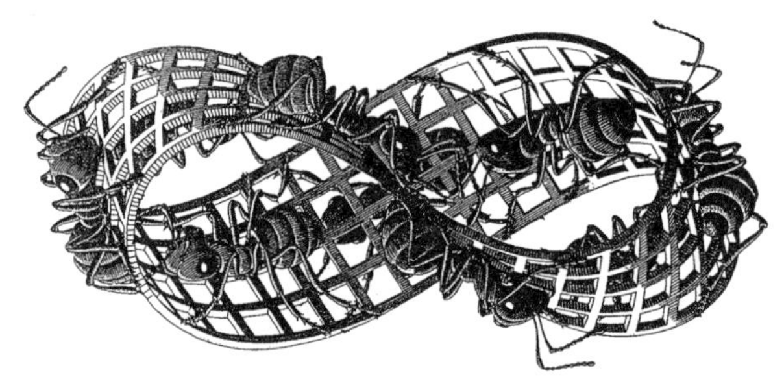

牟比乌斯带

变革自然是人类的天性。完全不触动自然就不成其为人类。但我们必须遵循对大自然的“尽少触动原则”。人类文明的每一步进展都会扰动大自然的固有和谐,带来相应的负面影响。心中有架“霍姆斯马车”也许会使我们主动地顺应自然,有意识地从另一面做些补偿,让人类文明进程尽少疏离大自然那种体现最高智慧的无穷嵌套的繁复平衡,尽量减免人类由于自己的浅薄任性、短视愚昧而遭受大自然的鞭笞。当今世界常常是少数人安享(特别是发达国家)破坏自然之渔利 ,却让整个人类共担自然失衡之祸殃,温室效应、臭氧空洞、厄尔尼诺等全球性灾害的起因大多如此。

这种几个人捅马蜂窝却让大家挨蜇的事真该有人管管了。

能够进两步的人显然比只能进一步的人聪明。然而,明明能够进两步,却能审时度势,有时只伸迈一步,理性地保持“蓄势”的人,也许比所有人更加睿智。

我们不怕冥冥幽灵，但我们怕自己中间的幽灵。

·劳伦·艾斯利·

人类的冬天

五十多年前，当探险家克纳德·拉斯莫森向一位因纽特巫师提出一个有关宗教的问题时，这位巫师回答说：“我们怕啊，我们害怕寒冷，害怕我们不懂的事物。但我们最害怕的还是我们中间那些大大咧咧自行其是的家伙。”

埋头钻研地球气候的学者们已经认识到，尽管大面积的大陆冰原业已消失，人类仍然生活在寒冬，或者说早春的料峭的边缘。那些广阔的冰原，厚达上千英尺，足以倾覆高山，填平山谷，它们气息不停地脉动，正体现着自人类思想与语言发展起来以后世界的本质。冰川活动给北半球的地貌留下了痕迹，它们漫长而缓慢的前进和后退过程，也反映了整个动植物王国的运动、迁移和灭绝的情况。

尽管人类最初起源于热带地区，冰雪却在人类未被载入文字的历史中起到了很大的作用。在某些时期，冰雪限制了人类的活动范围，影响了最终衍生人类的物种的自然选择，而且冰雪所形成的艰难环境，迫使人类不得不使出全身解数才得以生存下来。相反，在另一些时期，冰雪又远远地撤离人类，退得比今天还远，然后像一条懒洋洋的巨龙，悄悄地匍匐前进，再一次对人类进行骚扰。人类与冰雪之间这种奇异的拉锯战，大约持续了一百万年之久。

当这条冰龙在大约一万五千年或者两万年前再一次撤退时，人类已面临文明的曙光。就像拉斯科山洞①的壁画所展示给我们的，他们已拥有了了不起的艺术成就。这是一种奉献给幽冥的艺术，它歌颂那操纵狩猎的力量，那驱动猎手的箭镞击中目标的魔力。没有这神奇的力量，面对自然界的变幻莫测，人类只能自叹软弱无助。通过掌握命运因素和宇宙的无常原则，人类初次涉足应用技术，尝试控制自然。

又是几千年下来，此时的人类已忘记了他们自己正是通过冰雪之门走进这个世界的。生活在19世纪的人，要想追寻冰川时期留下的痕迹，也只看依赖于地质学的新发现了。起初人们不愿相信人类自己的历史，不肯承认地球上还潜伏着能够吞噬大地的冰龙，即使格陵兰岛和极地世界今天仍被覆盖在同一片冰雪下。人们领悟不到，因纽特人对拉斯莫森所说的话，正重演了一出古老的戏剧，在那出古老的戏中，人类曾经亲身参加过演出啊！“我们害怕”，因纽特哲人其实是说，“我们害怕冰雪和寒冷。我们害怕我们所无法理解的自然，那既给我们提供食物，也给我们带来饥荒的自然。”

在遥远的地中海海边，在金色阳光的照耀下获得了文明的人们，会把世界看作从来如此，永远如此。他们会去钻研雅典人错综复杂的思想与智慧。他们会去圆最初的科学之梦，并把它们记录在羊皮纸上。25个世纪之后，这些梦想终于化为大规模的农业项目——绿色革命；人们能把声音传送到遥远的地方；人们的巨型喷气运输机能横空而过；人们能借助无线电望远镜聆听外星系的宇宙低语；人群麇集并生活在高楼耸立的大都市里。很少有人记得“**hubris**”这个希腊词汇，它的意思是“傲睨神明”，那是指一种最终会导致某种看不见的力量与我们为敌并将我们毁灭的骄傲。

今天，极地的冰雪静静地躺在那儿。在过去漫长的时期里，它

---

① 1940年在法国多尔多涅省发现了拉斯科山洞，洞内布满史前时期留下的壁画。

也曾这么保持着静止不动的状态——城市文明的端倪只是在七千年前露头,而冰雪静眠的时期远比文明的历程长久,事实上,要长上许多许多万年。现今从两极到赤道的气温梯度变化,比过去未受冰川作用的大部分时期的变化,仍然更加急遽。人类走进世界所穿过的那扇冰雪之门,只是暂时在他们身后关闭。

冰川运动的节奏可是个复杂的问题,没有哪一位活着的科学家敢担保冰川不会再度光临。一旦冰川光临,成千上万蜂拥在这星球上繁衍生息的人们,多半要在悲惨与黑暗中消亡,他们将被毫不留情地赶出自己的家园,又在绝望中被邻居拒之门外。就像在夏天聚集起来吞噬一切的蝗虫,人类自身也多少同样具有这种翅膀轻盈、朝生暮死的特性。偶尔,人们还能从冰原上那些坍塌移位的冰山得到启示:在我们今天的自然身后,还有某种可怕的力量在逡巡觊觎。老实说吧,大概没有任何东西能缓解我们心中对严冬的恐惧,人类曾在遥远的过去,在那样的严冬中蜷伏于冰天雪地里。

我们害怕,究竟怕什么呢?我们不怕冥冥幽灵,但我们怕自己中间的幽灵。在现今的时代里,我们怕喝的水;怕呼吸的空气;怕水果上的农药;由于我们往肮脏的河流倾倒废料,我们也害怕海鲜。更不用说还有人告诉我们,由于我们不负责任的行为,海洋正面临死亡的危险。

我们害怕我们取之自然却又无法归之自然的那些令人敬畏的力量;我们害怕我们亲手制造的武器和我们自己挑起的仇恨;我们害怕我们轻易把武器卖给那帮疯子;我们害怕口袋里意味着食物和栖身地的金钱的贬值;我们害怕日益强大的国家权力把我们剥削得一无所有;我们害怕在街上走夜路;甚至开始害怕我们的科学家和他们的天赋了。

一句话,我们害怕的是那些自给自足的因纽特人在漫漫长夜里从没想过的。看不见的护身符挂在我们的头脑中,而不是挂在衣襟上。给人们开的灵丹妙药年年有新花样,什么叶绿素牙膏啦,占星术啦,还有从没治愈过感冒的"感冒灵";给社会开的救世良方也不顶事,社会依然分崩离析,相互对抗,各种派系团体纷纷叫嚣着要独立要解放,却从不承担责任。

我们害怕,直到20世纪末我们的恐惧也不会消失。

往远处看，你是会有许多新的发现和收获。

·周仲明·

往远处看

如果你不能到达远处，不妨随时抬头往远处看看，也许会在不经意间获得新的发现，新的收获，甚至意外的惊喜。这是我在检索自己多年生活经历以后的一个发现。

常常被人莫名地问及：“喂，昨天见着你，怎么招呼不打，旁若无人，喊你几声不理不睬，没啥得罪你吧？”这是了解的、友好的态度，不了解者也许从此在心里结下个难解的结：这家伙架子太大，目中无人；甚至是：这小子小人得志，走着瞧。

其实，整个事情的背景不过是：在外面遇见熟人，别人发现你而你没有发现别人；或者说别人招呼你，你没有听见，没有回应。

在一次逛街时，我曾有意识地做过一个试验，发现一个人在正常行走时，在人员稠密的公共场合，前方180度视角内的目标，5米之内能进入约70%；超过10米，将降至30%以下。但是，如果自觉地抬头往远处看，视角距离和范围都将扩大几倍甚至更多。应当说，渴望克服视觉的局限而看得更远更深，是人的本性。据《梁四公纪》记载，扶桑国是为了讨好国王，满足国王观赏天宫秘密的好奇心，挖空心思向国王进贡了个观日玉。这观日玉“大如镜，方圆尺余，明澈如琉璃。映日以观，见日中宫殿，皎然分明”。最早记载因视角不同，而产生认识差异的，恐怕要算孔夫子那两小儿辩日的故事。是早上的太阳离我们近，还是中午的太阳离我们近？这在现在不过是个自然科学的常识，但在两千多年前却难倒了孔圣人。

“横看成岭侧成峰，远近高低各不同。不识庐山真面目，只缘身在此山中。”游庐山的苏轼就要比孔圣人聪明一些，他不仅埋头游，还抬头看。站在西林壁的苏轼抬头远望，却发现了庐山“远近高低各不同”的多姿多彩，为后人留下了一个饱含人生哲理的游山经典。

抬头远望，是人类追求创新，探索未来的一个巨大动力。科学史上许多伟大的发明，正是科学家们不满足于把自己的眼界局限于方寸之间、百步之内，不断地抬头远望的结果。没有抬头远望，就没有爱因斯坦的相对论；没有抬头远望，就没有哥白尼的日心说取代托勒玫的地心体系；没有抬头远望，达尔文就难以创立进化论。

魏格纳生病住院也没有改变时时抬头看看的习惯，1912 年的一天，魏格纳躺在维也纳一家医院的病榻上，习惯性地抬起头。职业的敏感使他的眼光锁定在病房墙壁上挂的一张世界地图上，他发现大西洋两岸大陆的海岸线凸凹刚好相反对应；欧洲、非洲、南北美洲四块大陆可以拼凑成一块，特别是非洲西海岸和南美洲东海岸，简直像一张撕成两半的报纸，边缘的对接吻合可以天衣无缝。于是，一个伟大的地理学说——大陆漂移学说，在魏格纳的抬头一望中诞生了，它令世界地学界为之震动。

随着科学的发展，人类借助射电望远镜，已经可以观测到距地球 100 亿光年的遥远星系，借助高能粒子束，可探测到 2×10^{-16} 厘米小范围内电子的行动，纳米技术走入人类生活已不是遥远的事情，现在人类往远处看的能力已大大提高。

当你步出门户，面对纷繁复杂的世界，你就会发现，人海茫茫，芸芸众生，何人不是来去匆匆的过客。可是有人左右逢源，心想事成，要风得风，要雨得雨，端的是生活的宠儿；有人却历尽曲折，一事无成，失望、彷徨、痛苦像影子一样纠缠一生。作为立身行事，无论遭遇哪种情况,都不要得意忘形或颓唐丧志,不妨换一个角度,往远处看看,或许会对眼前的一切做出全新的判断。

我曾经听到一位朋友讲过他当知青时的一段故事,至今难以忘怀。由于家庭出身不好,这位朋友在响应伟大领袖“上山下乡”号召时,被安排在川南少数民族地区一个偏远的山村落户。生产队在一座远离农户的山巅为两名刚到的知青盖了两间草屋,让他们顺带守护这一片山林。到了晚上,这里除了黑影幢幢的山峰森林,就是野兽、长蛇。连本地土生土长的山民,身临其境,也会毛骨悚然,汗毛倒竖,何况两位在大都市长大,下乡前还靠父母管衣食起居的娃娃。夜幕降临的时候,就是他们下炼狱的时候。他们两位相依为命的知青总是在心惊胆战,惊恐万分中送走黑暗,迎来黎明。

朋友讲,刚下乡的那些日子,他们俩天天晚上魂不守舍,不敢合眼。他们透过窗户,先是往近处看,看到一座座山,一棵棵树,仿佛都是要吃人的野兽怪物龇着牙、咧着嘴,就吓得瑟瑟发抖,产生了强烈的世界末日来临的绝望感;后来,他们抬起头往远处看,看到的却是天上的星星,北斗星,就想起了妈妈讲的许多关于北斗星的故事,就突然感到妈妈就在身边,心中的畏惧感顿然消失了许多。就这样,每当在夜色最浓、最黑暗恐怖的日子,他们就有意往远看,看天上的北斗;与天上的北斗结伴同行,使他们顺利度过了那段最艰难的岁月,步入了人生的一个新的境界。

“人有悲欢离合,月有阴晴圆缺,此事古难全。”无论是在自然领域还是社会领域,不管你处在顺境还是逆境,不妨常常调整一下你的视线,注意往远处看,你定会有许多新的发现和收获的。

只要追问那个永远的问题——我是谁？我来自何方？你就无法绕过生命的起源和进化，你就不能不为我的今天的生命状态感到惊讶。

·龚　静·

生命是一种偶然

人从哪里来？又往哪里去？这些是人类自诞生以来一直萦绕在心头的问题，不管人类的文明水平发展到何种程度，如当下已经能飞出地球探索宇宙空间，能通过人工合成许多大自然不能生成的东西，但是这些问题依然让人类困惑。物质的丰富，科技的发达，不能解答人类的终极疑问。想一想人类赖以生存的家园——地球，它似乎也很孤独，不知何时形成的，也不知终究要到哪里去，它没有邻居，没有朋友，在太阳系里转着转着，就好比是太空中一艘天然的宇宙飞船。

人类也一样，至今也未在太空的其他星系中找到生命。就是人类自己，为了寻找自己的根，也经历了漫长的阶段。

虽然，生物学家们根据化石和合理的推测告诉了我们生命的起源，同时我们也知道人类是从猿变来的。但是猿之前呢？猿又是怎样进化成了人类？今天的猿猴还能变成人吗？人类为什么就是进化成了今天的模样？除了生命本身，没人可以清晰地告诉我们，这就像那个“是蛋生鸡还是鸡生蛋”的问题一样的意味。

《创世纪》上说，上帝在第七日造了第一个人——亚当，然后又用亚当的肋骨做了夏娃，这就是男人女人的始祖了。再后来，亚当和夏娃在蛇的诱惑下偷吃了禁果被上帝逐出伊甸园。从此,人类开始劳作、繁衍、生存。《圣经》就是这样诉说人类的生命起源的。

当然,这是美丽的神话。也是人类文化里的一处神性背景。即使在进化的阶梯上,这样的神性依然羁痕处处。17 世纪荷兰的哲学家斯宾诺沙、德国哲学家莱布尼茨,等等,他们的学说或有不同,但都认为宇宙中存在着一种神性,上帝充溢在自然界中,自然界就是上帝。莱布尼茨说:

> 虽然许多实体已经达到很完美的境地,但是考虑到延续性可以无限地划分,万物之中总是深藏着一些沉睡的部分等待苏醒,等待着增加其数量和价值。换言之,等待进步到更完美的状态……上帝的劳作创造出来的宇宙是一个美妙非凡、完备无暇、永恒的、自由发展的整体,因而总是向着更高的发展阶段行进。

因此,地球上所有的生命体虽各有变异,但似乎都是存在于上帝所设计好的程序之中的。也就是说,生命产生于必然。

人类习惯于,或者说在天性上倾向于追求一种永恒不变的真理,而这个真理就好像一种元理论,是预先设计好的,无须证明的。人们喜欢认为自己的出现是必然的,不可避免的。一切宗教,差不多一切的哲学和大多数的科学,也总在努力地、前后承传地证明这一点。

所以,19 世纪达尔文基于物种变异的生物进化学说不啻一声惊雷,它摧毁了这种由来已久在人类头脑中根深蒂固的终极目的论的理论。

达尔文意识到这一点时心情也十分困惑:

> 我不能想象我们所看到的世界是偶然性的产物,可

> 是我也不能把每样独立的事物看成是“设计”的产物……我的脑子里乱哄哄的，理不出个头绪来，而且将一直保持这种状态。

但达尔文依然以其科学的精神反驳了这样一种观点——这个世界及世上一切事物都是“预先”计划或设计的产物。他将进化看作是生物体偶然变异的、自然选择的产物。但是，达尔文在重视偶然性的作用的时候，却发现自己处于进退两难的境地。无边际的偶然性只能带来混乱，而非秩序，但是我们所见到的生物界，又是一个多么井然有序的世界啊！

生命是偶然的，还是必然的，或者是偶然中有必然？这是19世纪的生物学在摧毁了目的论以后，留下的一个难题。

我们知道基因的变异是一种纯粹的偶然性事件。在有机体和它周围的环境中，许多事物都是混乱的。进化论所阐述的混乱或偶然性，并不意味着这些事物没有来龙去脉，而是说它们在发生时与有机体的需要无关。这与设计的事物是大不相同的，生存所需要的事物，可能发生也可能不发生。20世纪法国生物学家莫诺认为偶然性是进化的源泉。他写了一本书叫《偶然性与必然性》。他说：

> 意外事物——基本上无法预测，因为总是异常的——一旦纳入**DNA**结构中，就会被严格而准确地复制转化，即被增衍成为数百万以至数十亿的复制品，意外事物从而由纯粹偶然性的领域中出来，进入到确定性的领域中去。

也就是说，包括人类在内的生命的起源，是来自于一个纯粹偶然的、独一无二的事件。

> 只有偶然性才是生物圈每一次变革和创新的根源。纯粹的偶然性是绝对不受约束的,它是盲目的,但这正是生物演化这座巨型大厦的基础。

这是莫诺的话,它也可以帮助我们认识生命的起源和进化。

基因突变是生命起源的关键。按照现代遗传学的理论,突变是遗传物质的一种偶然性变异,它与环境条件的改变无关,生物的进化正是以这种可遗传的变异作为它的原材料的。

基因的突变造成了物种进化的第一个原因,然而突变将会在什么时候、往什么方向进行却是纯粹的偶然,于是,我们就自然而然地得出一个结论——进化是绝对的创造而不是展现,它并不是将蕴藏在宇宙结构中的程序庄严地展现出来,不是一个大自然的“计划”。

有一个简单的游戏可以说明基于偶然性的创造过程是如何被决定的。

屋子里坐着10个人,而屋子外面还有一个。屋外的那位在心中设定了某个事物,然后走进屋里。屋里的每一个人都可以向他提一个问题,而他则只回答“是”或“不是”,要求便是在10个问题之内最后确定被问者心中设定的是何物。现在我们把游戏的规则稍微改变一下,被问者心中无须设定任何事物,而任凭提问并作出是或否的回答。显然,我们会发现回答所需要的时间越来越长,每一个回答都需要考虑到能够包容前面已经有的回答。被问者心中的图像随着这些答案的增多逐渐地清晰起来,最后达到一个确定的唯一的结果。

对于被问者而言,所有的提问都是偶然的,他完全不知道将会出现什么样的问题,完全不知道问题会沿着一条什么样的路线进化和最后会达到什么样的结果。这完全是一个创造的过程。

是偶然性创造了进化,创造了进化的结果。

进化的路线看起来似乎会达到一个完善的阶段,比如达到像

“人”这样的高级智慧生物的出现,但这条路线不是事先决定的,而是偶然性自由地创造出来的。

生命起于偶然,而我们看到的生命世界又是如此有序,这又是为什么呢?

从猿到猿人再到人,多么漫长的进化

正是自然选择使偶然性变得有秩序。自然选择是一个秩序化的过程,它从混乱中作出了设计。但这种设计也不是预设的,就像前面说的那个游戏,被问者事先并不知道将回答“是”或“不是”;自然选择也不仅仅是个筛子,它更是个创造性的过程。

生命是一种偶然,生命的形成基于进化,自然选择使进化的偶然性表现出秩序,自然界就是这样呈现给我们一个绝对的、无穷尽的创造过程。

包括人类在内的生命的产生是地球上一件独一无二的伟大的事件。为什么会有这样一份独特呢?这是否是一种必然?19 世纪博物学家赫胥黎曾经朦胧地意识到了这一点,他认为:

> 有一广义的目的论,它实际上以进化论的基本主张为基础。这种主张就是,原始的宇宙朦胧体由分子组成,这些分子所具有的能量按照一定的规律彼此相互作用,而整个世界,包括有生命的及无生命的个体,就是这种相互作用的结果。如果是那样的话,那么现存世界也就真的隐约地处于广大无边的气雾之中……

确实，现存世界曾经是一个存在着无限可能性和潜在性的世界，包括人类在内的生命的出现，已经足以证明自然界产生生命的基础和可能性。进化恰好在许多个可能的世界中选择了今天的样子，这确实是偶然的，是一种长期的渐进的过程，进化从来就是有着足够的耐心的。

事实上，生命的产生真的是一种奇迹。从基本粒子的碰撞中合成出最初的生命形式，这种偶然性的概率是多么小！可以想象产生出生命的进化一定是经历了无数次的失败。想一想，在基本粒子的合成中，无论是温度、能量、数量等稍有一点偏差，就不可能出现生命，我们的世界就会完全改观。即使出现了生命，也并不必然产生具有自我意识（如人类）的生物。这里没有丝毫的投机取巧，完全取决于一种独特的偶然，取决于一种长期的进化。

理论的提炼当然比具体的进行过程要清晰和精练得多，实际上生命的进化过程因为无限丰富的偶然性而不断改变着自己的方向，偶然事件之间的巧妙联系又常常会预示一种新的可能性，但是否被进化所选中就无法预料。从低级生物到高级生物乃至有思想有语言的人类的产生，都是进化的偶然而获得的一种看似必然的独特。今天，也有各国科学家模拟生命最初产生的环境，渴望能生成生命，以追寻到生命进化的源头。但是，事实上地球与生命互动过程中无数次的偶然性的事件，现今的科学家是无法模拟的。生命形成现在我们看到的样子，我想我们只能向进化的过程表示敬意。这一份敬意也许是科学家对生命的各种研究的一种动力——我们已经无法看到生命创生的艰难和辉煌，但至少我们还可以弄清楚已经形成的生命和奥秘。**DNA** 的发现、基因的研究、人类疾病的研究、生殖技术的发展等，人类在生命天地里的深入钻探，似乎可以看作另一种“进化”的过程——在经过无数次偶然性而后生的生命中挖掘生命的构成、生命的已然。

生命是一种偶然，也许使已处在必然的生命状态中的我们感到困惑。人类繁衍、生存，这一切不都是一种必然吗？可是，只要你追问那个永远的问题——我是谁？我来自何方？你就无法绕过生命的起源和进化，你就不能不为我们今天的生命状态感到惊讶。

想起我所喜爱的荷兰版画家爱舍尔（**M. C. Escher**）的那些循环往复的奇异的画，他的那些题为《变形》的组画，画面在不知不觉中从鱼渐渐就变成了鸟，或者鸟的飞翔成了鱼的游弋，这当然是画家的创造使然。只是我想，在生命的进化中，生命体的变化真的就是这样不知不觉的，猴子能变成了人，水里的鱼就成了岸上的其他生物。不过，爱舍尔的画中鸟或者鱼是互动的，而在生命的进化中它却是线性的，只是自然选择的力量是无法预料的，它不是如艺术品这样有意而为，而是在偶然中改变了生命行进的方向。在他的作品《昼和夜》中，田畴变成了飞鸟，飞鸟又形成了田畴，它们是昼也是夜，它们你中有我，我中有你，可以一直这样地生生不息下去。

爱舍尔：《昼和夜》

有时候会想，既然生命是一种偶然，现今地球上的生命体都是偶然地存在在一起，这是一件多么惊心动魄的事情，惊心动魄到你无法想象，气候、环境、食物、生殖、杀戮……哪一环出了问题局面都将改观。所以，当人类阴差阳错地做了地球的中心生命，善待地球上所有其他生命更是责无旁贷的了。谁能说，进化的脚步已经停止？人类就一定是现在的模样？生命的偶然性依然存在。

我们并不感激我们的所有，直到我们丧失了它；我们意识不到我们的健康，直到我们生了病——自古以来，莫不如此。

·海伦·凯勒·

假如给我三天光明

我们大家都读过这样一些扣人心弦的故事，里面的主人公只有一点有限的时间可以活了，有时长达一年，有时短到只有24个小时。然而，我们总是能很感动地发现，这些注定要死亡的人是如何想办法度过他最后的几天或最后的几个小时。当然，我说的是有所选择的自由人，而不是活动范围受到限制的被判刑的罪犯。

本文作者海伦·凯勒（**Helen Keller**，1880—1968）系美国著名女作家、教育家、慈善家、社会活动家。出生于美国亚拉巴马州北部小镇塔斯喀姆比亚。由于出生后第19个月时因急性胃充血、脑充血而被夺去视力和听力。面对着世界是一片黑暗和寂静的残疾人来说，要学会读书、写字、说话，没有强大的毅力，简直不可思议。她不向命运屈服，在莎莉文老师帮助下，1899年6月考入哈佛大学拉德克利夫女子学院。虽长期生活在无光、无声的世界里，却先后完成了14部著述。其中最著名的有《假如给我三天光明》《我的人生故事》《石墙故事》等。此外还致力于建立慈善机构，为残疾人造福。1964年荣获“总统自由勋章”，次年入选美国《时代周刊》评选的“20世纪美国十大英雄偶像”之一。《假如给我三天光明》抒发了一名大写的人对生命的珍惜，对身边有这么多善良的人的感恩，眼前虽黑暗心中却光明，真正体现了珍惜生命以求善的科学理念和渴望生活的坚定与执着的人文精神，此文被世人称作是文学史上无与伦比的杰作。

这类故事使人们思索,很想知道我们在同样的境况下将会怎么办。我们作为必死的生物,处在这最后几个小时内,会有一些什么样的遭遇、什么样的感受、什么样的联想呢? 回顾往事,我们会找到哪些幸福、哪些遗憾呢?

有时我认为,如果我们像明天就会死去那样去生活,才是最好的规则。这样一种态度可以深刻地强调生命的价值。我们每天都应该怀着友善、朝气和渴望去生活。但是,当时间在我们前面日复一日,月复一月,年复一年地不断延伸开去,这些品质常常就会丧失。当然,也有那些愿意把"吃吧,喝吧,及时行乐吧"作为座右铭的人,然而大多数人却被死神的来临所折磨。

在许多故事中,命运已定的主人公通常在最后一分钟,由于遭遇好运而得到拯救,然而他的价值观念几乎总会被改变,他会更加领悟生命及其永恒的精神价值。也常常可以看到,那些活在(或者曾经活在)死亡阴影中的人们,对他们所做的每一件事情都赋予了一种醇美香甜之感。

然而,我们大多数人都把人生视为当然。我们知道有一天我们必得死去,但我们总是把那一天想得极其遥远。我们处于精神勃发、身轻体健的状态,死亡简直是不可想象的,因此难得想到它。日子延伸至无穷无尽的远景之中,因此我们总是做些无价值的工作,几乎意识不到我们对生活的懒洋洋的态度。

海伦·凯勒

我担心,我们全部的天赋和感官都有同样懒惰的特征。只有聋人才珍惜听觉,只有盲人才体会重见天日的种种幸福。这种看法特别适用于那些成年后失去视觉和听觉的人。但是,那些在视觉或听觉上没有蒙受损害的人,却很少能够充分地利用这些可贵的感官。他们的眼睛和耳朵模模糊糊地吸收了一切景色和声音,他们并不专心也很少珍惜它们。我们并不感激我们的所有,直到我们丧失了它;我们意识不到我们的健康,直到我们生了病——自古以来,莫不如此。

我常想,如果每个人在他的初识阶段患过几天盲聋症,这将是一种幸福。黑暗会使他更珍惜视觉;哑默会教导他更喜慕声音。我时常测验我那些有视觉的朋友,了解他们究竟看见了什么。

前几天,一位很要好的朋友来探望我,她刚从树林里远足而来,于是我就问她,究竟观察到一些什么。“没有什么特别的。”她回答说。要不是我惯于听到这样的回答(因为我很久就已确信有视觉的人看得很少),我简直会不相信自己的耳朵。

“在树林中穿行一个小时,却没有看到什么值得注意的东西,这怎么可能呢?”我自问着。我这个不能用眼睛看的人,仅仅凭借触觉,就能发现好几百种使我感兴趣的东西。我用双手亲切地抚摸一株桦树光滑的外皮,或者一株松树粗糙不平的树皮。在春天,我摸着树枝,满怀希望地寻找蓓蕾,寻找大自然冬眠之后苏醒过来的第一个征兆。有时,我感觉到一朵花的可爱而柔润的肌理,发现它那不平常的卷曲。偶然,如果我非常走运,将手轻柔地放在小树上,我可以感觉到小鸟在音律丰满的歌声中快乐地跳跃。我非常喜欢让小溪凉爽的流水从我张开的手指缝隙间急促地淌过。我觉得,松针或者海绵似的柔草铺就的茂盛葱郁的地毯,比豪华奢侈的波斯小地毯更受欢迎。对我来说,四季的盛景是一场极其动人而且演不完的戏剧,它的情节从我指尖一幕幕滑过。

有时,我的心在哭泣,渴望看到所有这些东西。如果我仅仅凭借触觉就能得到那么多的快乐,那么凭借视觉将会有多少美景展现出来啊!可是,那些有眼睛的人显然看得很少。对于世界上充盈的五颜六色、千姿百态万花筒般的景象,他们认为是理所当然的。也许人类就是这样,极少去珍惜我们所拥有的东西,而渴望那些我们所没有的东西。在光明的世界中，视觉这一天赋才能，竟只被作为一种便利，而不是一种丰富生活的手段，这是多么可惜啊！

假如我是一位大学校长，我要开设一门必修课程，就是“怎样使用你的眼睛”。教授们将向他的学生们讲授，该怎样用心去观察那些从他们面前过去而未曾被注意的事物，由此使他们的生活倍添乐趣，这将唤醒他们沉睡而迟缓的天赋。

也许我能凭借想象来说明，假如给我哪怕三天的光明，我最喜欢看到一些什么。在我想的时候，请你也来想一下吧，请想想这个问题，假定你也只有三天光明，那么你会怎样使用你自己的眼睛，你最想让你的目光停留在什么上面呢？自然，我将尽可能看看在我黑暗的岁月里令我珍惜的东西，你也想一想让你的目光停留在令你珍惜的东西上，以便在那即将到来的夜晚，将它们记住。

如果，由于某种奇迹，我可以睁眼看三天，紧跟着回到黑暗中去，我将会把这段时间分成三部分。

第一天

第一天，我要看人，他们的善良、温厚与友谊使我的生活值得一过。首先，我希望长久地凝视我亲爱的老师，安妮·莎莉文·梅西太太的面庞，当我还是个孩子的时候，她就来到了我面前，为我打开了外面的世界。我将不仅要看到她面庞的轮廓，以便我能够将它珍藏在我的记忆中，而且还要研究她的容貌，发现她出自同情心的温柔和耐心的生动迹象，她正是以此来完成教育我的艰巨任务的。我希望从她的眼睛里看到能使她在困难面前站得这么稳的坚强性格，并且看到她那经常向我流露的对于全人类的同情。

我不知道什么是透过“灵魂之窗”，即从眼睛看到朋友的内心。我通常只能用手指尖来“看”一个脸的轮廓。我能够发觉欢笑、悲哀和其他许多明显的情感。我是从感觉朋友的脸来认识他们的，但是我不能靠触摸来真正描绘他们的个性。当然，通过其他方法，通过他们向我表达的思想，通过他们向我显示出的任何动作,我对他们的个性也有所了解。但是我并不能对他们有较深的理解,而那种理解,我相信,通过看见他们,通过观看他们对种种被表达的思想和境况的反应,通过注意他们的眼神和脸色的反应,是可以获得的。

我身旁的朋友,我了解得很清楚,因为经过长年累月,他们已经将自己的各个方面揭示给了我;然而,对于偶然的朋友,我只有一个不完全的印象。这个印象还是从一次握手中,从我通过手指尖理解他们的嘴唇发出的字句中,或从他们在我手掌上的轻轻画写中获得的。你们有视觉的人,可以通过观察对方微妙的面部表情、肌肉的颤动、手势的摇摆,迅速领悟对方所表达的意思的实质,这该是多么容易,多么令人心满意足啊!但是,你们可曾想到用你们的视觉,抓住一个人面部的外表特征,来透视一位朋友或者熟人的内心吗?

我还想问你们:能准确地描绘出五位好朋友的面容吗?你们有些人能够,但是很多人不能够。有过一次实验,我询问那些丈夫们,关于他们妻子眼睛的颜色,他们常常显得困窘,供认他们不知道。顺便说一下,妻子们还总是经常抱怨丈夫不注意自己的新服装、新帽子的颜色,以及家内摆设的变化。

有视觉的人,他们的眼睛不久便习惯了周围事物的常规,他们实际上仅仅注意令人惊奇的和壮观的事物。然而,即使他们观看最壮丽的奇观,眼睛都是懒洋洋的。法庭的记录每天都透露出"目击者"看得多么不准确。某一事件会被几个见证人以几种不同的方式"看见"。有的人比别人看得更多,但没有几个人看见他们视线以内一切事物。

啊,如果给我三天光明,我会看见多少东西啊!

第一天,将会是忙碌的一天。我将把我所有亲爱的朋友都叫来,长久地望着他们的脸,把他们内在美的外部迹象铭刻在我的心中。我也将会把目光停留在一个婴儿的脸上,以便能够捕捉到在生活冲突所致的个人意识尚未建立之前的那种渴望的、天真无邪的美。

我还将看看我的小狗们忠实信赖的眼睛——庄重、宁静的小司格梯、达吉，还有健壮而又懂事的大德恩，以及黑尔格，它们的热情、幼稚而顽皮的友谊，使我获得了很大的安慰。

在忙碌的第一天，我还将观察一下我的房间里简单的小东西，我要看看我脚下的小地毯的温暖颜色，墙壁上的画，将房子变成一个家的那些亲切的小玩意。我的目光将会崇敬地落在我读过的盲文书籍上，然而那些能看的人们所读的印刷字体的书籍，会使我更加感兴趣。在我漫长一生的黑夜里，我读过的和人们读给我听的那些书，已经成为一座辉煌的巨大灯塔，为我指出了人生及心灵的最深的航道。

在能看见的第一天下午，我将到森林里进行一次远足，让我的眼睛陶醉在自然界的美丽之中，在几小时内，拼命吸取那经常展现在正常视力人面前的光辉灿烂的广阔奇观。自森林郊游返回的途中，我要走在农庄附近的小路上，以便看看在田野耕作的马（也许我只能看到一台拖拉机），看看紧靠着土地过活的悠然自得的人们，我将为光艳动人的落日奇景而祈祷。

当黄昏降临，我将由于凭借人为的光明看见外物而感到喜悦，当大自然宣告黑暗到来时，人类天才地创造了灯光，来延伸他的视力。在第一个有视觉的夜晚，我将睡不着，心中充满对于这一天的回忆。

第二天

有视觉的第二天，我要在黎明起身，去看黑夜变为白昼的动人奇迹。我将怀着敬畏之心，仰望壮丽的曙光全景，与此同时，太阳唤醒了沉睡的大地。

这一天，我将向世界，向过去和现在的世界投以匆匆一瞥。我想看看人类进步的奇观，那变化无穷的万古千年。这么多的年代，怎么能被压缩成一天呢？当然是通过博物馆。我常常参观纽约自然史博物馆，用手摸一摸那里展出的许多展品，但我曾经渴望亲眼看看地球的简史和陈列在那里的地球上的居民——按照自然环境描画的动物和人类，巨大的恐龙和剑齿象的化石，早在人类出现并以他短小的身材和有力的头脑征服动物王国以前，它们就漫游在地球上了；博物馆还逼真地介绍了动物、人类，以及劳动工具的发展经过，人类使用这些工具，在这个行星上为自己创造了安全牢固的家；博物馆还介绍了自然史的其他无数方面。

我不知道，有多少本文的读者看到过那个吸引人的博物馆里所描绘的活着的动物的形形色色的样子。当然，许多人没有这个机会，但是，我相信许多有机会的人却没有利用它。在那里确实是使用你眼睛的好地方。有视觉的你可以在那里度过许多受益匪浅的日子，然而我，借助于想象中的能看见的三天，仅能匆匆一瞥而过。

我的下一站将是首都艺术博物馆，因为它正像自然史博物馆显示了世界的物质外观那样，首都艺术博物馆显示了人类精神的无数个小侧面。在整个人类历史阶段，人类对于艺术表现的强烈欲望几乎像对待食物、藏身处，以及生育繁殖一样迫切。在这里，在首都艺术博物馆巨大的展览厅里，埃及、希腊、罗马的精神在它们的艺术中表现出来，展现在我面前。

我通过手清楚地知道了古代尼罗河国度的诸神和女神。我抚摸了巴台农神庙中的复制品，感到了雅典冲锋战士有韵律的美。阿波罗、维纳斯以及双翼胜利之神莎莫瑞丝，都使我爱不释手。荷马的那副多瘤有须的面容对我来说是极其珍贵的，因为他也懂得什么叫失明。我的手依依不舍地留恋罗马及后期的逼真的大理石雕刻，我的手抚摸遍了米开朗琪罗的感人的英勇的摩西石雕像，我感知到罗丹的力量，我敬畏哥特人对于木刻的虔诚。这些能够触摸的艺术品对我来讲，是极有意义的，然而，与其说它们是供人触摸的，毋宁说它们是供人观赏的，而我只能猜测那种我看不见的美。我能欣赏希腊花瓶的简朴的线条，但它的那些图案装饰我却看不到。

因此，这一天，给我光明的第二天，我将通过艺术来搜寻人类的灵魂。我会看见那些我凭借触摸所知道的东西。更妙的是，整个壮丽的绘画世界将向我打开，从富有宁静的宗教色彩的意大利早期艺术及至带有狂想风格的现代派艺术。我将细心地观察拉斐尔、达·芬奇、提香、伦勃朗的油画。我要饱览维洛内萨的温暖色彩，研究艾尔·格列科的奥秘，从科罗的绘画中重新观察大自然。啊，你们有眼睛的人们竟能欣赏到历代艺术中这么丰富的意味和美！在我对这个艺术神殿的短暂的游览中，我一点儿也不能评论展开在我面前的那个伟大的艺术世界，我将只能得到一个肤浅的印象。艺术家们告诉我，为了达到深刻而真正的艺术鉴赏，一个人必须训练眼睛。一个人必须通过经验和学习来判断线条、构图、形式和颜色的品质优劣。假如我有视觉从事这么使人着迷的研究，该是多么幸福啊！但是，我听说，对于你们有眼睛的许多人，艺术世界仍是个有待进一步探索的世界。

我十分勉强地离开了首都艺术博物馆，它装纳着美的钥匙。但是，看得见的人们往往并不需要到首都艺术博物馆去寻找这把美的钥匙。同样的钥匙还在较小的博物馆中甚或在小图书馆书架上等待着。但是，在我假想的有视觉的有限时间里，我应当挑选一把钥匙，能在最短的时间内去开启藏有最大宝藏的地方。

在重见光明的第二晚，我要在剧院或电影院里度过。即使现在我也常常出席剧场的各种各样的演出，但是，剧情必须由一位同伴拼写在我手上。然而，我多么想亲眼看看哈姆雷特的迷人的风采，或者穿着伊丽莎白时代鲜艳服饰的生气勃勃的弗尔斯塔夫！我多么想注视哈姆雷特的每一个优雅的动作，注视精神饱满的弗尔斯塔夫的大摇大摆！因为我只能看一场戏，这就使我感到非常为难，因为还有数十幕我想要看的戏剧。

你们有视觉，能看到你们喜爱的任何一幕戏。当你们观看一幕戏剧、一部电影或者任何一个场面时，我不知道，究竟有多少人对于使你们享受它的色彩、优美和动作的视觉的奇迹有所认识，并怀有感激之情呢？由于我生活在一个限于手触的范围里，我不能享受到有节奏的动作美。但我只能模糊地想象一下俄罗斯芭蕾舞舞蹈家巴荚洛娃的舞姿的优美，虽然我知道一点律动的快感，因为我常常能在音乐震动地板时感觉到它的节拍。我能充分想象那有韵律的动作，一定是世界上最令人悦目的一种景象。我用手指抚摸大理石雕像的线条，就能够推断出几分。如果这种静态美都能那么可爱，看到的动态美一定更加令人激动。我最珍贵的回忆之一就是，约瑟·杰弗逊让我在他又说又做地表演他所爱的里卜·万·温克时去摸他的脸庞和双手。

我多少能体会到一点戏剧世界，我永远不会忘记那一瞬间的快乐。但是，我多么渴望观看和倾听戏剧表演进行中对白与动作的相互作用啊！而你们看得见的人该能从中得到多少快乐啊！如果我能看到仅仅一场戏，我就会知道怎样在心中描绘出我用盲文字母读到或了解到的近百部戏剧的情节。所以，在我虚构的重见光明的第二晚，我没有睡成，整晚都在欣赏戏剧文学。

第三天

下一天清晨，我将再一次迎接黎明，急于寻找新的喜悦，因为我相信，对于那些真正看得见的人，每天的黎明一定是一个永远重复的新的美景。依据我虚构的奇迹的期限，这将是我有视觉的第三天，也是最后一天。我将没有时间花费在遗憾和热望中，因为有太多的东西要去看。第一天，我奉献给了我有生命和无生命的朋友。第二天，向我显示了人与自然的历史。今天，我将在当前的日常世界中度过，到为生活奔忙的人们经常去的地方，而哪儿能像纽约一样找得到人们那么多的活动和那么多的状况呢？所以城市成了我的目的地。

我从我的家，长岛的佛拉斯特小而安静的郊区出发。这里，环绕着绿色草地，树木和鲜花，有着整洁的小房子，到处是妇女儿童快乐的声音和活动,非常幸福,是城里劳动人民安谧的栖息地。我驱车驶过跨越伊斯特河上的钢制带状桥梁,对人脑的力量和独创性有了一个崭新的印象。忙碌的船只在河中嘎嘎急驶——高速飞驶的小艇,慢悠悠、喷着鼻息的拖船。如果我今后还有看得见的日子,我要用许多时光来眺望这河中令人欢快的景象。我向前眺望,我的前面耸立着纽约——一个仿佛从神话的书页中搬下来的城市的奇异高楼。多么令人敬畏的建筑啊!这些灿烂的教堂塔尖,这些辽阔的石砌钢筑的河堤坡岸——真像诸神为他们自己修建的一般。这幅生动的画面是几百万人们每天生活的一部分。我不知道,有多少人会对它回头投去一瞥?只怕寥寥无几。对这个壮丽的景色,他们视而不见,因为这一切对他们是太熟悉不过了。

我匆匆赶到那些庞大建筑物之一的帝国大厦的顶端,因为不久以前,我在那里凭借我秘书的眼睛"俯视"过这座城市,我渴望把我的想象同现实作一比较。我相信,展现在我面前的全部景色一定不会令我失望,因为它对我将是另一个世界的景色。此时,我开始周游这座城市。首先,我站在繁华的街角,只看看人,试图凭借对他们的观察去了解一下他们的生活。看到他们的笑颜,我感到快乐;看到他们的严肃的决定,我感到骄傲;看到他们的痛苦,我不禁充满同情。

我沿着第五大道散步。我漫然四顾,眼光并不投向某一特殊目标,而只看看万花筒般五光十色的景象。我确信,那些流动在人群中的妇女的服装色彩一定是一道绝不会令我厌烦的华丽风景。然而,如果我有视觉的话,我也许会像其他大多数妇女一样,对个别服装的时髦式样感兴趣,而对大量的灿烂色彩不怎么注意。而且,我还确信,我将成为一位习惯难改的橱窗顾客,因为观赏这些无数精美的陈列品一定是一种眼福。

从第五大道起,我作了一番环城游览——到公园大道去,到贫民窟去,到工厂去,到孩子们玩耍的公园去,我还将参观外国人居住区,进行一次不出门的海外旅行。我始终睁大眼睛注视幸福和悲惨的全部景象,以便能够深入调查,进一步了解人们是怎样工作和生活的。

我的心充满了人和物的形象。我的眼睛决不轻易放过一件小事,力争密切关注它所看到的每一件事物。有些景象令人愉快,使人陶醉;但有些则是极其凄惨,令人伤感。对于后者,我绝不闭上我的双眼,因为它们也是生活的一部分。在它们面前闭上眼睛,就等于关闭了心房,关闭了思想。

我有视觉的第三天即将结束了。也许有很多重要而严肃的事情,需要我利用这剩下的几个小时去看,去做。但是,我担心在最后一个夜晚,我还会再次跑到剧院去,看一场热闹而有趣的戏剧,好领略一下人类心灵中的谐音。

到了午夜,我摆脱盲人苦境的短暂时刻就要结束了,永久的黑夜将再次向我逼近。在那短短的三天,我自然不能看到我想要看到的一切。只有在黑暗再次向我袭来之时,我才遗憾地感到我丢下了多少东西没有见到。然而,我的内心还是充满了甜蜜的回忆,使我很少有时间来懊悔。此后,我摸到每一件物品,我的记忆都将鲜明地反映出那件物品是个什么样子。

我的这一番如何度过重见光明的三天的简述,也许与你假设知道自己即将失明而为自己所做的安排不相一致。可是,我相信,假如你真的面临那种厄运,你的目光将会尽量投向以前从未曾见过的事物,并将它们储存在记忆中,为今后漫长的黑夜所用。你将比以往更好地利用自己的眼睛。你所看到的每一件东西,对你都是那么珍贵,你的目光将饱览那出现在你视线之内的每一件物品。然后,你将真正看到,一个美的世界在你面前展开。

失明的我可以给那些看得见的人们一个提示——对那些能够充分利用天赋视觉的人们一个忠告:善用你的眼睛吧,犹如明天你将遭到失明的灾难。同样的方法也可以应用于其他感官。聆听乐曲的妙音、鸟儿的歌唱、管弦乐队的雄浑而铿锵有力的曲调吧,犹如明天你将遭到耳聋的厄运。抚摸每一件你想要抚摸的物品吧，犹如明天你的触觉将会衰退。嗅闻所有鲜花的芳香、品尝每一口佳肴吧，犹如明天你再不能嗅闻品尝。充分利用每一个感官，通过自然给予你的几种接触事物的手段，为世界向你显示的所有愉快而美好的细节而自豪吧！不过，在所有感官中，我相信，视觉一定是最令人赏心悦目的。

知识就是力量。
读史使人明智。

——培根

·吴国盛·

使人明智的科学史

今天，不大可能有人问科学有什么用了。约四百年前，科学的作用远未像今天这样彰显，但英国哲学家弗兰西斯·培根提出了“知识就是力量”这样一句脍炙人口的名言。近代自然科学已经一步步向世人显示了这句名言的真理性。其实，这位哲人还有另外一句关于知识的名言同样值得引用：“读史使人明智。”在科学已经无孔不入地渗透在人类生活各个层面的今天，我们不再对身边的科学表现出惊奇，甚至已经对科学无动于衷，而恰恰在此时，我们需要回顾科学的历史，因为读史使人明智，阅读科学的历史可以使科学时代的人们变得深思熟虑、深谋远虑。

本文作者吴国盛1964年9月生于湖北省武穴市（广济县）。相继获北京大学理学学士（1983）、哲学硕士（1986），中国社会科学院哲学博士（1998）。现任北京大学哲学系教授。曾任职于中国社会科学院哲学研究所（1986—1999），1997年被破格晋升为研究员。主要研究方向科学思想史与科学技术哲学。主要著作有《自由的科学》《追思自然》《现代化之忧思》《时间的观念》《科学的历程》《希腊空间概念的发展》等。本文节选自作者2003年在北京大学的一次演讲。

科学是引人入胜的

学习科学史可以增加自然科学教学的趣味性,科学史有助于理科教学。历史故事总是使课堂教学变得有趣。我们在儿时谁没有听过几个科学家的传奇故事?阿基米德在浴盆里发现了浮力定律后,大喊大叫着跑上街道,赤身裸体地告诉每一个人他终于发现了;伽利略为了证明落体定律,把一个木球和同样大小的一个铁球从比萨斜塔上扔下,结果是同时着地的,于是反驳了亚里士多德派哲学家认为重者先落地的理论;牛顿在一个炎热的午间躺在一棵苹果树下思考行星运动的规律,结果一个熟透了的苹果掉下来打中了他,使他茅塞顿开发现了万有引力定律;瓦特在外祖母家度假,有一天他偶然发现烧水壶的壶盖被正在沸腾的开水所掀动,结果发明了蒸汽机……

这类科学传奇故事确实诱发了儿童对神奇的科学世界的向往。但我们也应该看到,能够诱发儿童热爱科学、向往科学事业的传奇故事,对于正规的理科课程学习并不见得有很大的帮助。倒是相反,某些以讹传讹的传奇故事对于深入理解科学理论还是有害的。传奇故事往往过于强调科学发现的偶然性、机遇性,使人们容易忽略科学发现的真实历史条件和科学工作的极端艰苦性。

除了传奇之外,科学史所能告诉人们的科学思想的逻辑行程和历史行程,对学习科学理论肯定是有益的。当我们开始研习物理学时,常常为那些与常识极为格格不入的观念而烦恼,这时候,如果了解一下这些物理学观念逐步建立的历史,接受这些观念就变得容易多了。科学家们并不是一开始就这样"古怪"地思考问题,他们建立"古怪的"科学概念的过程很好理解而且引人入胜。

以"运动"为例。物体为什么会运动呢?希腊大哲亚里士多德说,运动有两种:一是天然运动;一是被迫运动。轻的东西有"轻性",如气、火,它们天然地向上走;重的东西有"重性",如水、土,天然地向下跑。这是天然运动,是由它们的本性决定的。世间万物都向往它们各自的天然位置,有各归其所的倾向,这个说法我们是容易理解的。轻的东西的天然处所在上面,重的东西的天然处所在下面,在“各归其所”的倾向支配下,它们自动地、出自本性地向上或向下运动。一旦物体到达了自己的天然位置,就不再有运动的倾向了,这时候只有外来的力才能迫使物体运动,这样的运动是被迫运动。地面上物体的运动都是受迫运动,因为它们已经达到了最低处所。受迫运动依赖于外力,外力一旦消失,受迫运动也就停止了。

亚里士多德关于运动的这些观念当时从常识的角度似乎觉得很自然,很有道理,可是近代物理学恰恰首先要破除这些观念。“运动”观念上的变革首先是由伽利略做出的。伽利略从一个逻辑推理开始批评亚里士多德的理论。他设想一个重物(如铁球)与一个轻物(如纸团)同时下落。按亚里士多德的理论,当然是铁球落得快,纸团落得慢,因为较重物含有更多的重量。现在,伽利略设想把重物与轻物绑在一起下落会发生什么情况。一方面,绑在一起的两个物体构成了一个新的更重的物体,因此,它的速度应该比原来的铁球还快,因为它比铁球更重;但另一方面,两个不同下落速度的物体绑在一起,快的物体必然被慢的物体拖住而不再那么快,同时,慢的物体也被快的物体所带动比从前更快一些,这样,绑在一起的两个物体最终达到一个平衡速度,这个速度比原来的铁球速度小,但比原来纸团速度大。究竟哪种说法更合理呢?各有各的道理!但它们之间不一致。伽利略据此推测落体速度与其重量有关系的说法从逻辑上讲值得怀疑。

科学的进步并不完全是靠逻辑推理取得的,伽利略这位近代实验科学精神的创造者,并未满足于逻辑推理,而是继续做了斜面实验 。他发现,落体的速度越来越快,是一种匀加速运动,而且加速度与重量无关;他还发现,斜面越陡,加速度越大,斜面越平,则加速度越小,在极限情况下,斜面垂直,相当于自由下落,不同物体的加速度是一样的。当斜面完全水平时,加速度为零,这时一个运动物体就应该是沿直线永远运动下去。斜面实验表明，物体运动的保持并不需要力，需要力的是物体运动的改变。这是一个重大的观念更新！

伽利略没有能够直接对落体运动进行实验，因为当时准确的计时装置还未出现。伽利略发现摆的等时性时是用自己的脉搏计时的，足可以说明当时科学仪器的缺乏。斜面可以使物体下落的加速度减小，因而可以对其进行观测，在此基础上，伽利略最终用“思想实验”由斜面的情形推到自由落体和水平运动的情形。所谓的比萨斜塔实验是没有根据的，因为在伽利略本人的著作里并没有提到这件事情。

这个关于“运动问题”的科学史故事，对读者深入学习牛顿力学知识是有好处的，因为在回顾这个观念更替的过程中，我们自己的观念也不知不觉地发生了改变，这比直接从概念、定律和公式出发去学习牛顿力学当然要生动有趣得多，而且印象也深刻得多。

追究科学史的作用，使我们有必要在“知道”（**Knowing**）和“理解”（**Understanding**）之间作出区别。为了掌握一门科学知识，我们大多不是从阅读这门学科的历史开始，相反，我们从记住一大堆陌生的符号、公式、定律开始，然后是在教师和课本的示范下，反复做各种情形下的练习题，直至能把这些陌生的公式、定律灵活运用到处理各种情况为止。但我们真的“理解”这些知识吗？那可不一定。我知道一位非常年轻的大学生，他高考的物理成绩几乎是满分，但是在兴高采烈地去大学报到的旅途上，他却一直在苦苦思考一个问题：为什么人从轮船和火车上跳起来时，仍能落回原处，而轮船或火车在他跳离的这段时间中居然并没有从他脚底下溜走一段距离，他在轮船上试了好几次，轮船一点儿也没有溜走的意思。然后他又想起，地球时时刻刻都在转动，而且转速极大，也从来没有发生过跳起来落不回原地的事情，这是怎么回事呢？后来，直到他读了一本有关科学史的书，懂得了牛顿第一定律的真实含义，他才恍然大悟，痛骂自己愚昧无知。

这个故事可以说明“知道”与“理解”的区别。这是一个真实的故事，因为这位年轻大学生的故事正是我自己早年的经历。有了知识并不等于理解，在深入理解物理定律的本质方面，科学史是有作用的。不幸的是教科书大多不谈历史，如果有也只是历史知识方面的点缀，诸如牛顿的生卒年月等，很少史论结合，以史带论的。

科学是怀疑和批判的

也许是文化传统的关系，中国教育界盛行的依然是分数教育、技能型教育，这种教育的一个消极后果是培育了不少科学神话，树立了不正确的科学形象，形成了对科学不正确的看法。首先是将科学理论固定化、僵化，使学生以为科学理论都是万古不变的永恒真理；其次是将科学理论神圣化、教条化，以为科学的东西是毋庸置疑的、神圣不可侵犯的；最后是将科学技术化、实用化、工具化，忽视了科学的文化功能和精神价值。破除科学神话，纠正不正确的科学形象正是科学史的重要使命。

当代科学的专门化、专业化带来了高等教育严重的分科化，学问先分文理，理科再分成数理化生，还有更细致的二级学科、三级学科等。分科教育很显然是为了造就专门人才，但是中学和大学低年级，通才教育是更有实际意义的。只有少数人将来会成为科学家，但即使对于他们，狭窄的专门训练也不利于培养他们的创新意识和创造潜力。在教科书中纷至沓来的新概念、新术语、新公式、新定律面前，学生逐渐形成了这样的观念：这就是真理，学习它、记住它。久而久之，历史性的、进化着的科学理论被神圣化、教条化，人们不知道这个理论从何而来，为什么会是这样，但我们还要相信它是真的。这种教条的态度明显地与科学精神格格不入，但在科学教育中产生这样的态度又是相当普遍的，因为学生不知道一个理论源于哪些问题，有多少种解决问题的方案，以及为什么人们选择了其中一种并称之为科学理论，学生也不知道这种理论是可错的，并非万古不变的教条。结果是它不自觉地剥夺了学生的怀疑和批判精神，而怀疑和批判精神对于科学发展恰恰是不可或缺的。

在我的印象中，达尔文的进化论一直享受着真理的位置，达尔文之后生物学上对进化论的发展在普通教育界一直是模糊的，仿佛它已进入了绝对真理的行列。久为传颂的是达尔文主义所经受的诘难以及对这些诘难所做的成功驳斥。那是在1860年的英国牛津，达尔文的《物种起源》刚刚在上一年出版并引起广泛的注意和争论，学术界内部亦有分歧，达尔文主义的著名斗士赫胥黎坚定地捍卫进化论，遭到牛津大主教威尔伯福斯的讥讽。他责问道：赫胥黎先生，我恳请指教，你声称人类是从猴子传下来的，这究竟是通过你的祖父，还是通过您的祖母呢？面对这样的恶意中伤，赫胥黎从容不迫地进行了成功的驳斥。这段故事一直作为捍卫真理的典范来传颂，然而，如果从进化论本身的缺陷以及面临的发展角度看，威尔伯福斯主教的责问有相当重要的科学意义，他实际上表达了这样一个问题：是否“存在一种通过特殊遗传而积累有利变异的能力，它与竞争规律以及所出现的有利变异一起在自然界中积极地起作用。”达尔文其时，细胞学说刚刚建立，遗传学尚未开始，这样的“能力”也就是在进化中起作用的遗传因子尚

1874年《伦敦漫画》用一幅漫画来嘲笑达尔文。漫画中达尔文手中拿着一面镜子，正在和猴子一起比较他们的脸部特征。其实，达尔文在1859年出版第1版的《物种起源》中几乎没有提到人的进化

未出现,主教的讥讽中所包含的有意义的问题实际上无法回答。今天,进化论已经过了新达尔文主义进入了综合进化论时期,威尔伯福斯的问题可以回答了,其作为恶意中伤已变得毫无力量,而这恰恰是生物学的进步和进化论本身的发展所带来的。

科学理论不是一成不变的,它是发展的、进化的。几乎没有什么比科学史更能使人认识到这一点了。自然科学各个分支领域相互联系的方面,在按学科分块的教科书中肯定得不到体现,而科学史却能够给出一个综合。我举热力学第一定律为例,说明科学史何以能够体现科学的统一性。这个定律又称为能量守恒定律,就我自己的经验,从教科书中始终未能获得关于这个定律的完整理解。从历史上看,它首先来自运动不灭原理,经过长时间的争论和力学本身的发展,人们在18世纪即发现了机械能的守恒定律。能量守恒原理的最终确立有赖于许多领域里相关研究的出现。首先是热与机械运动相互转换的研究。然后是化学和生物学上的研究。第三是电学和磁学的研究。各路人马都在奔向一个伟大的原理,在提出或表述能量守恒原理的科学家行列中,有美国物理学家本杰明·汤姆逊、德国化学家李比希、俄国化学家赫斯、德国物理学家楞次和亥姆霍兹、英国物理学家焦耳、法国工程师卡诺、英国律师格罗夫、丹麦工程师柯尔丁,还有德国医生罗伯特·迈尔,他几乎是从哲学上明确地导出这个原理的。这么多人大致在同一时间里提出同一科学原理,真是科学史上罕见的事情。

如果不是科学史,我们肯定无法理解“能量”这一概念对于人类理解自然现象的意义。“能量”概念提醒我们自然科学的统一性,提醒我们不要深陷在各门学科的技术细节中,忘记了自然科学的根本任务是为人类建立一个关于外在世界的统一的整体图像。在学科分化愈演愈烈的今天,人们尤其需要这种统一的图像。

科学是最富人性的

今天，我们对许多科学的东西耳熟能详，我们觉得许多科学道理理所当然。但正如黑格尔曾经说过的，“熟知”往往并非“真知”。一切理所当然的东西都逃避了理性的反思，反而成为一种盲目的东西。这应该引起高度警醒。科学史可以帮助理解科学的社会角色和人文意义。

在诸种科学神话中，关于科学家的神话也许是流传得最广的。很长时间以来，一方面，科学家被看作在某一方面有惊人的天才，掌握了与自然界进行对话的神秘钥匙，但在日常生活中完全是低能儿，而且表现得离奇古怪。有些故事也许是真的，但不可把这看作科学家的本质特征。由于专注于某件事情而忘了周围的一切，这种情况并不罕见，并非只有科学家如此。另一方面，科学家在结束他的研究工作时，他与常人一样，而且在参与社会文化生活和从事艺术宗教活动方面，并不比一般人逊色。这一点有必要大大强调，因为我们已深深陷入了这类科学家神话中，不仅歪曲了科学家的形象，而且对培养自己的科学家相当不利——年轻人往往照公认的科学家形象规范自己。危害倒不在于年轻人将来会在日常生活中表现得无能或生活不能自理，而在于他可能不再关心社会、关心他人，不再关心道德和艺术，而甘于做一个对世事不闻不问、对人类漠不关心、缺乏同情、只在某一狭窄领域当熟练的工匠。实际上，真正的科学家不仅增长人类的自然知识，而且传播一种在思想上独立思考、有条理的怀疑的科学精神，传播一种在人类生活中相当宝贵的协作、友爱和宽容精神，是最富有人性的。真实的人性的科学家形象只有在科学史中才能得到恢复。

说到科学家的形象，不免会想起科学的技术化和科学的实用化、工具化问题。无疑，科学是有实用意义的，特别在当代，这种实用意义相当显著，但是科学不只是有实际用途，它既有物质的方面，也有精神的方面，它有改造世界的方面，也有认识世界的方面。在古代,科学的实际用处还未表现出来,注重实用的罗马人就对科学不加重视,刚刚由希腊人创造出来的科学马上断送在罗马人手里。今天,科学正发挥着从前无论如何也意想不到的作用,科学召唤出来的力量已经大到令人类无法驾驭的程度。原子能的开发是一个伟大的科学成就,但造出的原子弹令人担忧,当今世界各国存有的原子武器足够把地球炸毁好几次。此外,科学带来了经济的高速增长,物质财富的极大丰富,但也带来了环境污染和能源短缺。大气污染有可能破坏数万年来保护人类和地球生命的大气层,陆地和海洋污染破坏了生态平衡,水污染危及人的生命之源。这一切的根源均在于过分把科学工具化、实用化。唯有激活科学的精神方面,树立健全的发展思路,才有可能最终克服这些问题。

固然,技术上的不良后果只有通过更新技术来解决,但技术上的解决并不能触及根本的问题,那就是究竟为什么发展科学?要发展什么样的科学?要回答这些问题,我们首先要回溯科学的本质。科学是一种文化,它既面对自然,以理性的态度看待自然,它也深入人性,在科学活动中弘扬诚实、合作,为追求真理而不屈不挠的献身精神。其次,不能仅将科学视作一种为达到他种目的而采取的手段。相反,科学自身就可以作为目的。"为科学而科学"长期以来受到批判,现在应该承认它有合理之处。诚然,生产上的需要将促进科学的产生和发展。同样,为了求知,为了解开自然界和奥秘,人类也致力于发展科学。亚里士多德提到科学和哲学产生的原因时说:"古往今来人们开始哲理探索,都应起于对自然万物的惊异;……他们探索哲理只是想脱愚蠢,显然,他们为求知而从事学术,并无任何实用的目的。"

受中国传统文化中实用理性的支配,中国人不大能接受"为科学而科学"的提法。不过,对我们中国人而言,比较缺乏的也许恰恰是"为科学而科学"的精神。从科学的历史中我们将看到,观念的探险如何成为科学发展的原动力。为了搞懂这些问题,我们需要求助于科学的历史。

科学是有实用意义的，特别在当代，这种实用意义相当显著，但是科学不只是有实际用途，它既有物质的方面，也有精神的方面，它有改造世界的方面，也有认识世界的方面。

真正的科学家不仅增长人类的自然知识，而且传播一种在思想上独立思考、有条理的怀疑的科学精神，传播一种在人类生活中相当宝贵的协作、友爱和宽容精神，是最富有人性的。

敬告作者

“科学人文读本”丛书旨在弘扬科学人文精神,提高广大读者(尤其是莘莘学子)的科学素养和人文素养,倡导培育通识通才,为开创科学与人文相互沟通、相互敬重的格局而尽绵薄之力。

本丛书所收入的文章均思考深刻,语言精湛。

为尽可能奉献给读者品位高雅且有代表性的美文,有鉴于选文的时间和地域跨度均较大,作者面又较宽,我们虽已获得了大部分被选文稿作者的授权,经多方努力仍有个别作者一时无法联系上,而美文又难以割舍,考虑再三还是选入了。

为此,敬请这部分作者或著作权人予以谅解,并望及时与我们联系著作权使用事宜。

敬请联系:200031 上海永福路123号 上海教育出版社徐建飞工作室。

编 者

2020年5月

图书在版编目（CIP）数据

清澈的理性 / 方鸿辉编. — 上海：上海教育出版社，2021.4
ISBN 978-7-5720-0622-7

Ⅰ.①清… Ⅱ.①方… Ⅲ.①人文科学－青少年读物 Ⅳ.①C49

中国版本图书馆CIP数据核字(2021)第076824号

责任编辑　徐建飞
封面设计　金一哲

科学人文读本
清澈的理性
方鸿辉　编

出版发行　上海教育出版社有限公司
官　　网　www.seph.com.cn
地　　址　上海市永福路123号
邮　　编　200031
印　　刷　上海盛通时代印刷有限公司
开　　本　890×1240　1/32　印张 10.75　插页 4
字　　数　279 千字
版　　次　2021年5月第1版
印　　次　2021年5月第1次印刷
印　　数　1—5,000 本
书　　号　ISBN 978-7-5720-0622-7/G·0470
定　　价　46.00 元

如发现质量问题，读者可向本社调换　电话：021-64377165